ARBITRAGEM VOLUNTÁRIA

LEGISLAÇÃO NACIONAL
CONVENÇÕES INTERNACIONAIS
REGULAMENTOS
JURISPRUDÊNCIA

JOÃO MIGUEL GALHARDO COELHO
ADVOGADO

ARBITRAGEM VOLUNTÁRIA

LEGISLAÇÃO NACIONAL
CONVENÇÕES INTERNACIONAIS
REGULAMENTOS
JURISPRUDÊNCIA

2.ª EDIÇÃO
Revista e Actualizada

ARBITRAGEM VOLUNTÁRIA
LEGISLAÇÃO NACIONAL
CONVENÇÕES INTERNACIONAIS
REGULAMENTOS
JURISPRUDÊNCIA

AUTOR
JOÃO MIGUEL GALHARDO COELHO

EDITOR
EDIÇÕES ALMEDINA, SA
Rua da Estrela, n.º 6
3000-161 Coimbra
Telef.: 239 851 904
Fax: 239 851 901
www.almedina.net
editora@almedina.net

EXECUÇÃO GRÁFICA
G.C. – GRÁFICA DE COIMBRA, LDA.
Palheira – Assafarge
3001-453 Coimbra
producao@graficadecoimbra.pt

Janeiro, 2006

DEPÓSITO LEGAL
237389/06

Os dados e as opiniões inseridos na presente publicação
são da exclusiva responsabilidade do seu autor.

PREFÁCIO À 2.ª EDIÇÃO

Esta 2.ª edição, integralmente revista e actualizada, mantém o propósito de constituir a mais completa colectânea de legislação, convenções internacionais, regulamentos de processo e jurisprudência, no domínio da arbitragem voluntária.

Procedeu-se a uma cuidada revisão de todo o texto anteriormente publicado, a fim de suprir qualquer deficiência detectada e aperfeiçoar a informação fornecida.

No capítulo dedicado às convenções internacionais foi acrescentada a Convenção de Estocolmo sobre Conciliação e Arbitragem no Quadro da CSCE. A recolha de sumários da mais recente jurisprudência publicada e uma selecção de websites *sobre arbitragem são outros aspectos relevantes da actualização operada.*

Em suma, esta nova edição procura sedimentar a vocação deste livro como obra de referência e consulta destinada aos juristas e demais interessados na prática ou no estudo da arbitragem voluntária.

Lisboa, Novembro de 2005

O Autor

PREFÁCIO À 1.ª EDIÇÃO

A arbitragem voluntária vem-se afirmando, cada vez mais, como uma via segura e eficaz de resolução extrajudicial de litígios.

A celeridade processual, a economia de custos e uma mais lata e efectiva intervenção das partes, contam-se entre as vantagens que normalmente lhe são reconhecidas, por comparação com a justiça realizada nos tribunais judiciais.

O facto de a arbitragem poder ter por objecto um vasto e variado leque de matérias, contribui também decisivamente para que possa expandir-se a sua aplicação, como um meio válido e uma alternativa credível.

Mas, se a arbitragem tem características de justiça realizada em privado, ela obedece a um enquadramento legal que, para além de cuidar do regime da instância, determina expressamente que a sentença arbitral faz caso julgado, é susceptível de recurso judicial e tem plena força executória, nos termos gerais de processo civil.

Portugal dispõe actualmente de um razoável acervo de instrumentos legais em matéria de arbitragem. A lei nacional da arbitragem voluntária vigora há catorze anos, e o nosso País é Estado Membro de algumas das mais importantes convenções internacionais neste domínio.

Por outro lado, o labor da doutrina e a jurisprudência produzida têm permitido aprofundar os conhecimentos específicos nesta área e aperfeiçoar a sua prática.

Há muito que a arbitragem é reconhecida e exercida activamente, a nível nacional e no estrangeiro. Mas tem conhecido, entre nós, nos últimos anos, uma significativa expansão com a oficialização e entrada em funcionamento de diversos Centros que a praticam de forma institucionalizada e permanente. Cresce também a actividade desses Centros e o número de juristas e outros profissionais que neles actuam como juízes-árbitros.

A arbitragem não é, portanto, uma descoberta recente, mas é um meio processual em franco desenvolvimento e com muito futuro no mundo da Justiça. Facto que é, aliás, desde há muito e com frequência, explícitamente proclamado pelos responsáveis políticos.

O presente volume foi projectado para servir como livro de consulta a todos os práticos, estudiosos e interessados no tema da arbitragem. Nele se reunem os textos completos da mais relevante legislação nacional e internacional em vigor, acrescidos dos regulamentos de processo de prestigiados Centros de arbitragem e, ainda, de um capítulo dedicado à jurisprudência nacional dos tribunais superiores.

Pela sua utililidade e interesse, incluem-se também dois capítulos autónomos compreendendo, respectivamente, as leis da arbitragem vigentes em Macau e no Brasil.

Oxalá este trabalho consiga servir com agrado os objectivos que o nortearam.

Cumpre agradecer, na pessoa dos seus responsáveis e dirigentes, aos Centros de arbitragem que autorizaram a reprodução dos respectivos regulamentos de processo e, especialmente, à Senhora Dra. Paula Horta e Costa, Ilustre Secretária-Geral do Centro de Arbitragens Voluntárias da Ordem dos Advogados, pela simpatia e entusiasmo com que acolheu a ideia desta edição.

Lisboa, 16 de Abril de 2000

O Autor

I
LEGISLAÇÃO NACIONAL

CONSTITUIÇÃO
DA REPÚBLICA PORTUGUESA(*)

(...)

PARTE III
Organização do poder político

(...)

TÍTULO V
Tribunais

CAPÍTULO I
Princípios gerais

ARTIGO 202.º
(Função jurisdicional)

1 – Os tribunais são os órgãos de soberania com competência para administrar a justiça em nome do povo.

2 – Na administração da justiça incumbe aos tribunais assegurar a defesa dos direitos e interesses legalmente protegidos dos cidadãos,

---

(*) Revista pelas Leis Constitucionais n.º 1/82, de 30 de Setembro; n.º 1/89, de 8 de Julho; n.º 1/92, de 25 de Novembro; n.º 1/97, de 20 de Setembro; n.º 1/2001, de 12 de Dezembro; n.º 1/2004, de 24 de Julho e n.º 1/2005, de 12 de Agosto.

reprimir a violação da legalidade democrática e dirimir os conflitos de interesses públicos e privados.

3 – No exercício das suas funções os tribunais têm direito à coadjuvação das outras autoridades.

4 – A lei poderá institucionalizar instrumentos e formas de composição não jurisdicional de conflitos.

(...)

CAPÍTULO II
Organização dos tribunais

ARTIGO 209.º
(Categorias de tribunais)

1 – Além do Tribunal Constitucional existem as seguintes categorias de tribunais:

a) O Supremo Tribunal de Justiça e os tribunais judiciais de primeira e de segunda instância;

b) O Supremo Tribunal Administrativo e os demais tribunais administrativos e fiscais;

c) O Tribunal de Contas.

2 – Podem existir tribunais marítimos, tribunais arbitrais e julgados de paz.

3 – A lei determina os casos e as formas em que os tribunais previstos nos números anteriores se podem constituir, separada ou conjuntamente, em tribunais de conflitos.

4 – Sem prejuízo do disposto quanto aos tribunais militares, é proibida a existência de tribunais com competência exclusiva para o julgamento de certas categorias de crimes.

PROPOSTA DE LEI N.º 34/IV(*)

ESTABELECE DISPOSIÇÕES SOBRE ARBITRAGEM VOLUNTÁRIA

Exposição de motivos

1 — Nos últimos anos assiste-se em muitos países — designadamente na Europa — a reformas legislativas mais ou menos profundas no domínio do direito da arbitragem voluntária.

Assim aconteceu na Grécia, com a reforma do Código de Processo Civil de 1971, na Bélgica, com a lei de 8 de Agosto de 1972, no Reino Unido, com o *Arbitration Act*, de 1 de Agosto de 1979, em França, com os Decretos de 14 de Maio de 1980 e 12 de Maio de 1981, em Espanha, com o Decreto Régio de 22 de Maio de 1981, na Itália, com a lei de 9 de Fevereiro de 1983 e, no nosso país, com o Decreto-Lei n.º 243/84, de 17 de Julho.

Do mesmo passo, registam-se a nível internacional várias tentativas no sentido da unificação ou pelo menos da harmonização das diferentes soluções nacionais em matéria de arbitragem, tendentes a renovar ou a ampliar a uniformização conseguida já pelo Protocolo de Genebra de 1923, relativo a cláusulas de arbitragem, e pela Convenção de Genebra de 1927, para a execução das sentenças arbitrais, bem como pela Convenção de Nova Iorque de 1958, sobre o reconhecimonto e execução das sentenças arbitrais estrangeiras (esta última tendente a substituir, entre os Estados que a subscreverem, os dois instrumentos internacionais anteriormente referidos).

(*) Exposição de motivos da Proposta de Lei que esteve na origem da aprovação da Lei n.º 31/86, de 29 de Agosto (Lei da Arbitragem Voluntária). Publicada no *Diário da Assembleia da República*, 2.ª série, n.º 83, de 2 de Julho de 1986.

Neste domínio, entre as convenções mais importantes de âmbito regional, cabe referir a Convenção Europeia sobre Arbitragem Comercial Internacional (Genebra, 1961), a Convenção Europeia contendo uma lei uniforme em matéria de arbitragem (Estrasburgo, 1966) e a Convenção Interamericana sobre a Arbitragem do Comércio Internacional (Panamá, 1975).

À escala universal, é sobretudo à actividade da Comissão das Nações Unidas para o Direito do Comércio Internacional (CNUDCI) que se devem os progressos mais importantes com vista à unificação do direito da arbitragem. Recorde-se a aprovação em 1976 do Regulamento de Arbitragem da CNUDCI, repositório de regras sobre o processo de arbitragem a que podem recorrer os interessados numa arbitragem comercial internacional, e, mais recentemente, em 21 de Junho de 1985, a aprovação, em Viena, da lei modelo sobre a arbitragem comercial internacional.

O movimento legislativo a nível interno que ficou referido demonstra que o instituto da arbitragem voluntária está hoje bem vivo, uma vez superados os obstáculos representados por algumas soluções herdadas das legislações do século passado ou da primeira metade deste século.

Ao mesmo tempo, é hoje geralmente reconhecido que a unificação do direito da arbitragem comercial constitui um factor muito importante no desenvolvimento das relaçõcs económicas internacionais, onde o recurso a esse instituto regista uma extraordinária expansão.

2 — Com a ressalva das obrigações resultantes dos instrumentos internacionais de que Portugal é parte em matéria de arbitragem internacional — designadamente o Protocolo de Genebra de 1923, sobre as cláusulas de arbitragem, e a Convenção de Genebra de 1927, sobre a execução das sentenças arbitrais —, a disciplina geral da arbitragem voluntária no nosso ordenamento decorreu até há pouco das disposições constantes dos artigos 1508.º a 1524.º do Código de Processo Civil de 1961, que não se distanciavam em pontos fundamentais do modelo adoptado neste domínio pelo Código de Processo Civil de 1939.

A revisão constitucional de 1982, com a nova redacção dada ao artigo 212.º da lei fundamental, fez cessar a dúvida por alguns levantada sobre a constitucionalidade dos tribunais arbitrais face à Constituição de 1976.

E logo pouco tempo depois, o Decreto-Lei n.º 243/84, de 17 de Julho, veio introduzir uma nova disciplina da arbitragem voluntária, que procurou adopar o velho instituto às novas exigências modernamente registadas e atender a solicitações expressas a este respeito por vários sectores da vida económica nacional.

A ambiguidade de algumas das soluções decorrentes desse diploma — recorde-se a dúvida surgida quanto à subsistência, a par dele, da disciplina constante do Código de Processo Civil sobre o tribunal arbitral voluntário, e bem assim a dificuldade de articular entre si algumas das opções acolhidas na nova lei — levou o Governo a entender que se impunha reexaminar a matéria na sua globabilidade e desse reexame resultou considerar-se aconselhável a adopção de uma nova regulamentação do instituto da arbitragem voluntária, tendente a substituir não só o referido Decreto-Lei n.º 243/84, de 17 de Julho, mas também o título I – Do tribunal arbitral voluntário do livro IV do Código de Processo Civil.

Daí nasce a presente proposta, elaborada à luz das mais recentes experiências estrangeiras e internacionais, que se submete à aprovação da Assembleia da República, em obediência ao artigo 168.º, n.º 1, da alínea *q*) da Constituição.

3 — Importará definir, ainda que de forma sintética, alguns dos princípios fundamentais em que assenta a nova regulamentação.

Expressamente admitida pela Constituição a existência de tribunais arbitrais, a par de tribunais judiciais (artigo 212.º, n.os 1 e 2) terá de reconhecer-se que a instituição da arbitragem voluntária assenta na autonomia privada: nela se funda a constituição e o funcionamento de órgãos a quem competem algumas das funções que a lei fundamental atribui aos tribunais (artigo 206.º da Constituição).

Assim sendo, afigura-se que a constituição e o funcionamento dos tribunais arbitrais devem desvincular-se de toda a desnecessária ou desrazoável intervenção dos tribunais judiciais, reconhecendo-se às partes, dentro dos limites fixados na lei, o poder e o dever de forjar as soluções requeridas para a correcta actuação da instituição arbitral.

De acordo com este princípio, na nova regulamentação proposta, a intervenção do tribunal judicial na constituição do tribunal arbitral e no processo que perante este decorre está reduzida a hipóteses muito contadas.

Ao tribunal judicial apenas terá de recorrer-se:

a) Para suprir o acordo das partes que não conseguiu formar-se sobre a designação de árbitro ou árbitros de que dependa a constituição do tribunal (artigo 12.º, n.os 1 a 3), bem como em situações análogas sobre a substituição de árbitro ou árbitros anteriormente designados (artigo 13.º);

b) Para a escolha do presidente do tribunal arbitral, quando essa escolha não possa resultar da decisão das partes ou dos árbitros (artigo 14.º n.os 1 e 2);

c) Para a delimitação dos precisos termos do litígio surgido entre as partes que não possam ser fixados por acordo entre elas (artigo 12.°, n.° 4);

d) Para a produção de prova que dependa do uso de poderes de autoridade de que o tribunal arbitral não dispõe (artigo 18.°, n.° 2).

É ainda no referido princípio da autonomia do tribunal arbitral, frente ao tribunal judicial, que radica a solução que se traduz em entregar ao primeiro o poder de se pronunciar sobre a sua própria competência, ao mesmo tempo que se afirma a independência da convenção de arbitragem relativamente ao contrato em que ela se insere (artigo 21.°).

4 — O reconhecimento da autonomia privada como fundamento da arbitragem voluntária e o facto de tal reconhecimento moldar a disciplina do instituto em aspectos tão importantes como a definição do litígio cometido a tribunal arbitral, a constituição deste, a escolha das regras de processo e até, como adiantte se dirá, a fixação do direito aplicável pelos árbitros, não pode fazer esquecer que o tribunal arbitral constitui um órgão participante na função jurisdicional.

O reconhecimento da força de caso julgado à decisão arbitral, nos termos do n.° 1 do artigo 26.°, e bem assim a atribuição a essa decisão da força executiva que pertence à sentença do tribunal judicial de 1.ª instância, com a dispensa, para tanto, de qualquer intervenção do órgão judicial (artigo 26.°, n.° 2), reafirmam soluções tradicionais na nossa ordem jurídica que claramente revelam o carácter bifrontal do instituto da arbitragem voluntária: fundado, como se disse, na autonomia privada, ele é, por força da lei, tornado peça integrante do sistema de tribunais previsto na Constituição.

5 — Na descrição dos traços essenciais do regime proposto para a arbitragem voluntária importa também destacar o papel nele reservado à arbitragem institucionalizada.

É bem conhecido que a partir da última Grande Guerra, e em particular no âmbito das relações comerciais internacionais, se registou uma excepcional expansão do recurso à arbitragem voluntária institucionalizada, que funciona sob a égide de entidades como as câmaras de comércio ou de indústria ou outras associações profissionais, ou ainda sob a égide de instituições constituídas especificamente para a organização de arbitragens.

As partes que se propõem submeter certo litígio a tribunal arbitral não cuidam agora de designar os árbitros e de escolher as regras de processo que eles deverão observar, antes se limitam muito frequentemente a remeter em tais matérias para as soluções propostas pelas referidas instituições, que lhes oferecem para tanto regulamentos próprios e estruturas organizatórias adequadas.

Entre nós, sabe-se que várias entidades ligadas à vida económica manifestaram o seu interesse na possibilidade de intervirem, sob forma institucionalizada, em processos de arbitragem voluntária: o Decreto-Lei n.º 243/84, de 17 de Julho, veio reconhecer tal possibilidade.

Essa solução de princípio foi mantida na nova regulamentação, por se julgar que do desenvolvimento da arbitragem voluntária institucionalizada, devidamente enquadrada por lei, poderão advir inegáveis vantagens para a economia nacional.

Alguns ajustamentos pareceu, no entanto, necessário introduzir no sistema consagrado a este respeito pelo Decreto-Lei n.º 243/84, de 17 de Julho.

Assim, afigurou-se que não deve caber ao Ministro da Justiça a aprovação de regulamentos de arbitragem emanados das entidades autorizadas a organizar arbitragens institucionalizadas.

Mas a delicadeza da matéria, num campo ainda não trabalhado pela experiência nacional, aconselha, em todo o caso, a que se reserve ao Ministro da Justiça a indicação das entidades autorizadas a organizar tais arbitragens, bem como a delimitação do campo em que poderão exercer essa actividade.

A relevância da figura da arbitragem institucionalizada aflora em vários passos da nova lei, designadamente na disciplina relativa à definição das regras de processo e da escolha do lugar da arbitragem.

Neste domínio, o respeito pelo princípio da autonomia privada leva a confiar a solução ao acordo das partes (artigo 15.º, n.º 1). Mas a lei determina expressamente que tal acordo pode resultar da escolha de um regulamento emanado de uma das entidades autorizadas a organizar arbitragens institucionalizadas ou ainda da escolha de uma dessas entidades para a organização da arbitragem (artigo 15.º, n.º 2).

6 — Merece ainda ser destacada a resposta dada pela nova regulamentação ao problema da delimitação do seu âmbito de aplicação no espaço.

Nos termos do artigo 33.º, a disciplina proposta aplicar-se-á às arbitragens que tenham lugar em território nacional.

Assim, qualquer que seja a nacionalidade, o domicílio, o lugar da sede ou do estabelecimento das partes, qualquer que seja a nacionalidade ou o domicílio dos árbitros, e onde quer que se localizem os interesses sobre que versa o litígio, o facto de se ter designado para a arbitragem um lugar em território português determina a aplicação da lei nacional.

Daqui resulta que a nova regulamentação proposta poderá aplicar-se não só a uma arbitragem puramente interna, mas também a uma arbitragem que apresente conexões com países estrangeiros.

Em qualquer caso, a sentença arbitral proferida numa arbitragem localizada em território nacional será uma sentença portuguesa com o valor e a eficácia fixados no artigo 26.º. Não se põe, quanto a ela, o problema de reconhecimento do valor ou da eficácia que se levanta perante a sentença proferida numa arbitragem que teve lugar no estrangeiro.

Importa, contudo, sublinhar que o carácter internacional da arbitragem localizada em território português, e como tal submetida à disciplina decorrente da nova lei, ganha no quadro desta uma especial relevância, em matéria de particular significado, como é a da definição do direito a aplicar pelos árbitros.

7 — Segundo o princípio geral estabelecido no n.º 1 do artigo 22.º, que reproduz a solução tradicionalmente acolhida entre nós, os árbitros julgam segundo o direito constituído, a menos que as partes os autorizem a julgar segundo a equidade.

O n.º 2 do mesmo artigo vem, no entanto, determinar que, tratando--se de arbitragem internacional, podem as partes, quando não tenham autorizado os árbitros a julgar segundo a equidade, escolher o direito a aplicar pelo tribunal.

Este preceito não se limita a uma reafirmação pura e simples do princípio consagrado no artigo 41.º do Código Civil, uma vez que a arbitragem em matéria cível ou comercial não versa necessariamente sobre obrigações voluntárias, e é ao domínio destas que se reporta a referida norma de conflitos que reconhece o princípio da autonomia da vontade em direito internacional privado.

Mas afigurou-se que, versando a arbitragem voluntária sobre direitos disponíveis, se aconselhava estender — de acordo com a orientação que aflora em muitas legislações mais modernas — o referido princípio de autonomia para além do seu âmbito de aplicação tradicional.

A fórmula adoptada não parece, todavia, abarcar a possibilidade de as partes submeterem o litígio a regras que não sejam as de um dado sistema jurídico (ou de vários sistemas jurídicos).

Na querela que hoje tão vivamente divide as legislações, as jurisprudências e os autores quanto à possibilidade de subtrair a resolução do litígio internacional à aplicação de qualquer lei estadual, confiando essa resolução à *lex mercatoria* ou a princípios ou regras escolhidas *ad hoc*, entendeu-se não dever admitir-se tal possibilidade.

Sem entrar na discussão dos méritos e deméritos das soluções que ficaram evocadas, ponderou-se que elas têm sido defendidas para o domínio do comércio internacional, em sentido técnico, quando não, mais restritamente, para o domínio das relações entre comerciantes: deve ter--se presente que a regulamentação proposta, como adiante se sublinhará, cobre um campo de aplicação mais vasto do que o que ficou referido.

Para a hipótese de faltar a escolha pelas partes do direito aplicável, a nova lei não impõe aos árbitros o recurso ao sistema português de normas de conflitos de leis, designadamente ao artigo 42.° do Código Civil, que consagra uma solução que hoje geralmente se tem por desajustada aos interesses da vida privada internacional. Antes se determina que o tribunal arbitral aplique o direito mais apropriado ao litígio (artigo 22.°, n.° 2, segunda parte).

Por esta forma se exclui que os árbitros possam submeter o litígio a regras que não sejam as de um sistema jurídico estadual (ou de mais de que um sistema jurídico estadual), à semelhança do que vale para a escolha feita pelas partes do direito aplicável.

Mas note-se que com a solução adoptada na parte final do n.° 2 do artigo 22.° o legislador também foi levado a tomar partido numa questão altamente controversa no direito positivo e na doutrina, tanto estrangeiros como internacionais, na medida em que, em vez de confiar aos árbitros a escolha das normas de conflitos a quem caberia determinar o sistema local aplicável, lhes atribuiu antes o poder de directamente elegerem o direito material chamado a regular o litígio, por ser o direito mais apropriado. Crê-se que a solução envolve maior simplicidade e transparência de processo na definição do resultado final.

À prática dos tribunais e à doutrina caberá, em todo o caso, um papel importante na explicitação dos critérios que levam a descobrir qual seja o «direito mais apropriado ao litígio».

Importa finalmente apontar que a lei definiu o que deve entender-se por «arbitragem internacional», para o efeito de determinar o direito aplicável pelos árbitros, nos termos do n.° 2 do artigo 22.°.

O n.° 3 do mesmo artigo 22.° adopta neste contexto a noção lata — recentemente acolhida pela lei francesa — segundo a qual se considera arbitragem internacional aquela que «põe em jogo interesses do comércio internacional».

Parece evidente que a expressão «comércio internacional» há-de ter--se neste passo por correspondente a tráfego jurídico-privado internacional ou a relações da vida privada internacional, em sentido lato, e não apenas a relações comerciais *stricto sensu*, ou a relações entre comerciantes.

8 — Dentro dos parâmetros gerais que ficaram traçados, algumas soluções específicas da nova regulamentação proposta merecerão ainda uma breve referência.

Observar-se-á, para começar, que essa disciplina não introduz inovações de fundo quanto à delimitação dos litígios cuja resolução pode ser cometida a tribunal arbitral voluntário. Nos termos do n.º 1 do artigo 1.º, qualquer litígio em matéria cível ou comercial, desde que não respeite a direitos indisponíveis, pode ser objecto de convenção de arbitragem, a menos que por lei especial se ache submetido exclusivamente a tribunal judicial ou a arbitragem necessária.

A convenção de arbitragem poderá revestir a modalidade de compromisso, se tiver por objecto um litígio actual, ainda que já afecto a tribunal, ou a modalidade de cláusula compromissória, se visar litígios eventuais emergentes de uma determinada relação jurídica contratual ou extracontratual (artigo 1.º, n.º 2).

Manteve-se neste passo a terminologia tradicional entre nós (cláusula compromissória), mas é fora de dúvida que a convenção de arbitragem que se reporta a litígios eventuais tanto poderá revestir a forma de cláusula num contrato como a de uma convenção autónoma: é o que resulta inequivocamente do facto de se ter admitido que a convenção de arbittagem tenha por objecto litígios eventualmente emergentes de uma relação extracontratual.

O litígio a submeter aos árbitros deve ser determinado com precisão no compromisso arbitral e a cláusula compromissória deverá especificar a relação jurídica a que respeitem os litígios cometidos a tribunal arbitral (artigo 2.º, n.º 2).

Consoante ficou já referido, no caso de, surgido um litígio entre as partes, estas não acordarem na determinação do seu objecto, impõe-se para tanto o recurso ao tribunal judicial: da decisão deste caberá recurso de agravo, o qual subirá imediatamente (artigo 12.º, n.º 4).

9 — Uma vez definido que a arbitragem voluntária se reporta a litígios sobre direitos disponíveis, em matéria cível ou comercial, não pareceu necessário qualquer disposição especial sobre a capacidade de pessoas singulares e colectivas de direito privado para celebrarem convenção de arbitragem. Mas afigurou-se conveniente especificar as condições em que

o Estado e outras pessoas de direito público podem recorrer ao instituto da arbitragem, tal como a nova lei o estrutura: a isso vem o n.º 3 do artigo 1.º.

10 — Pelo que toca à disciplina da forma da convenção de arbitragem, manteve-se a exigência da redução a escrito (artigo 2.º, n.º 1). Mas alargou-se, relativamente ao direito anterior, e na linha de soluções recentemente acolhidas em leis estrangeiras e em textos internacionais, o entendimento do que seja a redução a escrito. Assim, para além da convenção constante de documento assinado pelas partes ou de troca de cartas, considera-se ainda reduzida a escrito a convenção que constar «de *telex,* telegramas ou outros meios de comunicação de que fique prova escrita», admitindo-se que a exigência do n.º 1 do artigo 2.º se dará por preenchida «quer esses instrumentos contenham directamente a convenção, quer deles conste cláusula de remissão para algum documento em que uma convenção esteja contida» (artigo 2.º, n.º 2).

Por esta via se consagra uma solução mais adaptada aos modernos meios de comunicação, sem sacrifício da necessária segurança.

11 — Como atrás ficou apontado, o reconhecimento da autonomia privada como base do instituto da arbitragem voluntária levou a confiar à livre estipulação das partes a disciplina de múltiplos aspectos relativos à constituição e ao funcionamento do tribunal arbitral.

Assim aconteceu com a fixação do número de árbitros, onde se impôs a única limitação de que o tribunal deverá ser constituído por um número ímpar de membros (artigo 6.º, n.º 1): a supressão desta limitação conduziria a dificuldades na disciplina das regras de voto que pareceu conveniente evitar.

Pelo que toca à designação dos árbitros e do presidente do tribunal arbitral (artigos 7.º a 13.º), não há inovações importantes a assinalar relativamente ao regime anterior. Já atrás ficou indicado que se admitiu o recurso ao tribunal judicial para ultrapassar obstáculos surgidos na constituição do tribunal arbitral.

A determinação do lugar da arbitragem, bem como a fixação das regras do processo, é também confiada às partes, que poderão fazê-lo na convenção de arbitragem ou em escrito posterior, até à aceitação do primeiro árbitro (artigo 15.º, n.º 1).

Foi também posto em evidência o significado que neste contexto é atribuído à escolha pelas partes de um regulamento de arbitragem emanado de uma entidade autorizada a organizar arbitragens institucionalizadas ou ainda à escolha de uma dessas entidades para a organização da arbitragem (artigo 15.º, n.º 2).

Na falta de acordo das partes, remete-se para os árbitros a definição das regras de processo a observar, bem como a escolha do lugar de funcionamento do tribunal (artigo 15.º, n.º 3).

Julgou-se não dever o legislador formular pormenorizadas regras supletivas em matéria de processo, dada a diversidade de tipos de litígios cuja resolução pode ser cometida a tribunal arbitral. Mas definiram-se no artigo 16.º os princípios fundamentais que neste domínio não poderão ser postergados, seja pelas partes, seja pelos regulamentos das entidades chamadas a intervir em matéria de arbitragem, seja pelos árbitros.

A violação desses princípios pode conduzir à anulação da decisão arbitral, nos termos previstos no artigo 27.º, n.º 1, alínea *c*).

12 — O prazo para a decisão arbitral é também deixado na disponibilidade das partes, que directa ou indirectamente poderão fixá-lo na convenção de arbitragem ou em escrito posterior, até à aceitação do primeiro árbitro (artigo 19.º, n.º 1).

Esse prazo poderá ser prorrogado pelas partes — por uma ou mais vezes — até ao dobro da sua duração inicial (artigo 19.º, n.º 4).

Mas não se admitiu que o tribunal fosse chamado a prorrogar o prazo a pedido dos árbitros ou, em caso de desacordo entre partes, a pedido de uma delas: pareceu ser essa a solução que melhor se ajusta ao princípio de que o tribunal judicial não deve intervir no funcionamento do tribunal arbitral, salvo em caso de estrita necessidade.

Na falta de fixação pelas partes do prazo para a decisão, a lei determina que ele será de seis meses (artigo 19.º, n.º 2). Impunha-se aqui uma regra supletiva, uma vez que não seria curial deixar nesta matéria a palavra aos árbitros.

13 — No que toca às regras de voto do tribunal colectivo, optou-se por exigir apenas que a deliberação — em que todos os árbitros devem participar — seja tomada por maioria de votos, sem prejuízo da faculdade reconhecida às partes de exigirem na convenção de arbitragem ou em acordo escrito posterior, até à aceitação do primeiro árbitro, uma maioria qualificada (artigo 20.º, n.º 1).

Mas, quando não seja possível formar a maioria prevista, devido apenas a divergência entre os árbitros quanto ao montante da condenação em dinheiro, entendeu-se dever fazer prevalecer o voto do presidente, salvo convenção das partes em contrário (artigo 20.º, n.º 3).

Para além disto, previu-se também expressamente a possibilidade de as partes convencionarem, para o caso de não se formar a maioria necessária, que a decisão seja tomada unicamente pelo presidente ou que a questão se considere decidida no sentido do seu voto (artigo 20.°, n.° 2).

14 — Os elementos que devem constar da decisão vêm enunciados no artigo 23.°.

Sublinhe-se, a este propósito, a necessidade da fundamentação da decisão arbitral (artigo 23.°, n.° 2).

O desrespeito de algumas das exigências formuladas no artigo 23.° pode vir a fundamentar a anulação da decisão arbitral, nos termos do artigo 27.°, n.° 1 alínea *d*).

15 — No que toca à impugnação da decisão arbitral, optou-se por manter o sistema tradicional entre nós que admite, ao lado do pedido de anulação, o recurso, sempre que as partes não tenham renunciado a esta última via.

Não se ignora que os textos internacionais mais recentes sobre a arbitragem comercial internacional tendem a excluir a possibilidade do recurso, embora por vezes à custa de uma maior abertura nos fundamentos do pedido de anulação da sentença arbitral.

Mas, uma vez que a disciplina proposta se aplica de pleno — embora não exclusivamente — à arbitragem puramente interna, não se descobriu razão suficiente para afastar a solução dualista, de resto na linha seguida também por algumas leis estrangeiras recentes.

Reafirmando uma vez mais o regime tradicional entre nós, faculta-se às partes a renúncia ao recurso mas não ao direito de requerer a anulação da decisão arbitral (artigos 28.° e 29.°).

16 — Caberá finalmente notar que à semelhança do que acontecia com o Decreto-Lei n.° 243/84, de 17 de Julho, também a nova regulamentação proposta para a arbitragem voluntária se não ocupa do reconhecimento na ordem jurídica portuguesa de sentenças arbitrais estrangeiras ou internacionais.

Como é sabido, a matéria encontra-se actualmente regulada no Código de Processo Civil (artigos 1094.° e seguintes), com a ressalva do que se ache estabelecido em tratados e leis especiais.

Até que se defina a posição do nosso país relativamente a algumas convenções internacionais em vigor sobre o reconhecimento e a execução de sentenças arbitrais estrangeiras — designadatnente a Convenção de Nova Iorque de 1958 —, não pareceu aconselhável reformular o direito interno português nesta matéria.

LEI N.º 31/86
de 29 de Agosto

Arbitragem Voluntária

A Assembleia da República decreta, nos termos dos artigos, 164.º, alínea *d)*, 168.º, n.º 1, alínea *q)*, e 169.º, n.º 2, da Constituição, o seguinte:

CAPÍTULO I

ARTIGO 1.º
(Convenção de Arbitragem)

1 – Desde que por lei especial não esteja submetido exclusivamente a tribunal judicial ou a arbitragem necessária, qualquer litígio que não respeite a direitos indisponíveis pode ser cometido pelas partes, mediante convenção de arbitragem, à decisão de árbitros.

2 – A convenção de arbitragem pode ter por objecto um litígio actual, ainda que se encontre afecto a tribunal judicial (compromisso arbitral), ou litígios eventuais emergentes de uma determinada relação jurídica contratual ou extracontratual (cláusula compromissória).

3 – As partes podem acordar em considerar abrangidas no conceito de litígio, para além das questões de natureza contenciosa em sentido estrito, quaisquer outras, designadamente as relacionadas com a necessidade de precisar, completar, actualizar ou mesmo rever os contratos ou as relações jurídicas que estão na origem da convenção de arbitragem.

4 – O Estado e outras pessoas colectivas de direito público podem celebrar convenções de arbitragem, se para tanto forem autorizados por

lei especial ou se elas tiverem por objecto litígios respeitantes a relações de direito privado.

ARTIGO 2.º
(Requisitos da Convenção; revogação)

1 – A convenção de arbitragem deve ser reduzida a escrito.

2 – Considera-se reduzida a escrito a convenção de arbitragem constante ou de documento assinado pelas partes, ou de troca de cartas, *telex*, telegramas ou outros meios de telecomunicação de que fique prova escrita, quer esses instrumentos contenham directamente a convenção, quer deles conste cláusula de remissão para algum documento em que uma convenção esteja contida.

3 – O compromisso arbitral deve determinar com precisão o objecto do litígio; a cláusula compromissória deve especificar a relação jurídica a que os litígios respeitem.

4 – A convenção de arbitragem pode ser revogada, até à pronúncia da decisão arbitral, por escrito assinado pelas partes.

ARTIGO 3.º
(Nulidade da Convenção)

É nula a convenção de arbitragem celebrada com violação do disposto nos artigos 1.º, n.ᵒˢ 1 e 4, e 2.º, n.ᵒˢ 1 e 2.

ARTIGO 4.º
(Caducidade da Convenção)

1 – O compromisso arbitral caduca e a cláusula compromissória fica sem efeito, quanto ao litígio considerado:

a) Se algum dos árbitros designados falecer, se escusar ou se impossibilitar permanentemente para o exercício da função ou se a designação ficar sem efeito, desde que não seja substituído nos termos previstos no artigo 13.º;

b) Se, tratando-se de tribunal colectivo, não puder formar-se maioria na deliberação dos árbitros;

c) Se a decisão não for proferida no prazo estabelecido de acordo com o disposto no artigo 19.º.

2 – Salvo convenção em contrário, a morte ou extinção das partes não faz caducar a convenção de arbitragem nem extinguir a instância no tribunal arbitral.

ARTIGO 5.º
(Encargos do processo)

A remuneração dos árbitros e dos outros intervenientes no processo, bem como a sua repartição entre as partes, deve ser fixada na convenção de arbitragem ou em documento posterior subscrito pelas partes, a menos que resultem dos regulamentos de arbitragem escolhidos nos termos do artigo 15.º.

CAPÍTULO II
Dos árbitros e do tribunal arbitral

ARTIGO 6.º
(Composição do Tribunal)

1 – O tribunal arbitral poderá ser constituído por um único árbitro ou por vários, em número ímpar.

2 – Se o número de membros do tribunal arbitral não for fixado na convenção de arbitragem ou em escrito posterior assinado pelas partes, nem deles resultar, o tribunal será composto por três árbitros.

ARTIGO 7.º
(Designação dos árbitros)

1 – Na convenção de arbitragem ou em escrito posterior por elas assinado, devem as partes designar o árbitro ou árbitros que constituirão o tribunal, ou fixar o modo por que serão escolhidos.

2 – Se as partes não tiverem designado o árbitro ou os árbitros nem fixado o modo da sua escolha, e não houver acordo entre elas quanto a essa

designação, cada uma indicará um árbitro, a menos que acordem em que cada uma delas indique mais de um em número igual, cabendo aos árbitros assim designados a escolha do árbitro que deve completar a constituição do tribunal.

ARTIGO 8.º
(Árbitros: requisitos)

Os árbitros devem ser pessoas singulares e plenamente capazes.

ARTIGO 9.º
(Liberdade de aceitação; escusa)

1 – Ninguém pode ser obrigado a funcionar como árbitro; mas, se o encargo tiver sido aceite, só será legítima a escusa fundada em causa superveniente que impossibilite o designado de exercer a função.

2 – Considera-se aceite o encargo sempre que a pessoa designada revele a intenção de agir como árbitro ou não declare, por escrito dirigido a qualquer das partes, dentro dos dez dias subsequentes à comunicação da designação, que não quer exercer a função.

3 – O árbitro que, tendo aceitado o encargo, se escusar injustificadamente ao exercício da sua função responde pelos danos a que der causa.

ARTIGO 10.º
(Impedimentos e recusas)

1 – Aos árbitros não nomeados por acordo das partes é aplicável o regime de impedimentos e escusas estabelecido na lei de processo civil para os juízes.

2 – A parte não pode recusar o árbitro por ela designado, salvo ocorrência de causa superveniente de impedimento ou escusa, nos termos do número anterior.

ARTIGO 11.º
(Constituição do tribunal)

1 – A parte que pretenda instaurar o litígio no tribunal arbitral deve notificar desse facto a parte contrária.

2 – A notificação é feita por carta registada com aviso de recepção.

3 – A notificação deve indicar a convenção de arbitragem e precisar o objecto do litígio, se ele não resultar já determinado da convenção.

4 – Se às partes couber designar um ou mais árbitros, a notificação conterá a designação do árbitro ou árbitros pela parte que se propõe instaurar a acção, bem como o convite dirigido à outra parte para designar o árbitro ou árbitros que lhe cabe indicar.

5 – Se o árbitro único dever ser designado por acordo das duas partes, a notificação conterá a indicação do árbitro proposto e o convite à outra parte para que o aceite.

6 – Caso pertença a terceiro a designação de um ou mais árbitros e tal designação não haja ainda sido feita, será o terceiro notificado para a efectuar e a comunicar a ambas as partes.

ARTIGO 12.º
(Nomeação de árbitros e determinação do objecto do litígio pelo tribunal judicial)

1 – Em todos os casos em que falte nomeação do árbitro ou árbitros, em conformidade com o disposto nos artigos anteriores, caberá essa nomeação ao presidente do tribunal da relação do lugar fixado para a arbitragem ou, na falta de tal fixação, do domicílio do requerente.

2 – A nomeação pode ser requerida passado um mês sobre a notificação prevista no artigo 11.º, n.º 1, no caso contemplado nos n.os 4 e 5 desse artigo, ou no prazo de um mês a contar da nomeação do último dos árbitros a quem compete a escolha, no caso referido no artigo 7.º, n.º 2.

3 – As nomeações feitas nos termos dos números anteriores não são susceptíveis de impugnação.

4 – Se no prazo referido no n.º 2 as partes não chegarem a acordo sobre a determinação do objecto do litígio, caberá ao tribunal decidir. Desta decisão cabe recurso de agravo, a subir imediatamente.

5 – Se a convenção de arbitragem for manifestamente nula, deve o tribunal declarar não haver lugar à designação de árbitros ou à determinação do objecto do litígio.

ARTIGO 13.º
(Substituição dos árbitros)

Se algum dos árbitros falecer, se escusar ou se impossibilitar permanentemente para o exercício das funções ou se a designação ficar sem efeito, proceder-se-á à sua substituição segundo as regras aplicáveis à nomeação ou designação, com as necessárias adaptações.

ARTIGO 14.º
(Presidente do tribunal arbitral)

1 – Sendo o tribunal constituído por mais de um árbitro, escolherão eles entre si o presidente, a menos que as partes tenham acordado, por escrito, até à aceitação do primeiro árbitro, noutra solução.

2 – Não sendo possível a designação do presidente nos termos do número anterior, caberá a escolha ao presidente do tribunal da relação.

3 – Compete ao presidente do tribunal arbitral preparar o processo, dirigir a instrução, conduzir os trabalhos das audiências e ordenar os debates, salvo convenção em contrário.

CAPÍTULO III
Do funcionamento da arbitragem

ARTIGO 15.º
(Regras do processo)

1 – Na convenção de arbitragem ou em escrito posterior, até à aceitação do primeiro árbitro, podem as partes acordar sobre as regras de processo a observar na arbitragem, bem como sobre o lugar onde funcionará o tribunal.

2 – O acordo das partes sobre a matéria referida no número anterior pode resultar da escolha de um regulamento de arbitragem emanado de uma das entidades a que se reporta o artigo 38.º ou ainda da escolha de uma dessas entidades para a organização da arbitragem.

3 – Se as partes não tiverem acordado sobre as regras de processo a observar na arbitragem e sobre o lugar de funcionamento do tribunal, caberá aos árbitros essa escolha.

ARTIGO 16.º
(Princípios fundamentais a observar no processo)

Em qualquer caso, os trâmites processuais da arbitragem deverão respeitar os seguintes princípios fundamentais:

a) As partes serão tratadas com absoluta igualdade;

b) O demandado será citado para se defender;

c) Em todas as fases do processo será garantida a estreita observância do princípio do contraditório;

d) Ambas as partes devem ser ouvidas, oralmente ou por escrito, antes de ser proferida a decisão final.

ARTIGO 17.º
(Representação das partes)

As partes podem designar quem as represente ou assista em tribunal.

ARTIGO 18.º
(Provas)

1 – Pode ser produzida perante o tribunal arbitral qualquer prova admitida pela lei de processo civil.

2 – Quando a prova a produzir dependa da vontade de uma das partes ou de terceiro e estes recusem a necessária colaboração, pode a parte interessada, uma vez obtida autorização do tribunal arbitral, requerer ao tribunal judicial que a prova seja produzida perante ele, sendo os seus resultados remetidos àquele primeiro tribunal.

CAPÍTULO IV
Da decisão arbitral

ARTIGO 19.°
(Prazo para a decisão)

1 – Na convenção de arbitragem ou em escrito posterior, até à aceitação do primeiro árbitro, podem as partes fixar o prazo para a decisão do tribunal arbitral ou o modo de estabelecimento desse prazo.

2 – Será de seis meses o prazo para a decisão, se outra coisa não resultar do acordo das partes, nos termos do número anterior.

3 – O prazo a que se referem os n.os 1 e 2 conta-se a partir da data da designação do último árbitro, salvo convenção em contrário.

4 – Por acordo escrito das partes, poderá o prazo da decisão ser prorrogado até ao dobro da sua duração inicial.

5 – Os árbitros que injustificadamente obstarem a que a decisão seja proferida dentro do prazo fixado respondem pelos danos causados.

ARTIGO 20.°
(Deliberação)

1 – Sendo o tribunal composto por mais de um membro, a decisão é tomada por maioria de votos, em deliberação em que todos os árbitros devem participar, salvo se as partes, na convenção de arbitragem ou em acordo escrito posterior, celebrado até à aceitação do primeiro árbitro, exigirem uma maioria qualificada.

2 – Podem ainda as partes convencionar que, não se tendo formado a maioria necessária, a decisão seja tomada unicamente pelo presidente ou que a questão se considere decidida no sentido do voto do presidente.

3 – No caso de não se formar a maioria necessária apenas por divergências quanto ao montante de condenação em dinheiro, a questão considera-se decidida no sentido do voto do presidente, salvo diferente convenção das partes.

ARTIGO 21.º
(Decisão sobre a própria competência)

1 – O tribunal arbitral pode pronunciar-se sobre a sua própria competência, mesmo que para esse fim seja necessário apreciar a existência, a validade ou a eficácia da convenção de arbitragem ou do contrato em que ela se insira, ou a aplicabilidade da referida convenção.

2 – A nulidade do contrato em que se insira uma convenção de arbitragem não acarreta a nulidade desta, salvo quando se mostre que ele não teria sido concluído sem a referida convenção.

3 – A incompetência do tribunal arbitral só pode arguida até à apresentação da defesa quanto ao fundo da causa, ou juntamente com esta.

4 – A decisão pela qual o tribunal arbitral se declara competente só pode ser apreciada pelo tribunal judicial depois de proferida a decisão sobre o fundo da causa e pelos meios especificados nos artigos 27.º e 31.º.

ARTIGO 22.º (*)
(Direito aplicável; recurso à equidade)

Os árbitros julgam segundo o direito constituído, a menos que as partes, na convenção de arbitragem ou em documento subscrito até à aceitação do primeiro árbitro, os autorizem a julgar segundo a equidade.

ARTIGO 23.º
(Elementos da decisão)

1 – A decisão final do tribunal arbitral é reduzida a escrito e dela constará:

a) A identificação das partes;
b) A referência à convenção de arbitragem;
c) O objecto do litígio;
d) A identificação dos árbitros;

(*) Sobre o valor da equidade, dispõe o artigo 4.º do Código Civil:
"Os tribunais só podem resolver segundo a equidade:
a) Quando haja disposição legal que o permita;
b) Quando haja acordo das partes e a relação jurídica não seja indisponível;
c) Quando as partes tenham previamente convencionado o recurso à equidade, nos termos aplicáveis à cláusula compromissória."

e) O lugar da arbitragem e o local e data em que a decisão foi proferida;

f) A assinatura dos árbitros;

g) A indicação dos árbitros que não puderem ou não quiserem assinar.

2 – A decisão deve conter um número de assinaturas pelo menos igual ao da maioria dos árbitros e incluirá os votos de vencido, devidamente identificados.

3 – A decisão deve ser fundamentada.

4 – Da decisão constará a fixação e repartição pelas partes dos encargos resultantes do processo.

ARTIGO 24.º
(Notificação e depósito da decisão)

1 – O presidente do tribunal mandará notificar a decisão a cada uma das partes, mediante a remessa de um exemplar dela, por carta registada.

2 – O original da decisão é depositado na secretaria do tribunal judicial do lugar da arbitragem, a menos que na convenção de arbitragem ou em escrito posterior as partes tenham dispensado tal depósito ou que, nas arbitragens institucionalizadas, o respectivo regulamento preveja outra modalidade de depósito.

3 – O presidente do tribunal arbitral notificará as partes do depósito da decisão.

ARTIGO 25.º
(Extinção do poder dos árbitros)

O poder jurisdicional dos árbitros finda com a notificação do depósito da decisão que pôs termo ao litígio ou, quando tal depósito seja dispensado, com a notificação da decisão às partes.

ARTIGO 26.º
(Caso julgado e força executiva)

1 – A decisão arbitral, notificada às partes e, se for caso disso, depositada no tribunal judicial nos termos do artigo 24.º, considera-se transitada em julgado logo que não seja susceptível de recurso ordinário.

Legislação Nacional 35

2 – A decisão arbitral tem a mesma força executiva que a sentença do tribunal judicial de 1.ª instância.

CAPÍTULO V
Impugnação da decisão arbitral

ARTIGO 27.º
(Anulação da decisão)

1 – A sentença arbitral só pode ser anulada pelo tribunal judicial por algum dos seguintes fundamentos:
   a) Não ser o litígio susceptível de resolução por via arbitral;
   b) Ter sido proferida por tribunal incompetente ou irregularmente constituído;
   c) Ter havido no processo violação dos princípios referidos no artigo 16.º, com influência decisiva na resolução do litígio;
   d) Ter havido violação do artigo 23.º, n.ºs 1, alínea *f)*, 2 e 3;
   e) Ter o tribunal conhecido de questões de que não podia tomar conhecimento, ou ter deixado de pronunciar-se sobre questões que devia apreciar.

2 – O fundamento de anulação previsto na alínea *b)* do número anterior não pode ser invocado pela parte que dele teve conhecimento no decurso da arbitragem e que, podendo fazê-lo, não o alegou oportunamente.

3 – Se da sentença arbitral couber recurso e ele for interposto, a anulabilidade só poderá ser apreciada no âmbito desse recurso.

ARTIGO 28.º
(Direito de requerer a anulação; prazo)

1 – O direito de requerer a anulação da decisão dos árbitros é irrenunciável.

2 – A acção de anulação pode ser intentada no prazo de um mês a contar da notificação da decisão arbitral.

ARTIGO 29.º
(Recursos)

1 – Se as partes não tiverem renunciado ao recursos, da decisão arbitral cabem para o tribunal da relação os mesmos recursos que caberiam da sentença proferida pelo tribunal de comarca.

2 – A autorização dada aos árbitros para julgarem segundo a equidade envolve a renúncia aos recursos.

CAPÍTULO VI
Execução da decisão arbitral

ARTIGO 30.º
(Execução da decisão)

A execução da decisão arbitral corre no tribunal de 1ª instância, nos termos da lei de processo civil.

ARTIGO 31.º
(Oposição à execução)

O decurso do prazo para intentar a acção de anulação não obsta a que se invoquem os seus fundamentos em via de oposição à execução da decisão arbitral.

CAPÍTULO VII
Da arbitragem internacional

ARTIGO 32.º
(Conceito de arbitragem internacional)

Entende-se por arbitragem internacional a que põe em jogo interesses de comércio internacional.

ARTIGO 33.º
(Direito aplicável)

1 – As partes podem escolher o direito a aplicar pelos árbitros, se os não tiverem autorizado a julgar segundo a equidade.

2 – Na falta de escolha, o tribunal aplica o direito mais apropriado ao litígio.

ARTIGO 34.º
(Recursos)

Tratando-se de arbitragem internacional, a decisão do tribunal não é recorrível, salvo se as partes tiverem acordado a possibilidade de recurso e regulado os seus termos.

ARTIGO 35.º
(Composição amigável)

Se as partes lhe tiverem confiado essa função, o tribunal poderá decidir o litígio por apelo à composição das partes na base do equilíbrio dos interesses em jogo.

CAPÍTULO VIII
Disposições finais

ARTIGO 36.º
(Alterações ao Código do Processo Civil)

São alterados e substituídos nos termos deste artigo os seguintes preceitos do Código de Processo Civil:

Artigo 90.º
[...]
1 – ....

2 – Se a decisão tiver sido proferida por árbitros em arbitragem que tenha tido lugar em território português, é competente para a execução o tribunal da comarca do lugar da arbitragem.

Artigo 814.º
(Execução baseada em decisão arbitral)

1 – São fundamentos de oposição à execução baseada em sentença arbitral não só os previstos no artigo anterior mas também aqueles em que pode basear-se a anulação judicial da mesma decisão.

2 – O tribunal indeferirá oficiosamente o pedido de execução quando reconhecer que o litígio não podia ser cometido à decisão por árbitros, quer por estar submetido, por lei especial, exclusivamente a tribunal judicial ou a arbitragem necessária, quer por o direito litigioso não ser disponível pelo seu titular.

ARTIGO 37.º
(Âmbito de aplicação no espaço)

O presente diploma aplica-se às arbitragens que tenham lugar em território nacional.

ARTIGO 38.º
(Arbitragem institucionalizada)

O Governo definirá, mediante decreto-lei, o regime da outorga de competência a determinadas entidades para realizarem arbitragens voluntárias institucionalizadas, com especificação, em cada caso, do carácter especializado ou geral de tais arbitragens, bem como as regras de reapreciação e eventual revogação das autorizações concedidas, quando tal se justifique.

ARTIGO 39.º
(Direito revogado)

1 – É revogado o Decreto-Lei n.º 243/84, de 17 de Julho.

2 – É revogado o artigo 55.º do Código das Custas Judiciais.

3 – É revogado o título I do livro IV, «Do tribunal arbitral voluntário», do Código de Processo Civil.

ARTIGO 40.º
(Entrada em vigor)

O presente diploma entra em vigor três meses após a sua publicação.

Aprovada em 24 de Julho de 1986.

O Presidente da Assembleia da República, *Fernando Monteiro do Amaral.*

Promulgada em 16 de Agosto de 1986.

Publique-se.

O Presidente da República, MÁRIO SOARES.

Referendada em 19 de Agosto de 1986.

O Primeiro-Ministro, *Aníbal António Cavaco Silva.*

.

CÓDIGO DE PROCESSO CIVIL(*)

LIVRO I
DA ACÇÃO

(...)

TÍTULO II
Da Acção Executiva

CAPÍTULO I
Do título executivo

(...)

ARTIGO 48.°
(Exequibilidade dos despachos e das decisões arbitrais)

1 – ....

2 – As decisões proferidas pelo tribunal arbitral são exequíveis nos mesmos termos em que o são as decisões dos tribunais comuns.

ARTIGO 49.°
(Exequibilidade das sentenças e dos títulos exarados
em país estrangeiro)

1 – Sem prejuízo do que se ache estabelecido em tratados, conven-

---

(*) A redacção dos artigos transcritos está actualizada até Novembro de 2005.

A não transcrição do texto de alguns números e alíneas de certos artigos (substituí-dos por pontilhado) corresponde exclusivamente a uma opção do autor.

ções, regulamentos comunitários e leis especiais, as sentenças proferidas por tribunais ou por árbitros em país estrangeiro só podem servir de base à execução depois de revistas e confirmadas pelo tribunal português competente.

2 – ....

(...)

LIVRO III
DO PROCESSO

TÍTULO I
Das Disposições Gerais

(...)

CAPÍTULO II
Da instância

(...)

SECÇÃO IV
Extinção da Instância

ARTIGO 287.º
(Causas de extinção da instância)

A instância extingue-se com:

a) ....

b) O compromisso arbitral;

c) ....

d) ....

e) ....

(...)

ARTIGO 290.°
(Compromisso arbitral)

1 – Em qualquer estado da causa podem as partes acordar em que a decisão de toda ou parte dela seja cometida a um ou mais árbitros da sua escolha.

2 – Lavrado no processo o termo de compromisso arbitral ou junto o respectivo documento, examinar-se-á se o compromisso é válido em atenção ao seu objecto e à qualidade das pessoas; no caso afirmativo, a instância finda e as partes são remetidas para o tribunal arbitral, sendo cada uma delas condenada em metade das custas, salvo acordo expresso em contrário.

3 – No tribunal arbitral não podem as partes invocar actos praticados no processo findo, a não ser aqueles de que tenham feito reserva expressa.

(...)

TÍTULO II
Do Processo de Declaração

SUBTÍTULO I
Do Processo Ordinário

CAPÍTULO I
Dos articulados

(...)

SECÇÃO III
Contestação

(...)

SUBSECÇÃO II
Excepções

ARTIGO 493.°
(Excepções dilatórias e peremptórias – Noção)

1 – ....

2 – As excepções dilatórias obstam a que o tribunal conheça do mérito da causa e dão lugar à absolvição da instância ou à remessa do processo para outro tribunal.

3 – ....

ARTIGO 494.º
(Excepções dilatórias)

São dilatórias, entre outras, as excepções seguintes:

....

j) A preterição do tribunal arbitral necessário ou a violação de convenção de arbitragem.

ARTIGO 495.º
(Conhecimento das excepções dilatórias)

O tribunal deve conhecer oficiosamente de todas as excepções dilatórias, salvo da incompetência relativa nos casos não abrangidos pelo disposto no artigo 110.º, bem como da preterição do tribunal arbitral voluntário.

(...)

TÍTULO IV
Dos Processos Especiais

(...)

CAPÍTULO XII
Da revisão de sentenças estrangeiras

ARTIGO 1094.º
(Necessidade da revisão)

1 – Sem prejuízo do que se ache estabelecido em tratados, convenções, regulamentos comunitários e leis especiais, nenhuma decisão sobre direitos privados, proferida por tribunal estrangeiro ou por árbitros no

estrangeiro, tem eficácia em Portugal, seja qual for a nacionalidade das partes, sem estar revista e confirmada.

2 – Não é necessária a revisão quando a decisão seja invocada em processo pendente nos tribunais portugueses, como simples meio de prova sujeito à apreciação de quem haja de julgar a causa.

ARTIGO 1095.°
(Tribunal competente)

Para a revisão e confirmação é competente a Relação do distrito judicial em que esteja domiciliada a pessoa contra quem se pretende fazer valer a sentença, observando-se com as necessárias adaptações o disposto nos artigos 85.° a 87.°.

ARTIGO 1096.°
(Requisitos necessários para a confirmação)

Para que a sentença seja confirmada é necessário:

a) Que não haja dúvidas sobre a autenticidade do documento de que conste a sentença nem sobre a inteligência da decisão;

b) Que tenha transitado em julgado segundo a lei do país em que foi proferida;

c) Que provenha de tribunal estrangeiro cuja competência não tenha sido provocada em fraude à lei e não verse sobre matéria da exclusiva competência dos tribunais portugueses;

d) Que não possa invocar-se a excepção de litispendência ou de caso julgado com fundamento em causa afecta a tribunal português, excepto se foi o tribunal estrangeiro que preveniu a jurisdição;

e) Que o réu tenha sido regularmente citado para a acção, nos termos da lei do país do tribunal de origem, e que no processo hajam sido observados os princípios do contraditório e da igualdade das partes;

f) Que não contenha decisão cujo reconhecimento conduza a um resultado manifestamente incompatível com os princípios da ordem pública internacional do Estado português.

ARTIGO 1097.°
(Confirmação da decisão arbitral)

O disposto no artigo anterior é aplicável à decisão arbitral, na parte em que o puder ser.

ARTIGO 1098.°
(Contestação e resposta)

Apresentado com a petição o documento de que conste a decisão a rever, é a parte contrária citada para, dentro de 15 dias, deduzir a sua oposição. O requerente pode responder nos 10 dias seguintes à notificação da apresentação da oposição.

ARTIGO 1099.°
(Discussão e julgamento)

1 – Findos os articulados e realizadas as diligências que o relator tenha por indispensáveis, é o exame do processo facultado, para alegações, às partes e ao Ministério Público, por 15 dias a cada um.

2 – O julgamento faz-se segundo as regras próprias do agravo.

ARTIGO 1100.°
(Fundamentos da impugnação do pedido)

1 – O pedido só pode ser impugnado com fundamento na falta de qualquer dos requisitos mencionados no artigo 1096.° ou por se verificar algum dos casos de revisão especificados nas alíneas *a)*, *c)* e *g)* do artigo 771.°.

2 – Se a sentença tiver sido proferida contra pessoa singular ou colectiva de nacionalidade portuguesa, a impugnação pode ainda fundar--se em que o resultado da acção lhe teria sido mais favorável se o tribunal estrangeiro tivesse aplicado o direito material português, quando por este devesse ser resolvida a questão segundo as normas de conflitos da lei portuguesa.

Legislação Nacional

ARTIGO 1101.º
(Actividade oficiosa do tribunal)

O tribunal verificará oficiosamente se concorrem as condições indicadas nas alíneas *a)* e *f)* do artigo 1096.º; e também negará oficiosamente a confirmação quando, pelo exame do processo ou por conhecimento derivado do exercício das suas funções, apure que falta algum dos requisitos exigidos nas alíneas *b)*, *c)*, *d)* e *e)* do mesmo preceito.

ARTIGO 1102.º
(Recurso da decisão final)

1 – Da decisão da Relação sobre o mérito da causa cabe recurso de revista.

2 – O Ministério Público, ainda que não seja parte principal, pode recorrer com fundamento na violação das alíneas *c)*, *e)* e *f)* do artigo 1096.º.

(...)

CAPÍTULO XVIII
Dos processos de jurisdição voluntária

(...)

SECÇÃO XX
Determinação do Objecto do Litígio a submeter a Arbitragem

ARTIGOS 1508.º A 1510.º

(Revogados pelo artigo 4.º do Decreto-Lei n.º 38/2003, de 8 de Março)

LIVRO IV
DO TRIBUNAL ARBITRAL

TÍTULO I
Do Tribunal Arbitral Voluntário

ARTIGOS 1511.º A 1524.º

(O Título I do Livro IV foi revogado pelo n.º 3 do artigo 39.º da Lei n.º 31/86, de 29 de Agosto)

TÍTULO II
Do Tribunal Arbitral Necessário

ARTIGO 1525.º
(Regime do julgamento arbitral necessário)

Se o julgamento arbitral for prescrito por lei especial, atender-se-á ao que nesta estiver determinado. Na falta de determinação, observar-se-á o disposto nos artigos seguintes.

ARTIGO 1526.º
(Nomeação dos árbitros – Árbitro de desempate)

1 – Pode qualquer das partes requerer a notificação da outra para a nomeação de árbitros, aplicando-se, com as necessárias adaptações, o estabelecido na lei da arbitragem voluntária.

2 – O terceiro árbitro vota sempre, mas é obrigado a conformar-se com um dos outros, de modo que faça maioria sobre os pontos em que haja divergência.

ARTIGO 1527.º
(Substituição dos árbitros – Responsabilidade dos remissos)

1 – Se em relação a algum dos árbitros se verificar qualquer das circunstâncias previstas no artigo 13.º da lei da arbitragem voluntária, procede-se à nomeação de outro, nos termos do artigo anterior, cabendo a nomeação a quem tiver nomeado o árbitro anterior, quando possível.

2 – Se a decisão não for proferida dentro do prazo, este será prorrogado por acordo das partes ou decisão do juiz, respondendo pelo prejuízo havido e incorrendo em multa os árbitros que injustificadamente tenham dado causa à falta; havendo nova falta, os limites da multa são elevados ao dobro.

ARTIGO 1528.º
(Aplicação das disposições relativas ao tribunal arbitral voluntário)

Em tudo o que não vai especialmente regulado observar-se-á, na parte aplicável, o disposto na lei da arbitragem voluntária.

DECRETO-LEI N.° 425/86
de 27 de Dezembro

Sobre o requerimento de autorização para a criação de centros de arbitragem com carácter institucionalizado

Na difusão dos mecanismos de arbitragem voluntária estará uma das vias para desbloquear a actividade dos tribunais; dá-se, para mais, a circunstância de as experiências comparatísticas revelarem que este meio alternativo da justiça *judicial* possui virtualidades de realização de uma justiça igualmente certa e dignificada.

Acontece que para a difusão dessas soluções arbitrais contribuirá, de modo muito significativo, a existência de centros a funcionar, institucionalizada e permanentemente, como que *profissionalizando* a actividade; tais centros de arbitragem tendem, nos países com uma vida económica mais intensa, a absorver muito do que antes estava imputado a arbitragens *ad hoc*. Isso mesmo foi sublinhado na exposição de motivos da proposta de lei n.° 34/IV, que deu origem à Lei n.° 31/86, de 29 de Agosto.

Cabe, no entanto, dar execução ao estabelecido no artigo 38.° desta lei. É o que agora se faz, tendo em vista o comando dimanado da Assembleia da República.

Procurou-se, ao dar-lhe cumprimento, congregar o objectivo de não cometer ao Governo, através do Ministro da Justiça, uma discricionariedade não controlável, com o de não prefixar critérios legais excessivamente rígidos, que desvirtuariam a natural flexibilidade do sistema.

Assim, em desenvolvimento do artigo 38.° da Lei n.° 31/86, de 29 de Agosto:

O Governo decreta, nos termos da alínea *c)* do n.° 1 do artigo 201.° da Constituição, o seguinte:

ARTIGO 1.º

1 – As entidades que, no âmbito da Lei n.º 31/86, de 29 de Agosto, pretendam promover, com carácter institucionalizado, a realização de arbitragens voluntárias, devem requerer ao Ministro da Justiça autorização para a criação dos respectivos centros.

2 – No requerimento referido no número anterior as entidades interessadas devem expor circunstanciadamente as razões que justificam a sua pretensão, delimitando o objecto das arbitragens que pretendem levar a efeito.

ARTIGO 2.º

Ao apreciar os pedidos formulados nos termos do artigo anterior, o Ministro da Justiça deve tomar em conta a representatividade da entidade requerente e a sua idoneidade para a prossecução da actividade que se propõe realizar, com vista a verificar se estão preenchidas as condições que assegurem uma execução adequada de tal actividade

ARTIGO 3.º

O despacho proferido sobre o requerimento deve ser fundamentado, especificando, em cada caso, o carácter especializado ou geral das arbitragens a realizar pela entidade requerente.

ARTIGO 4.º

1 – Constará de portaria do Ministro da Justiça uma lista das entidades autorizadas a realizar arbitragens voluntárias institucionalizadas, com a menção, para cada uma, do carácter especializado ou geral destas.

2 – A lista a que se refere o número anterior será anualmente actualizada.

ARTIGO 5.º

1 – A autorização concedida nos termos do presente diploma pode ser revogada se ocorrer algum facto que demonstre que a entidade em causa

Legislação Nacional

deixou de possuir condições técnicas ou de idoneidade para a realização de arbitragens voluntárias institucionalizadas.

2 – O despacho de revogação, devidamente fundamentado, é publicado no *Diário da República*.

ARTIGO 6.º

1 – As entidades que realizem arbitragens voluntárias institucionalizadas sem que para tal tenham obtido prévia autorização são punidas com coima de 300 000$00 a 500 000$00.

2 – A aplicação da coima prevista no número anterior compete ao secretário-geral do Ministério da Justiça.

ARTIGO 7.º

O presente diploma entrará em vigor dez dias após a sua publicação.

Visto e aprovado em Conselho de Ministros de 13 de Novembro de 1986. – *Aníbal António Cavaco Silva – Mário Ferreira Bastos Raposo.*

Promulgado em 4 de Dezembro de 1986.

Publique-se.

O Presidente da República, MÁRIO SOARES.

Referendado em 10 de Dezembro de 1986.

O Primeiro-Ministro, *Aníbal António Cavaco Silva.*

PORTARIA N.º 81/2001(*)
de 8 de Fevereiro

Actualiza a lista das entidades autorizadas a realizar arbitragens voluntárias institucionalizadas

O Decreto-Lei n.º 425/86, de 27 de Dezembro, veio, no desenvolvimento da previsão do artigo 38.º da Lei n.º 31/86, de 29 de Agosto, estabelecer os requisitos de criação de centros de arbitragem com natureza institucionalizada.

O artigo 4.º do citado decreto-lei impõe ao Ministro da Justiça a publicação, anualmente actualizada, da lista das entidades autorizadas a realizarem arbitragens voluntárias institucionalizadas.

Havendo que proceder à referida actualização, aproveita-se para, de forma sistemática, se enumerarem todas as entidades adequadamente habilitadas para, neste âmbito, oferecerem esta solução alternativa de superação de litígios.

Nestes termos:

Manda o Governo, pelo Ministro da Justiça, ao abrigo do disposto no n.º 1 do artigo 4.º do Decreto-Lei n.º 425/86, de 27 de Dezembro, o seguinte:

1.º São as seguintes as entidades autorizadas para a realização de arbitragens voluntárias institucionalizadas:

    1) Associação Comercial de Lisboa – Câmara de Comércio e Indústria Portuguesa e Associação Comercial do Porto – Câmara de

---

(*) A redacção do n.º 9) do n.º 1.º desta Portaria, foi sucessivamente alterada pela Portaria n.º 350/2001, de 9-4 e pela Portaria n.º 1516/2002, de 19-12, ambas reproduzidas *infra*.

Comércio e Indústria do Porto, autorizadas, pelo despacho ministerial n.° 26/87, de 9 de Março, a criar um centro com âmbito nacional tendo como objecto quaisquer litígios em matéria comercial, sediado na Associação Comercial de Lisboa – Câmara de Comércio e Indústria Portuguesa, Rua das Portas de Santo Antão, 89, 1169-022 Lisboa;

2) Faculdade de Ciências Humanas da Universidade Católica Portuguesa, autorizada, pelo despacho ministerial n.° 30/87, de 9 de Março, a criar, no seu Centro de Estudos Aplicados (CEA), um centro com âmbito nacional e com carácter geral, sediado na Universidade Católica Portuguesa – CEA, Palma de Cima, 1600 Lisboa;

3) Drs. Manuel Mendes Gonçalves, Artur Manuel Fernandes Gonçalves e Carlos Maria Romba Teixeira Martins, advogados, com escritório em Loulé, sendo o primeiro o responsável pelo centro, o qual contará com o apoio administrativo e de funcionamento da Câmara Municipal de Loulé, autorizados, pelo despacho ministerial n.° 84/87, de 11 de Maio, a criar um centro de âmbito circunscrito ao distrito de Faro e sediado em Loulé;

4) Associação de Conciliação e Arbitragem, associação sem fins lucrativos constituída por escritura pública de 18 de Março de 1987, autorizada, pelo despacho ministerial n.° 86/87, de 11 de Maio, a criar um centro com âmbito nacional e com carácter geral, sediado na Avenida de 5 de Outubro, 142, 3.°, direito, Lisboa;

5) Arbitral – Sociedade de Arbitragem, sociedade civil constituída por escritura pública de 30 de Julho de 1987, autorizada, pelo despacho ministerial n.° 119/87, de 14 de Julho, a criar um centro com carácter geral, sediado na Rua de António Aleixo, lote 28, 8200-091 Albufeira;

6) ICA – Instituto de Conciliação e Arbitragem, associação constituída por escritura pública de 17 de Junho de 1988, autorizada, por despacho ministerial de 26 de Setembro de 1988, a criar um centro de arbitragem, sediado na Rua de Ceuta, 118, 2.°, na cidade do Porto;

7) Serviço Regional de Conciliação e Arbitragem do Trabalho, criado pelo Decreto Legislativo Regional n.° 24/88/A, de 19 de Maio, autorizado, por despacho ministerial de 3 de Fevereiro de 1989, a criar um centro de arbitragem no âmbito dos litígios laborais e com cobertura em todo o território da Região Autónoma dos Açores, sediado na cidade de Ponta Delgada;

8) Associação Centro de Arbitragem de Conflitos de Consumo da Cidade de Lisboa, autorizada, pelo despacho ministerial n.º 20/93, de 4 de Maio, a criar um centro de arbitragem de carácter especializado tendo como objectivo a resolução de pequenos conflitos de consumo originados pela aquisição de bens ou serviços e com cobertura na área do município de Lisboa e sede no Mercado do Chão do Loureiro, Largo do Chão do Loureiro, 1100-145 Lisboa;

9) Instituto Português da Qualidade, Instituto Nacional de Defesa do Consumidor, Associação do Comércio Automóvel de Portugal, Associação Nacional das Empresas do Comércio e da Reparação Automóvel e Associação Nacional do Ramo Automóvel, autorizados, pelo despacho ministerial n.º 532/99, de 23 de Dezembro de 1998, a criar um centro de arbitragem de carácter especializado e de âmbito nacional tendo como objectivo a resolução de litígios ocorridos em território nacional relativos à assistência, manutenção e reparação automóvel, à revenda de combustível e à compra e venda de veículos usados, substituindo o Centro criado na sequência do despacho ministerial n.º 36/93, de 6 de Agosto, sediado na Avenida da República, 44, 3.º, esquerdo, 1050-194 Lisboa;

10) Instituto da Autodisciplina da Publicidade, autorizado, pelo despacho ministerial n.º 9/94, de 17 de Fevereiro, a criar um centro de arbitragem de carácter especializado e com âmbito nacional tendo como objectivo a resolução de litígios entre os agentes publicitários no âmbito da actividade e comunicação publicitárias envolvendo anunciantes, agências de publicidade e titulares dos suportes publicitários e respectivos concessionários, com sede na Avenida da República, 62-F, 6.º, 1050-197 Lisboa;

11) Associação Centro de Informação de Consumo e Arbitragem do Porto, autorizada, pelo despacho ministerial n.º 79/95, de 2 de Junho, a criar um centro de arbitragem de carácter especializado tendo como objectivo a resolução de pequenos conflitos de consumo originados pela aquisição de bens ou serviços na área do município do Porto e com a possibilidade de alargamento da sua actuação a outros municípios da área metropolitana do Porto, com sede na Rua de Damião de Góis, 31, loja 6, 4050-225 Porto;

12) Liga Portuguesa de Futebol Profissional e Sindicato dos Jogadores Profissionais de Futebol, autorizados, pelo despacho ministerial n.º 132/95, de 24 de Agosto, a criar um centro de arbitragem

de carácter especializado com âmbito nacional tendo como objectivo a resolução de litígios decorrentes dos contratos celebrados entre os clubes desportivos e os respectivos jogadores profissionais de futebol, sediado na Rua da Constituição, 2555, 4250-173 Porto;

13) Associação Comercial de Braga – Comércio, Serviço e Turismo, autorizada, pelo despacho ministerial n.º 147/95, de 27 de Setembro, a criar um centro de arbitragem de carácter especializado no âmbito dos conflitos comerciais entre comerciantes e autorizada, pelo despacho n.º 9968/97, de 14 de Outubro, a abranger a resolução de conflitos de consumo na área dos concelhos de Amares, Braga, Póvoa de Lanhoso, Terras de Bouro, Vieira do Minho e Vila Verde e com a possibilidade de extensão da sua actividade a todo o distrito de Braga, sendo sediado na Rua de D. Diogo de Sousa, 91, apartado 58, 4711-909 Braga;

14) Associação de Arbitragem de Conflitos de Consumo do Distrito de Coimbra, autorizada, pelo despacho ministerial n.º 166/95, de 23 de Outubro, a criar um centro de arbitragem de carácter especializado tendo como objectivo a resolução de pequenos conflitos de consumo nas áreas dos municípios de Coimbra e da Figueira da Foz, com a possibilidade de alargamento da sua actuação a outros municípios do distrito de Coimbra, com sede em Arco de Almedina, 20-22, 3000-422 Coimbra, e autorizada, pelo despacho n.º 19533/2000, de 29 de Setembro, a alargar o âmbito territorial de competências do centro às áreas geoadministrativas dos municípios de Arganil, Cantanhede, Coimbra, Condeixa-a-Nova, Figueira da Foz, Góis, Lousã, Mira, Montemor-o-Velho, Oliveira do Hospital, Penacova, Penela, Soure, Tábua e Vila Nova de Poiares, passando a denominar-se Centro de Arbitragem de Conflitos de Consumo do Distrito de Coimbra;

15) Associação dos Industriais da Construção Civil e Obras Públicas – AICCOPN, autorizada, pelo despacho n.º 61/MJ/96, de 29 de Março, a criar um centro de arbitragem de carácter especializado e com âmbito nacional tendo competência para a resolução de conflitos em matéria de contratos de empreitada de obras particulares e questões com eles relacionados, contratos de compra e venda de imóveis e questões deles emergentes, contratos de promoção imobiliária e loteamento, responsabilidade civil emergente da actividade das pessoas singulares e colectivas que intervêm na

actividade da indústria de construção civil, tendo sido, pelo despacho n.° 10478/2000, de 23 de Maio, alargado o âmbito material de competências do centro à dirimição de litígios emergentes da aplicação dos regulamentos municipais da edificação e urbanização e de lançamento à liquidação de taxas urbanísticas e à resolução de diferendos em matérias relacionadas com a interpretação, validade e execução de contratos de empreitada de obras públicas, sediado na Rua de Álvares Cabral, 306, 4050-040 Porto;

16) ADJUVA – Serviços Empresariais, Lda., autorizada, pelo despacho n.° 26/SEAMJ/97, de 13 de Fevereiro, a criar um centro de arbitragem de carácter especializado e com âmbito nacional tendo competência para a resolução de litígios em matéria de responsabilidade civil em sinistros automóveis que envolvam todas as companhias de seguros autorizadas a actuar em território português e respectivos segurados, sediado na Rua de José Pinheiro de Melo, 60, rés-do-chão, 1700-265 Lisboa;

17) Associação Centro de Arbitragem de Conflitos de Consumo do Vale do Ave/Tribunal Arbitral, autorizada, pelo despacho n.° 26--A/SEAMJ/97, de 28 de Fevereiro, a criar um centro de arbitragem de carácter especializado tendo competência para a resolução de litígios em matéria de conflitos de consumo ocorridos nas áreas dos municípios de Fafe, Guimarães, Póvoa de Lanhoso, Póvoa de Varzim, Santo Tirso, Vieira do Minho, Vila do Conde e Vila Nova de Famalicão, com extensão, automaticamente, a outros municípios que venham a integrar a Associação de Municípios do Vale do Ave, sediado na Rua do Capitão Alfredo Guimarães, 1, 4800--019 Guimarães;

18) Centro de Arbitragem da UAL, autorizado, por despacho do Secretário de Estado Adjunto do Ministro da Justiça de 16 de Setembro de 1997, a criar um centro de arbitragem de carácter geral e âmbito nacional, sediado na Universidade Autónoma de Lisboa Luís de Camões, Rua de Santa Marta, 56, 1169-023 Lisboa;

19) Instituto dos Valores Mobiliários, autorizado, pelo despacho do Secretário de Estado Adjunto do Ministro da Justiça n.° 11339/99, de 14 de Junho, a criar um centro de arbitragem voluntária institucionalizado de carácter especializado e âmbito nacional tendo como objecto a resolução de litígios no domínio dos valores mobiliários e mercados financeiros, com sede na Faculdade de Direito da Universidade de Lisboa, Alameda da Universidade, 1649-014 Lisboa;

20) Região de Turismo do Algarve, autorizada, pelo despacho ministerial n.º 10478/2000, de 23 de Maio, a criar um centro de informação, mediação e arbitragem de consumo do Algarve de âmbito regional correspondente ao distrito de Faro com competência para dirimir conflitos resultantes das relações de consumo estabelecidas pelo fornecimento de bens ou serviços até ao valor máximo de 3 000 000$00, sediado na Avenida de 5 de Outubro, 18-20, 8001-902 Faro;

21) Ordem dos Advogados Portugueses e Conselho Nacional de Profissões Liberais, autorizados, pelo despacho n.º 12576/2000, de 5 de Junho, a alargarem o âmbito material e subjectivo de competências do Centro de Arbitragens Voluntárias da Ordem dos Advogados, autorizado, pelo despacho n.º 21/93, de 5 de Maio, passando a denominar-se Centro de Arbitragens Voluntárias do Conselho Nacional de Profissões Liberais, a ter por objecto a resolução de litígios entre profissionais liberais e entre profissionais liberais e os seu clientes, quando entre estes for celebrada convenção de arbitragem que tenha por objecto litígios eventuais emergentes de uma determinada relação jurídica, e de quaisquer litígios em matéria cível, administrativa ou comercial entre entidades nacionais ou estrangeiras que lhe sejam submetidos por convenção das partes, sediado no Largo de São Domingos, 14, 1.º, 1169-060 Lisboa;

22) Associação Empresarial de Portugal, autorizada, pelo despacho ministerial n.º 14347/2000, de 26 de Junho, a criar um centro de arbitragem institucionalizada de âmbito nacional e carácter especializado na dirimição de litígios nacionais ou de conexão internacional emergentes de relações de carácter industrial ou comercial, com sede no edifício da sede da AEP, na Avenida da Boavista, 2671, Porto;

23) Federação Portuguesa de Basquetebol, Liga dos Clubes de Basquetebol, Associação Nacional de Treinadores de Basquetebol e Associação de Jogadores de Basquetebol, autorizadas, pelo despacho ministerial n.º 16992/2000, de 31 de Julho, a criarem um centro de arbitragens voluntárias institucionalizado de âmbito nacional e carácter especializado na dirimição de litígios resultantes da interpretação, da validade, da execução e do cumprimento de protocolos outorgados entre clubes e ou sociedades anónimas desportivas e, bem assim, na dirimição de litígios emergentes de

contratos outorgados entre clubes e ou sociedades anónimas desportivas, treinadores e praticantes desportivos, todos quantos os específicos da modalidade de basquetebol, a funcionar na sede da Federação Portuguesa de Basquetebol, sita na Rua da Madalena, 179, 2.º, em Lisboa;

24) Associação Portuguesa de Direito Intelectual, autorizada, pelo despacho do Secretário de Estado da Justiça n.º 20498/2000, de 28 de Setembro, a criar um centro de arbitragens voluntárias institucionalizado, de âmbito nacional e carácter especializado, tendo por objectivos a resolução de quaisquer conflitos relacionados com a propriedade intelectual, nomeadamente nos domínios do direito de autor e direitos conexos, propriedade industrial, concorrência desleal, direito da informática e direito da comunicação, com sede no Campo Grande, 28, 9.º, C, 1700-093 Lisboa;

25) Associação Portuguesa de Seguradores (APS), Associação Portuguesa para a Defesa do Consumidor (DECO) e o Automóvel Clube de Portugal (ACP), autorizados, pelo despacho do Secretário de Estado da Justiça n.º 25380/2000, de 24 de Novembro, a criarem um centro de arbitragens voluntárias institucionalizado, denominado Centro de Informação, Mediação e Arbitragem de Seguros Automóveis (CIMASA), de âmbito nacional e com competência para dirimir litígios emergentes de acidentes de viação dos quais resultem unicamente danos materiais, compreendendo ainda a respectiva informação, mediação e conciliação.

2.º A presente portaria revoga a Portaria n.º 1206/97, de 6 de Novembro, publicada no *Diário da República*, 1.ª série-B, n.º 277, de 29 de Novembro de 1997.

Pelo Ministro da Justiça, *Diogo Campos Barradas de Lacerda Machado*, Secretário de Estado da Justiça, em 23 de Janeiro de 2001.

PORTARIA N.º 350/2001
de 9 de Abril

Altera a Portaria n.º 81/2001, de 8 de Fevereiro

Foi publicada no *Diário da República*, 1.ª série-B, n.º 33, de 8 de Fevereiro de 2001, a Portaria n.º 81/2001, que de forma sistemática actualiza e enumera todas as entidades adequadamente habilitadas a realizarem arbitragens voluntárias institucionalizadas.

Importa, todavia, precisar a nomenclatura e a realidade jurídica da entidade referida no n.º 9) do n.º 1.º, assim cuidando que do enunciado aí feito não possa resultar qualquer equívoco.

Nestes termos:

Manda o Governo, pelo Ministro da Justiça, ao abrigo do disposto no n.º 1 do artigo 4.º do Decreto-Lei n.º 425/86, de 27 de Dezembro, o seguinte:

O n.º 9) do n.º 1.º da Portaria n.º 81/2001, de 8 de Fevereiro, passa a ter a seguinte redacção:

«Associação de Arbitragem Voluntária de Litígios do Sector Automóvel, autorizada, pelo despacho ministerial n.º 532/99, de 23 de Dezembro de 1998, a criar um centro de arbitragem de carácter especializado e de âmbito nacional, tendo como objectivo a resolução de litígios ocorridos em território nacional relativos à assistência, manutenção e reparação automóvel, à revenda de combustível e à compra e venda de veículos usados, substituindo o Centro criado na sequência do despacho ministerial n.º 36/93, de 6 de Agosto, sediado na Avenida da República, 44, 3.º, esquerdo, 1050-149 Lisboa.»

Pelo Ministro da Justiça, *Diogo Campos Barradas de Lacerda Machado*, Secretário de Estado da Justiça, em 16 de Março de 2001.

PORTARIA N.º 1516/2002
de 19 de Dezembro

Altera a Portaria n.º 81/2001, de 8 de Fevereiro

Foi publicada no *Diário da República*, 1.ª série-B, n.º 33, de 8 de Fevereiro de 2001, a Portaria n.º 81/2001, que de forma sistemática actualiza e enumera todas as entidades adequadamente habilitadas a realizar arbitragens voluntárias institucionalizadas.

Importa, todavia, precisar a realidade jurídica da entidade referida no n.º 9) do n.º 1.º, cuidando assim que do enunciado aí feito não possa resultar qualquer equívoco.

Nestes termos:

Manda o Governo, pela Ministra da Justiça, ao abrigo do disposto no n.º 1 do artigo 4.º do Decreto-Lei n.º 425/86, de 27 de Dezembro, o seguinte:

O n.º 9) do n.º 1.º da Portaria n.º 81/2001, de 8 de Fevereiro, passa a ter a seguinte redacção:

«Associação de Arbitragem Voluntária de Litígios do Sector Automóvel, autorizada, pelo despacho ministerial n.º 532/99, de 23 de Dezembro de 1998, a criar um centro de arbitragem de carácter especializado e de âmbito nacional, tendo como objectivo a resolução de litígios ocorridos em território nacional relativos à assistência, manutenção e reparação automóvel, à revenda de combustível, óleos e lubrificantes, à compra e venda de peças, órgãos ou quaisquer outros materiais destinados a serem aplicados em veículos automóveis e à compra e venda de veículos automóveis novos ou usados.»

A Ministra da Justiça, *Maria Celeste Ferreira Lopes Cardona*, em 27 de Novembro de 2002.

DECRETO-LEI N.° 103/91(*)
de 8 de Março

Isenta de preparos e custas a execução
das sentenças proferidas pelos tribunais arbitrais
dos centros de arbitragem de conflitos de consumo

De harmonia com o estabelecido no n.° 1 do artigo 60.° da Constituição da República, os consumidores têm, entre outros, o direito à reparação de danos.

De igual modo, o n.° 3 do mesmo preceito consagra o direito das associações de consumidores ao apoio do próprio Estado.

Sendo assim, o consumidor que se socorra dos centros de arbitragem de conflitos de consumo, o qual obtém do tribunal de pequenos conflitos sentença condenatória favorável, tem já um direito concreto que merece ser juridicamente acautelado. Por isso, não se justifica que, na execução de tal decisão condenatória, ainda deva sujeitar-se a outras e novas despesas judiciais, nomeadamente ao prévio pagamento de preparos e custas.

Prevê-se, por outro lado, para breve a criação de novos centros de arbitragem de conflitos de consumo, pelo que se impõe acautelar desde já que a execução das decisões dos tribunais arbitrais respectivos venha a beneficiar da mesma isenção.

Assim:

Nos termos da alínea *a)* do n.° 1 do artigo 201.° da Constituição, o Governo decreta o seguinte:

(*) O artigo 3.°, n.° 2, alínea *r)*, do Decreto-Lei n.° 224-A/96, de 26 de Novembro (diploma que aprovou o Código das Custas Judiciais) determina expressamente a manutenção em vigor do Artigo único do Decreto-Lei n.° 103/91, de 8 de Março, entre outras disposições legais que concedem isenção de custas.

Artigo único. O exequente está isento de preparos e custas na execução para obter cumprimento das sentenças condenatórias proferidas pelos tribunais arbitrais dos centros de arbitragem de conflitos de consumo.

Visto e aprovado em Conselho de Ministros de 31 de Janeiro de 1991. – Aníbal António Cavaco Silva – Álvaro José Brilhante Laborinho Lúcio.

Promulgado em 25 de Fevereiro de 1991.

Publique-se.

O Presidente da República, MÁRIO SOARES.

Referendado em 26 de Fevereiro de 1991.

O Primeiro-Ministro, *Aníbal António Cavaco Silva.*

RESOLUÇÃO DO CONSELHO DE MINISTROS N.º 175/2001(*)

Promove, determina e recomenda a resolução de litígios por meios alternativos, como a mediação ou a arbitragem

Entre as melhores e mais notáveis transformações acontecidas em Portugal no último quartel do século XX, a decisiva afirmação da cidadania e o aparecimento da democracia económica precipitaram um grande desajustamento entre a nova, muito multiplicada e diversificada procura de tutela judiciária e a capacidade oferecida pelo sistema judicial.

Cumprindo o seu primeiro dever funcional, o Governo vem fazendo um esforço sem precedentes para trazer ao mundo judicial um significativo acréscimo de meios, com mais magistrados, muito mais funcionários, novas instalações e, sobretudo, novos recursos tecnológicos e novos modelos organizativos, com que se começam a conceber e a preparar os tribunais e os processos que o princípio do novo século exige.

Porém, esse empenho na elevação do investimento e na modernização dos tribunais, por maior que seja, já não será certamente suficiente para responder adequadamente aos demais desafios apontados pela antevisão do futuro.

É inadiável começar já e com a ousadia da antecipação a progredir para a construção de um sistema em que a administração da justiça haverá de ser caracterizada por maior acessibilidade, proximidade, celeridade, economia, multiplicidade, diversidade, proporcionalidade, informalidade, oportunidade, visibilidade, comunicabilidade, inteligibilidade, equidade, participação, legitimidade, responsabilidade e reparação efectiva.

(*) Publicada no *Diário da República*, 1.ª série-B, n.º 299, de 28-12-2001.

Ora, é nesta abertura que novos meios de prevenção e diferentes modalidades de superação de conflitos vão ganhar espaço próprio, ao mesmo tempo que as expressões organizativas da sociedade civil são convocadas para acrescentar à sua maior exigência cívica a responsabilidade de uma nova e verdadeira protagonização na realização quotidiana e concreta da justiça.

Por pouco conhecidas entre nós, mas suficientemente experimentadas noutros lugares, as modalidades de resolução alternativa de litígios podem ainda oferecer o âmbito e a circunstância para uma outra, bem diferente, actuação do Estado.

É que, em contraste com a intervenção exclusivista e de reserva absoluta de poder que invariavelmente se atribuiu neste domínio, o Estado pode aqui e agora apostar numa verdadeira partilha de competências com outros agentes sociais, impulsionando um movimento que promova uma distinta repartição de atribuições, que melhor sirva os cidadãos e a colectividade.

Trazendo outras pessoas e outras instituições a concorrer activamente na realização da justiça, o Estado pode, com vantagem, guardar apenas para si a sua primordial função de regulação e enquadramento imparcial.

Mas o reforço da qualidade da democracia e o aprofundamento da cidadania sugerem também a construção de uma nova relação do Estado com os cidadãos e com as empresas. Exigem que o Estado, ele mesmo, voluntariamente aceite e promova exemplarmente a resolução dos seus litígios fora dos tribunais, quer confiando a decisão a um terceiro neutral que arbitrará quer admitindo o auxílio de um mediador desprovido de poderes de imposição de um juízo vinculativo. Esta é uma opção expressamente acolhida no âmbito da reforma da justiça administrativa.

Assim, nos termos da alínea *g)* do artigo 199.º da Constituição, o Conselho de Ministros resolve:

1 – Reafirmar o firme propósito de promover e incentivar a resolução de litígios por meios alternativos, como a mediação ou a arbitragem, enquanto formas céleres, informais, económicas e justas de administração e realização da justiça.

2 – Assumir e afirmar que o Estado, nas suas relações com os cidadãos e com as outras pessoas colectivas, pode e deve activamente propor e aceitar a superação dos diferendos em que ele mesmo seja parte com recurso aos meios alternativos de resolução de litígios.

3 – Determinar que, no contexto da negociação de contratos em que o Estado ou outras pessoas colectivas públicas que integram a administração estadual indirecta sejam parte, se proponham e convencionem cláusulas que privilegiem a composição de diferendos com recurso aos meios alternativos de resolução de litígios, nos termos da lei.

4 – Recomendar que, no contexto da negociação de contratos em que seja parte uma entidade integrada no sector empresarial do Estado, se proponham e convencionem cláusulas que privilegiem a composição de diferendos com recurso a meios alternativos de resolução de litígios, nos termos da lei.

5 – Determinar que, no desenvolvimento das suas atribuições, o Estado e outras pessoas colectivas públicas que integram a administração estadual indirecta proponham e adoptem soluções concretas de mediação e de arbitragem como modalidades, preventivas e alternativas, de composição de litígios com os cidadãos, as empresas e outras pessoas colectivas.

6 – Fazer novamente saber que, sem prejuízo da escolha de arbitragem ad hoc, os centros de arbitragem legalmente reconhecidos e institucionalizados constituem hoje uma oferta merecedora de especial confiança e indiscutível aceitação para actuarem nos diferendos acima referidos.

Presidência do Conselho de Ministros, 5 de Dezembro de 2001. – O Primeiro-Ministro, *António Manuel de Oliveira Guterres.*

II
ARBITRAGEM VOLUNTÁRIA EM MACAU

DECRETO-LEI N.º 29/96/M
de 11 de Junho

Lei da Arbitragem Voluntária
Do Território de Macau

A Lei de Bases da Organização Judiciária de Macau, aprovada pela Lei n.º 112/91, de 29 de Agosto, permite que sejam criados tribunais arbitrais e estabelecidos instrumentos e formas de composição não jurisdicional de conflitos, conferindo ao Governador a competência para mandar publicar os diplomas legais complementares necessários à sua execução, o que tem vindo a ser feito ao longo dos últimos anos.

Na sequência desse processo entendeu-se ter chegado o momento de rever o regime jurídico do Tribunal Arbitral constante do Livro IV do Código de Processo Civil.

Aprova-se assim o novo regime jurídico da arbitragem interna, dotando-se desta forma o Território de uma regulamentação actual e adequada às necessidades dos operadores do Direito e dos agentes económicos.

Efectivamente, o presente diploma tem em conta não só as realidades do Território mas também os aperfeiçoamentos introduzidos no instituto da arbitragem pelas legislações de vários países, por diversas convenções internacionais e pelas normas de organismos especializados.

De entre os grandes princípios enformadores deste diploma destaca-se o amplo acolhimento do princípio da autonomia das partes, reduzindo-se ao mínimo as normas de ordem pública.

Nestes termos;

Ouvido o Conselho Consultivo;

No desenvolvimento do regime jurídico estabelecido pela Lei n.º 112//91, de 29 de Agosto, e nos termos do n.º 3 do artigo 13.º do Estatuto Orgânico de Macau, o Governador decreta, para valer como lei no território de Macau, o seguinte:

CAPÍTULO I
Arbitragem voluntária

SECÇÃO I
Disposições gerais

ARTIGO 1.º
(Submissão de litígios a arbitragem)

As pessoas singulares ou colectivas, partes de um litígio, podem submeter a arbitragem, mediante convenção, o mesmo litígio, confiando a um ou vários árbitros a respectiva resolução.

ARTIGO 2.º
(Objecto da arbitragem)

1 – À arbitragem pode ter por objecto qualquer litígio que não respeite a direitos indisponíveis, desde que não esteja submetido por lei especial a tribunal judicial ou a arbitragem necessária.

2 – Em especial, não podem constituir objecto de arbitragem:

a) Os litígios já decididos por decisão de mérito transitada em julgado, excepto quando se trate de decidir questões respeitantes à futura execução do julgado que não constem daquela decisão;

b) Os litígios objecto de processo em que deva intervir o Ministério Público, em representação de pessoas que careçam da necessária capacidade processual para agir em juízo por si mesmos.

ARTIGO 3.º
(Direito aplicável; recurso à equidade)

Os árbitros julgam segundo o direito constituído, salvo se as partes os autorizarem expressamente a julgar segundo a equidade, na convenção de arbitragem ou em acordo escrito posterior celebrado até à aceitação do primeiro árbitro.

Arbitragem Voluntária em Macau

SECÇÃO II
Convenção de arbitragem

ARTIGO 4.º
(Modalidades)

1 – A convenção de arbitragem pela qual as partes de um litígio confiam a respectiva solução a um ou vários árbitros pode revestir uma das seguintes modalidades:

a) Compromisso arbitral, quando o acordo tem por objecto um litígio actual, ainda que afecto a tribunal judicial;

b) Cláusula compromissória, quando o acordo tem por objecto litígios eventuais emergentes de uma determinada relação jurídica, de natureza contratual ou extracontratual.

2 – A convenção de arbitragem pode constar de um contrato ou ser estipulada em acordo autónomo.

3 – No caso de a convenção de arbitragem constar de clausulado contratual, a invalidade do contrato principal não acarreta necessariamente a invalidade daquela, salvo quando se mostre que ele não teria sido concluído sem a referida convenção.

ARTIGO 5.º
(Capacidade)

1 – Têm capacidade para celebrar convenções de arbitragem as pessoas com capacidade de exercício de direitos.

2 – O território de Macau e as demais pessoas colectivas de direito público têm capacidade para celebrar convenções de arbitragem, se forem autorizados para o efeito por lei especial ou se tais convenções tiverem por objecto litígios respeitantes a relações jurídicas de natureza civil ou comercial.

ARTIGO 6.º
(Forma)

1 – A convenção de arbitragem deve ser reduzida a escrito, sob pena de nulidade.

2 – A convenção de arbitragem tem forma escrita quando conste de um documento assinado pelas partes ou de uma troca de cartas, telex, telegramas, mensagens telecopiadas ou qualquer outro meio de telecomunicação que prove a sua existência, ou ainda do acordo das partes nos articulados do processo arbitral, desde que uma das partes alegue a existência de convenção de arbitragem e tal afirmação não seja impugnada pela outra parte no seu articulado de defesa.

3 – Os documentos referidos no número anterior podem conter directamente a convenção ou uma cláusula de remissão para algum documento em que a convenção esteja contida.

4 – Se as partes se referirem na convenção de arbitragem a um regulamento de instituição especializada de arbitragem considera-se que tal regulamento faz parte integrante da própria convenção.

ARTIGO 7.º
(Objecto)

1 – O compromisso arbitral deve determinar com precisão o objecto do litígio e designar os árbitros ou, pelo menos, indicar as modalidades de designação destes.

2 – A cláusula compromissória deve especificar a relação jurídica a que os litígios eventuais respeitem.

3 – Cabe ao tribunal arbitral fixar o objecto do litígio, em caso de divergência das partes sobre o mesmo.

4 – Têm-se por não escritas as estipulações da convenção de arbitragem que confiram a uma das partes qualquer situação de privilégio relativamente à designação do árbitro ou dos árbitros.

5 – A violação do disposto nos n.os 1 e 2 acarreta a nulidade da convenção de arbitragem.

ARTIGO 8.º
(Revogação)

1 – A convenção de arbitragem pode ser revogada até à data da elaboração da decisão arbitral, por escrito assinado por ambas as partes.

2 – Estando constituído o tribunal arbitral, as partes são obrigadas a dar-lhe conhecimento do acordo revogatório.

Arbitragem Voluntária em Macau 79

3 – A revogação da convenção de arbitragem não dispensa o pagamento aos árbitros dos honorários convencionados; na falta de previsão, são devidos os fixados na tabela a que se refere o n.º 4 do artigo 19.º.

ARTIGO 9.º
(Caducidade)

1 – A convenção de arbitragem caduca, quanto aos litígios nela considerados, nos seguintes casos:

a) Morte, escusa ou impossibilidade permanente para o exercício das funções de árbitro, ou se a sua designação ficar sem efeito, desde que não se proceda à substituição nos termos do presente diploma;

b) Tratando-se de tribunal colectivo, não se formar maioria na deliberação dos árbitros, nos termos previstos na convenção ou no presente diploma;

c) Não ser a decisão proferida no prazo estabelecido na convenção de arbitragem, em acordo posterior, ou no prazo supletivo previsto no presente diploma.

2 – Salvo convenção em contrário, a morte ou a extinção das pessoas colectivas não faz caducar a convenção de arbitragem de que sejam partes, nem extinguir a instância no tribunal arbitral.

SECÇÃO III
Tribunal arbitral

ARTIGO 10.º
(Composição)

1 – O tribunal arbitral pode ser constituído por um único árbitro ou por vários, em número ímpar.

2 – Se as partes não determinarem o número de árbitros na convenção de arbitragem ou em acordo escrito posterior, o tribunal arbitral é composto por três árbitros.

3 – Se as partes designarem um número par de árbitros, o tribunal arbitral é completado por um outro árbitro escolhido por acordo entre os árbitros designados ou, na falta de acordo, nos termos do artigo 16.º

ARTIGO 11.º
(Designação dos árbitros)

1 – Na convenção de arbitragem ou em escrito posterior assinado pelas partes, estas devem designar o árbitro ou árbitros que constituem o tribunal, ou fixar o modo por que são escolhidos.

2 – No silêncio da convenção de arbitragem sobre a designação dos árbitros e verificando-se falta de acordo quanto à designação ou ao modo de escolha, cada parte indica um árbitro, a menos que acordem em designar cada uma mais de um árbitro, mas em número igual.

3 – Os árbitros designados nos termos do número anterior escolhem, por acordo, o árbitro que deve completar a constituição do tribunal.

4 – No caso previsto no número anterior, se os árbitros designados não chegarem a acordo sobre a pessoa do árbitro a escolher por eles, observa-se o disposto no artigo 16.º, exercendo as funções de presidente do tribunal arbitral o árbitro nomeado pelo tribunal.

5 – No caso de arbitragem confiada a instituição especializada, aplica-se o disposto no respectivo regulamento.

ARTIGO 12.º
(Requisitos dos árbitros)

1 – Os árbitros devem ser pessoas singulares e plenamente capazes.

2 – Se a convenção de arbitragem ou acordo escrito posterior das partes designar como árbitro uma pessoa colectiva, entende-se que se confia a essa pessoa a organização da arbitragem, no caso de se tratar de instituição especializada, com a observância d o respectivo regulamento, tendo--se a designação por não escrita nos restantes casos.

3 – Se a convenção de arbitragem ou acordo posterior das partes estabelecer a prévia realização de uma conciliação antes de constituído o tribunal arbitral, a pessoa que tiver desempenhado as funções de conciliador fica impedida de exercer as funções de árbitro, salvo se o contrário resultar de acordo das partes.

ARTIGO 13.º
(Liberdade de aceitação; escusa)

1 – As pessoas designadas como árbitros podem declinar livremente a designação.

Arbitragem Voluntária em Macau 81

2 – Se o designado pretender aceitar a designação deve declará-lo por escrito a ambas as partes, no prazo de 10 dias contados da comunicação da designação.

3 – Considera-se, todavia, aceite a designação se a pessoa designada praticar sem reserva actos que revelem a intenção de exercer as funções de árbitro, mesmo antes de decorrido o prazo previsto no número anterior.

4 – Depois de aceitar o encargo, só é legítima a escusa fundada em causa superveniente que impossibilite o designado de exercer a função, salvo se houver acordo das partes quanto ao pedido de escusa.

5 – A pessoa que, tendo aceite o encargo das funções de árbitro, se escusar injustificadamente ao exercício da função, responde pelos danos a que der causa.

ARTIGO 14.º
(Impedimentos; recusas)

1 – É aplicável aos árbitros o regime de impedimentos suspeições e escusas estabelecido na lei do processo civil, com ressalva do que se dispõe no número seguinte.

2 – Os árbitros só podem ser recusados por causas que hajam sobrevindo depois da sua designação, sem prejuízo de o poderem ser por causas anteriores quando não tenham sido directamente designados pelas partes ou quando as respectivas causas de impedimento só tiverem sido conhecidas posteriormente pelas partes.

3 – As pessoas designadas como árbitros estão obrigadas a revelar de imediato às partes as circunstancias que podem determinar a sua recusa, logo que delas tenham conhecimento, só podendo aceitar ou continuar a desempenhar o respectivo cargo com o acordo das partes.

4 – A parte que pretenda recusar um árbitro deve dar a conhecer à outra parte e aos árbitros já designados ou nomeados os motivos da recusa, no prazo de 15 dias contados do momento em que teve conhecimento da designação ou nomeação, da constituição do tribunal ou da existência do impedimento, se outra coisa não resultar da convenção de arbitragem ou de acordo posterior das partes.

5 – Não havendo estipulação das partes sobre o modo de decidir uma recusa, tal decisão cabe ao Tribunal de Competência Genérica, sem recurso, salvo se o árbitro recusado optar por se demitir das funções ou se a outra parte aceitar a recusa.

6 – Até à decisão final da recusa, a instancia arbitral fica suspensa.

ARTIGO 15.º
(Constituição)

1 – A constituição do tribunal arbitral faz-se de harmonia com o disposto na convenção de arbitragem ou em acordo escrito posterior das partes, observando-se, na falta de estipulação, o disposto nos números seguintes.

2 – A parte que pretenda instaurar o litígio no tribunal arbitral deve notificar desse facto a parte contrária, por carta registada com aviso de recepção ou através de outro documento escrito com prova da recepção pelo destinatário.

3 – A notificação prevista no número anterior deve identificar a convenção de arbitragem e precisar o objecto do litígio, se este não estiver já determinado na convenção.

4 – Se às partes couber designar um ou mais árbitros, a notificação conterá a designação do árbitro ou árbitros por parte daquela que pretende recorrer à arbitragem, bem como o convite dirigido à outra para proceder a idêntica designação.

5 – No caso de estar estipulado que deve existir um único árbitro, a notificação deve conter a proposta da pessoa a designar e o convite à outra parte para que tome posição quanto à proposta.

6 – Se tiver sido estipulado que seja um terceiro a designar um ou mais árbitros e tal designação não tiver ainda sido feita, a parte que pretende instaurar o litígio no tribunal arbitral notifica o terceiro para que efectue a designação no prazo fixado ou, se o não tiver sido, no prazo de 15 dias e a comunique a ambas as partes.

ARTIGO 16.º
(Nomeação dos árbitros)

1 – Em todos os casos em que não venha a ser feita a designação de árbitro ou árbitros, em conformidade com o disposto nos artigos anteriores, essa nomeação cabe ao Tribunal de Competência Genérica, salvo estipulação das partes em contrário.

2 – A nomeação pode ser requerida pela parte interessada decorridos 30 dias sobre a notificação prevista nos n.os 2 e 6 do artigo anterior ou sobre a designação do último dos árbitros, nos casos previstos no n.º 3 do artigo 10.º e nos n.os 2, 3 e 4 do artigo 11.º

3 – As partes podem requerer a substituição dos árbitros nomeados pelo tribunal com qualquer dos fundamentos previstos no artigo 14.°, no prazo de 5 dias contados da notificação da nomeação.

4 – As nomeações feitas pelo Tribunal de Competência Genérica são insusceptíveis de impugnação por recurso.

ARTIGO 17.°
(Substituição dos árbitros)

Se algum dos árbitros morrer, se escusar, for recusado, ou se impossibilitar para o exercício de funções ou se qualquer designação ficar se m efeito por qual quer motivo, procede-se à sua substituição segundo as regras aplicáveis à designação ou nomeação, com as necessárias adaptações, a menos que tenha sido afastada por acordo a possibilidade de substituição.

ARTIGO 18.°
(Presidente do tribunal arbitral)

1 – Quando o tribunal arbitral for composto por mais de um árbitro, os árbitros escolhem entre si o presidente, se as partes não tiverem procedido a tal escolha ou indicado por escrito o modo de a fazer, nem se verificar o disposto no n.° 4 do artigo 11.°.

2 – Não sendo possível a escolha do presidente, cabe a mesma ao Tribunal de Competência Genérica, aplicando-se, com as devidas adaptações, o disposto no artigo 16.°.

3 – Compete ao presidente do tribunal designar um secretário ou pessoal de secretariado, preparar o processo, dirigir a instrução, ordenar os debates e elaborar o acórdão da decisão final, salvo convenção das partes em contrário.

ARTIGO 19.°([1])
(Remuneração e encargos)

1 – As remunerações dos árbitros e de outros intervenientes no processo e a repartição entre as partes dos adiantamentos ou provisões para

---

([1]) A actual redacção do n.° 4 deste artigo, resulta da alteração introduzida nos termos do Artigo único do Decreto-Lei n.° 19/98/M, de 11 de Maio.

despesas e dos encargos devidos a final do processo devem constar da convenção de arbitragem ou de acordo subscrito pelas partes, salvo se resultem dos regulamentos de arbitragem a que elas se submetam.

2 – No silêncio da convenção de arbitragem ou na falta de acordo das partes, os encargos finais devem ser suportados nos termos fixados pela decisão arbitral.

3 – Os adiantamentos ou provisões podem ser suportados por uma das partes, em substituição da outra se esta última se recusar indevidamente a prestar a sua parte.

4 – Se a convenção de arbitragem for omissa e as partes não chegarem a acordo na matéria, as remunerações dos árbitros e de outros intervenientes no processo arbitral são as que forem fixadas supletivamente em cada ano civil, em tabela a aprovar por despacho do Governador.

SECÇÃO IV
Instância arbitral

ARTIGO 20.º
(Princípios gerais do processo arbitral)

Em qualquer fase do processo arbitral e relativamente a cada um dos trâmites, deve ser assegurada a observância dos seguintes princípios:

a) As partes devem ser tratadas com absoluta igualdade e cada uma delas deve dispor de possibilidades de fazer valer os seus direitos no processo arbitral;

b) Cada parte deve ter plena oportunidade para sustentar as suas pretensões e para expor os seus pontos de vista relativamente ao litígio e às questões suscitadas no decurso do processo, sendo garantida a aplicação do princípio do contraditório;

c) O demandado é citado para se defender, podendo deduzir pedido reconvencional, no âmbito da convenção de arbitragem ou de acordo posterior das partes, nos termos em que o pode fazer segundo a lei do processo civil;

d) As partes devem ser ouvidas, oralmente ou por escrito, antes de ser proferida a decisão final;

e) As partes são notificadas por carta registada ou outro meio acordado, com antecedência suficiente, das datas e lugares de audiências e reuniões do tribunal para apreciação das provas e discussão das questões jurídicas pendentes, bem como de todos os articulados, alegações, requerimentos, documentos apresentados e decisões.

ARTIGO 21.°
(Regras do processo)

1 – Na convenção de arbitragem ou em escrito posterior até à aceitação do primeiro árbitro, as partes podem acordar sobre as regras do processo a observar na arbitragem, bem como sobre o lugar de funcionamento do tribunal.

2 – As partes podem acordar na aplicação de um regulamento de arbitragem emanado de uma instituição especializada, entendendo-se que existe tal acordo quando seja confiada a organização da própria arbitragem a tais instituições.

3 – Na falta de acordo das partes sobre as regras do processo a observar na arbitragem ou sobre o lugar de funcionamento do tribunal, cabe aos árbitros tal escolha.

ARTIGO 22.°
(Representação das partes)

1 – As partes podem livremente designar quem as represente ou assista em tribunal.

2 – Tem-se por não escrita a estipulação das partes em cláusula compromissória que exclua a intervenção de advogados no processo arbitral, a menos que se trate de exigência de regulamento de instituição especializada de arbitragem para o qual aquela cláusula remeta.

3 – É aplicável nesta matéria, com as devidas adaptações, o disposto no n.° 3 do artigo 12.°.

ARTIGO 23.°
(Inactividade das partes)

1 – Se, depois de notificado para o efeito, o demandante não apresentar articulado de onde constem as suas pretensões, fica sem efeito

a arbitragem, suportando nesse caso as despesas com a constituição do tribunal.

2 – Se o demandado não apresentar a sua defesa no prazo concedido, o tribunal arbitral certifica-se de que ocorreu a citação e ordena o prosseguimento do processo, sem considerar que tal inactividade vale como aceitação por aquele da pretensão do demandante, salvo estipulação em contrário.

3 – Se uma das partes deixar de comparecer a uma audiência para que foi convocada ou de fornecer documentos de prova, o tribunal ordena o prosseguimento do processo com base nos elementos de prova já obtidos, sem prejuízo do disposto no artigo 25.º.

4 – No caso de estar prevista uma conciliação prévia à arbitragem, o tribunal exige ao demandante a prova de que tal conciliação foi convocada.

5 – No caso de não ter havido convocação, o tribunal suspende a instância por um prazo máximo de 30 dias para que o demandante desencadeie as medidas necessárias à convocação de tal conciliação.

6 – Decorrido o prazo de suspensão da instância a que se refere o número anterior, sem que o demandante diligencie a convocação da conciliação, fica sem efeito a arbitragem, suportando nesse caso as despesas com a constituição do tribunal.

7 – A instância prossegue desde que o demandante comprove ter diligenciado a convocação da conciliação, ainda que a diligência não se tenha realizado por motivo não imputável ao demandante.

ARTIGO 24.º
(Procedimentos cautelares; medidas provisórias ou conservatórias)

1 – Não é incompatível com a convenção de arbitragem a dedução de procedimento cautelar no tribunal judicial, antes ou depois de constituído o tribunal arbitral, não implicando tal dedução em caso algum renúncia à arbitragem.

2 – O requerente do procedimento cautelar deve desencadear as diligências para constituição do tribunal arbitral no prazo previsto na lei de processo civil para proposição de acção judicial de que o procedimento deva ser dependente.

3 – Salvo convenção das partes em contrário, o tribunal arbitral pode, a pedido de qualquer das partes, ordenar que estas acatem medidas provi-

sórias ou conservatórias que considere adequadas em relação ao objecto do litígio ou exigir a qualquer delas que, em conexão com tais medidas, preste uma garantia adequada.

4 – No caso de não ser acatada a decisão do tribunal prevista no número anterior, o tribunal arbitral pode solicitar ao Tribunal de Competência Genérica que ordene a sua execução.

ARTIGO 25.º
(Provas)

1 – Pode ser admitida em processo arbitral qualquer prova admitida pela lei do processo civil.

2 – As pessoas que tenham exercido as funções de conciliador quanto ao litígio ficam impedidas de depor como testemunhas ou exercer funções de perito, salvo acordo das partes em contrário.

3 – O tribunal arbitral pode, oficiosamente ou a requerimento de qualquer parte, solicitar ao Tribunal de Competência Genérica que preste a sua assistência para obtenção de provas, nomeadamente quando tal prova dependa de um acto de vontade das partes ou de terceiro, e estes recusem a colaboração necessária.

4 – Os resultados da prova produzida perante o tribunal são exarados em documento escrito ou registados por outra forma apropriada, sendo remetidos ao tribunal arbitral.

SECÇÃO V
Decisão arbitral

ARTIGO 26.º
(Prazo)

1 – Na convenção de arbitragem ou em acordo escrito firmado até à aceitação do primeiro árbitro, podem as partes fixar o prazo para a decisão do tribunal arbitral ou o modo de estabelecimento desse prazo.

2 – Na falta de estipulação, é de 6 meses o prazo para a decisão.

3 – Os prazos referidos nos números anteriores contam-se a partir da designação ou nomeação do último árbitro, salvo estipulação em contrário.

4 – Por acordo escrito das partes, o prazo da decisão pode ser prorrogado uma ou mais vezes.

5 – A verificação de um impedimento, pedido de recusa, escusa ou necessidade de substituição de um árbitro, bem como a morte ou extinção de uma das partes suspendem o prazo para proferimento da decisão até que se mostre ter cessado a situação de incerteza ou a falta de árbitro ou se tenha habilitado o sucessor da parte.

6 – Aos árbitros que injustificadamente obstem a que a decisão seja proferida no prazo fixado, aplica-se o disposto no n.º 5 do artigo 13.º

ARTIGO 27.º
(Decisão sobre a própria competência)

1 – O tribunal pode decidir oficiosamente sobre a sua competência, apreciando para esse efeito a existência, a validade e a eficácia da convenção de arbitragem ou do contrato em que ela se insira.

2 – A excepção de incompetência deve ser deduzida no primeiro articulado de defesa do demandado ou até ao momento de apresentação desse articulado, salvo estipulação em contrário.

3 – O tribunal arbitral pode optar por conhecer de imediato da excepção a que se refere o número anterior ou relegar tal conhecimento para a decisão final.

4 – A designação de um árbitro pela parte não a priva da possibilidade de deduzir a incompetência do tribunal.

ARTIGO 28.º
(Suspensão da instância; desistência, confissão ou transacção)

1 – Em qualquer momento da instância arbitral, e até à decisão final, as partes podem, de comum acordo, suspender aquela por um período certo e determinado, não superior a 60 dias, através de declaração subscrita por ambas e dirigida ao tribunal arbitral.

2 – A suspensão prevista no número anterior implica a suspensão, por igual período, do prazo previsto no artigo 26.º

3 – São livres a desistência do pedido formulado pelo demandante, a confissão do pedido pelo demandado, bem como a transacção celebrada pelas partes para pôr termo ao litígio.

4 – A desistência do pedido não afecta qualquer pedido reconvencional do demandado.

5 – Nos casos previstos no n.º 3, uma decisão arbitral deve homologar os respectivos actos, sendo-lhe aplicável o disposto no artigo 30.º

ARTIGO 29.º
(Deliberação do tribunal arbitral)

1 – Sendo o tribunal arbitral composto por mais de um árbitro, a decisão é tomada por maioria de votos, em deliberação em que todos os árbitros devem participar, salvo o disposto no número seguinte.

2 – A convenção de arbitragem ou um acordo escrito posterior subscrito até à aceitação do primeiro árbitro, podem estabelecer uma maioria qualificada para a deliberação, ou que, não sendo formada a necessária maioria, a decisão seja tomada unicamente pelo presidente ou que a questão se considere decidida no sentido do voto do presidente.

ARTIGO 30.º
(Forma e conteúdo)

1 – A decisão final do tribunal arbitral é exarada por escrito e assinada pelo árbitro ou árbitros.

2 – No processo arbitral com mais de um árbitro, a decisão deve conter as assinaturas da maioria dos membros do tribunal, devendo ser mencionada a razão da omissão dos restantes.

3 – Havendo votos de vencido na decisão, devem os mesmos ser exarados nela e devidamente identificados.

4 – Da decisão consta necessariamente:

a) A identificação das partes e dos árbitros;

b) A referência à convenção de arbitragem;

c) O objecto do litígio;

d) O lugar da arbitragem e o local e a data em que a decisão foi proferida;

e) A assinatura dos árbitros, votos de vencido e outras menções previstas no n.º 2;

f) A fixação e repartição dos encargos da arbitragem, de harmonia com o disposto no artigo 19.º.

5 – A decisão deve ser fundamentada.

ARTIGO 31.º
(Rectificação ou aclaração)

1 – No prazo de 30 dias contados da notificação da decisão final, se outro não tiver sido convencionado, pode qualquer d as partes pedir a rectificação de qualquer erro material, erro de cálculo ou erro de natureza idêntica ou o esclarecimento de alguma obscuridade ou ambiguidade na fundamentação ou na parte decisória.

2 – Cada uma das partes pode formular o pedido de rectificação ou aclaração por uma só vez, num só requerimento.

3 – O tribunal arbitral pode rectificar oficiosamente qualquer erro material, de cálculo ou de natureza idêntica, no prazo previsto no n.º 1.

4 – O tribunal decide sobre os pedidos de rectificação ou aclaração, depois de ouvida a parte contrária.

5 – A decisão a que se refere o número anterior considera-se complemento e parte integrante da decisão arbitral.

ARTIGO 32.º
(Depósito)

1 – Após a notificação da decisão às partes e na falta de quaisquer pedidos de rectificação ou aclaração, o presidente do tribunal manda depositar o original da decisão na secretaria do Tribunal de Competência Genérica, notificando as partes de tal depósito.

2 – O depósito é dispensado se houver estipulação escrita das partes nesse sentido ou se, tratando-se de arbitragem institucionalizada, o respectivo regulamento dispuser diversamente.

ARTIGO 33.º
(Extinção do poder dos árbitros)

O poder dos árbitros extingue-se com a notificação do depósito da decisão que pôs termo ao litígio ou, quando tal depósito seja dispensado, logo que decorrido o prazo previsto no n.º 1 do artigo 31.º, se não tiver havido pedidos de rectificação ou aclaração.

ARTIGO 34.º
(Impugnação por recurso)

1 – A convenção de arbitragem ou acordo escrito posterior assinado pelas partes podem prever uma instancia arbitral de recurso, sendo necessário, sob pena de nulidade da estipulação, que sejam reguladas as condições e prazo de interposição de recurso, os termos deste e a composição da instancia arbitral que há-de conhecer do mesmo recurso, salvo se tais elementos resultarem de regulamento de instituição de arbitragem para que as partes remetam.

2 – As partes podem também estipular na convenção de arbitragem ou em escrito posterior assinado até à aceitação do primeiro árbitro, que cabe recurso da decisão arbitral, a interpor para o Tribunal Superior de Justiça, aplicando-se, na sua tramitação, as correspondentes normas da lei do processo civil.

3 – A autorização dada aos árbitros para julgarem segundo a equidade impede que haja impugnação por recurso, ainda que tal tenha sido estipulado pelas partes.

ARTIGO 35.º
(Caso julgado e força executiva)

1 – A decisão arbitral considera-se transitada em julgado quando não seja susceptível de pedido de rectificação ou aclaração ou de impugnação por recurso.

2 – A decisão arbitral tem a mesma força executiva que as sentenças do Tribunal de Competência Genérica.

ARTIGO 36.º
(Execução e oposição)

1 – A execução da decisão arbitral corre no Tribunal de Competência Genérica, nos termos da lei do processo civil.

2 – O executado pode opor-se à execução da decisão arbitral, nos termos da lei do processo civil.

SECÇÃO VI
Nulidade e anulação da decisão arbitral

ARTIGO 37.º
(Nulidade)

1 – É nula a decisão arbitral:

a) Quando o litígio não é susceptível de resolução por via arbitral, por não dizer respeito a direitos disponíveis das partes;

b) Quando faltar a citação do demandado a que alude a alínea c) do artigo 20.º, se este não interveio no processo;

c) Quando o tribunal tenha conhecido questões de que não podia tomar conhecimento, ou tenha deixado de se pronunciar sobre questões que devia apreciar;

d) Quando ofenda princípios de ordem pública.

2 – O disposto na alínea c) do número anterior implica apenas a nulidade parcial da decisão se a parte dispositiva desta relativa às questões submetidas à arbitragem se puder dissociar das questões que não chegaram a ser submetidas à arbitragem ou que o foram indevidamente.

3 – A nulidade da decisão arbitral pode ser arguida a todo o tempo, por qualquer interessado, ou pelo Ministério Público e pode ser declarada oficiosamente pelos tribunais judiciais.

4 – Da decisão proferida sobre a nulidade cabe sempre recurso para o Tribunal Superior de Justiça.

ARTIGO 38.º
(Anulação)

1 – No caso de as partes não terem convencionado a possibilidade de impugnação por recurso da decisão arbitral, esta só pode ser anulada pelo Tribunal de Competência Genérica por algum dos seguintes fundamentos:

a) Sofrer alguma das partes de incapacidade para a celebração de convenção de arbitragem ou verificar-se a situação prevista na alínea b) do n.º 2 do artigo 2.º;

b) Ter sido proferida por tribunal arbitral incompetente ou irregularmente constituído;

c) Ter havido no processo violação de algum dos princípios referidos no artigo 20.º, com influência decisiva na resolução do litígio, sem prejuízo do disposto na alínea b) do n.º 1 do artigo 37.º;

Arbitragem Voluntária em Macau 93

d) Faltar a assinatura dos árbitros, em violação do disposto no n.º 1 e na alínea *e)* do n.º 4 do artigo 30.º;

e) Faltar a fundamentação da decisão.

2 – O fundamento de anulação previsto na alínea *b)* do número anterior não pode ser invocado pela parte que dele teve conhecimento no decurso da arbitragem e que, podendo fazê-lo, não o alegou oportunamente.

3 – No caso de as partes terem convencionado a impugnação por recurso, os fundamentos de anulação previstos no n.º 1 devem ser apreciados no âmbito desse recurso.

ARTIGO 39.º
(Regime da anulação)

1 – A anulação da decisão arbitral pode ser requerida por qualquer das partes através de acção judicial a intentar no Tribunal de Competência Genérica, no prazo de 30 dias contados da data da notificação daquela.

2 – A pendência da acção de anulação não impede a instauração da acção executiva com base na decisão do tribunal arbitral, sendo equiparada tal pendência, para todos os efeitos legais, à pendência de um recurso com efeito meramente devolutivo.

3 – Da decisão proferida na acção de anulação cabe sempre recurso para o Tribunal Superior de Justiça.

CAPÍTULO II([2])
Arbitragem voluntária no domínio
do contencioso administrativo

ARTIGO 39.º-A
(Âmbito)

No domínio do contencioso administrativo, pode ser submetido a arbitragem o julgamento de questões que tenham por objecto:

a) Contratos administrativos;

([2]) Capítulo aditado nos termos do artigo 6.º, n.º 2 do Decreto-Lei n.º 110/99/M, de 13 de Dezembro.

94   *Arbitragem Voluntária*

b) Responsabilidade da Administração ou dos titulares dos seus órgãos, funcionários ou agentes por prejuízos decorrentes de actos de gestão pública, incluindo a efectivação do direito de regresso;

c) Direitos subjectivos ou interesses legalmente protegidos de conteúdo patrimonial, designadamente quantias que devam ser pagas a título diferente do tributário.

ARTIGO 39.°-B
(Constituição e funcionamento do tribunal arbitral)

1 – O tribunal arbitral é constituído e funciona, com as necessárias adaptações, nos termos previstos no capítulo anterior.

2 – Consideram-se reportadas ao Tribunal Administrativo e à lei de processo administrativo contencioso, respectivamente, as referências efectuadas no capítulo anterior a qualquer tribunal de primeira instância e à lei de processo civil.

ARTIGO 39.°-C
(Competência para propôr, aceitar e assinar a convenção de arbitragem e para designar os árbitros)

1 – Quando pretenda o recurso à arbitragem para o julgamento de litígios em que o Território seja ou venha a ser parte, o Governador deve propor ao particular a aceitação da respectiva convenção de arbitragem.

2 – Quando pretenda o recurso à arbitragem nos termos previstos no número anterior, o particular deve propor ao Governador a aceitação da respectiva convenção de arbitragem.

3 – A aceitação ou a recusa da convenção por parte do Território é efectuada por despacho a proferir pelo Governador no prazo de 60 dias.

4 – A falta de despacho proferido no prazo previsto no número anterior considera-se recusa da convenção.

5 – Quando haja aceitação, compete ao Governador assinar a convenção de arbitragem e designar os árbitros cuja designação caiba ao Território.

6 – Quando, nos litígios, sejam ou venham a ser parte as restantes pessoas colectivas públicas, a competência prevista nos números anteriores pertence ao presidente do respectivo órgão executivo ou equivalente.

CAPÍTULO III
Arbitragem necessária

ARTIGO 40.º
(Regime)

1 – Se a arbitragem for prescrita por lei especial, atende-se ao que nesta estiver determinado.

2 – Na falta de determinação, observa-se, na parte aplicável, o disposto nos capítulos anteriores.

CAPÍTULO IV
Disposições finais e transitórias

ARTIGO 41.º
(Arbitragem voluntária institucionalizada)

O Governador define, mediante decreto-lei, as condições em que pode ser reconhecida a competência a determinadas entidades para realizarem no Território arbitragens voluntárias institucionalizadas, de carácter geral ou especializado, bem como as regras de reapreciação e eventual revogação das autorizações concedidas, quando tal se justifique.

ARTIGO 42.º
(Revogações)

São revogados:

a) O Livro IV, «Do tribunal arbitral», artigos 1 508.º a 1 528.º, do Código de Processo Civil, aprovado pelo Decreto-Lei n.º 44 129, de 28 de Dezembro de 1961, e publicado no suplemento ao *Boletim Oficial* n.º 40, de 9 de Outubro de 1962;

b) Os artigos 36.º e 47.º do Código das Custas Judiciais do Ultramar, aprovado pelo Decreto n.º 43 809, de 20 de Julho de 1961, publicado no *Boletim Oficial* n.º 33, de 19 de Agosto de 1961;

c) A Secção I do Capítulo III e o artigo 31.º do Código das Custas Judiciais do Trabalho, aprovado pelo Decreto-Lei n.º 45 698, de 30 de Abril de 1964, com a redacção dada pela Portaria n.º 88/70, de 3 de Fevereiro, ambos publicados no *Boletim Oficial* n.º 11, de 14 de Março de 1970;

d) O artigo 15.º do Código de Processo do Trabalho, aprovado pelo Decreto-Lei n.º 45 497, de 30 de Dezembro de 1963, com a redacção dada pela Portaria n.º 87/70, de 2 de Fevereiro, ambos publicados no *Boletim Oficial* n.º 11, de 14 de Março de 1970.

ARTIGO 43.º
(Alteração ao Código de Processo Civil)

É alterada a alínea *b)* do artigo 814.º do Código de Processo Civil, a qual passa a ter a seguinte redacção:

b) Nulidade ou anulabilidade da sentença, se as partes não tiverem convencionado a possibilidade de recurso.

ARTIGO 44.º
(Entrada em vigor)

O presente diploma entra em vigor no dia 15 de Setembro de 1996.

Aprovado em 29 de Maio de 1996.

Publique-se.

O Governador, *Vasco Rocha Vieira.*

DECRETO-LEI N.º 55/98/M(*)
de 23 de Novembro

Regime específico para a Arbitragem Comercial Externa

Regulando o Decreto-Lei n.º 29/96/M, de 11 de Junho, a matéria da arbitragem, considera-se, no entanto, conveniente completar esse quadro normativo com uma lei especialmente vocacionada para a arbitragem externa no âmbito comercial.

De facto, a tendência num mundo sujeito a uma crescente globalização é a de que a grande maioria dos litígios emergentes das relações comerciais internacionais ou externas sejam resolvidos pela via arbitral, sendo hoje a arbitragem reconhecida como um factor importante para o desenvolvimento de uma política eficaz de captação de investimento externo e de desenvolvimento das transacções comerciais com o exterior.

O presente diploma, que procura dar resposta a esses objectivos, corresponde quase integralmente à Lei Modelo sobre a arbitragem comercial

---

(*) Este diploma legal procede à adopção formal da Lei Modelo sobre a Arbitragem Comercial Internacional, para vigorar no ordenamento jurídico do Território de Macau, que actualmente tem o Estatuto de Região Administrativa Especial da República Popular da China.

A Lei Modelo, aprovada pela CNUDCI (Comissão das Nações Unidas para o Direito do Comércio Internacional), constitui uma regulamentação paradigmática da arbitragem comercial internacional, tendo sido formulada com o objectivo de promover a harmonização e o aperfeiçoamento das diversas leis nacionais e territoriais sobre esta matéria.

Em sintonia com esse propósito uniformizador, o articulado do presente Decreto-Lei introduz apenas mínimas alterações ao texto original da Lei Modelo, unicamente destinadas a assegurar a plena compatibilidade com os regimes da Lei da Arbitragem (D.L. n.º 29/96/M, de 11-7) e do Código de Processo Civil vigentes em Macau.

Portugal ainda não adoptou formalmente a Lei Modelo da CNUDCI, motivo pelo qual este Decreto-Lei n.º 55/98/M tem um interesse acrescido, ao constituir actualmente a única versão em vigor da Lei Modelo em língua portuguesa.

98   *Arbitragem Voluntária*

internacional, aprovada pela CNUDCI (Comissão das Nações Unidas para o Direito do Comércio Internacional), em 21 de Junho de 1985, e adoptada pelas Nações Unidas pela resolução da Assembleia Geral n.° 40/72, de 11 de Dezembro do mesmo ano.

Esta Lei Modelo foi elaborada com o propósito de uniformizar a regulamentação da arbitragem comercial internacional, podendo ser adoptada pelos diferentes Estados ou Territórios, com ou sem alterações. Mas o efeito uniformizador da Lei Modelo implica que lhe sejam introduzidas o mínimo possível de alterações; apenas as indispensáveis à eventual necessidade de adaptação ao sistema legal que irá integrar.

Nessa medida e considerando as disposições legais vigentes no Território com relevo na matéria, foram apenas introduzidas alterações no n.° 1 do artigo 7.° e no n.° 1 do artigo 36.° da Lei Modelo, de modo a uniformizar o objecto da arbitragem e os fundamentos de recusa da execução das decisões arbitrais ao estabelecido no já citado Decreto-Lei n.° 29/96/ /M, de 11 de Junho, e no Código de Processo Civil.

Nestes termos;

Ouvido o Conselho Consultivo;

No desenvolvimento do regime jurídico estabelecido pela Lei n.° 112/ /91, de 29 de Agosto e nos termos do n.° 3 do artigo 13.° do Estatuto Orgânico de Macau, o Governador decreta, para valer como lei no território de Macau, o seguinte:

CAPÍTULO I
Disposições gerais

ARTIGO 1.°
(Âmbito de aplicação)

1 – O presente diploma regula a arbitragem comercial externa, não prejudicando o disposto na lei fundamental do Território, em convenção internacional aplicável a Macau ou em acordo no domínio da cooperação judiciária.

2 – Para efeitos do presente diploma o termo «comercial» abrange as questões suscitadas por qualquer relação de natureza comercial, contratual ou extracontratual, compreendendo, entre outras, as seguintes transacções: qualquer transacção comercial relativa ao fornecimento ou troca de mer-

Arbitragem Voluntária em Macau

cadorias ou de serviços; acordo de distribuição; representação comercial ou agência; *factoring*; locação financeira; consultadoria; *engineering*; contrato de licença; investimento; financiamento; transacção bancária; seguro; acordo de exploração ou concessão; *joint venture* e outras formas de cooperação industrial ou comercial; transporte de mercadorias ou de passageiros por via aérea, marítima, ferroviária ou rodoviária.

3 – As disposições do presente diploma, à excepção dos artigos 8.º, 9.º, 35.º e 36.º, só se aplicam se o lugar da arbitragem se situar no território de Macau.

4 – Para efeitos do presente diploma, uma arbitragem é externa quando:

a) As partes numa convenção de arbitragem tiverem, no momento da celebração da mesma convenção, o seu estabelecimento em Estados ou Territórios diferentes;

b) Um dos lugares a seguir referidos se situar fora do Estado ou Território no qual as partes têm o seu estabelecimento:

    i) O lugar da arbitragem, se este estiver fixado na convenção de arbitragem ou for determinável de acordo com esta;

    ii) Qualquer lugar onde deva ser executada uma parte substancial das obrigações resultantes da relação contratual ou o lugar com o qual o objecto do litígio se ache mais estreitamente conexo; ou

c) As partes tiverem convencionado expressamente que o objecto da convenção de arbitragem tem conexões com mais de um Estado ou Território.

5 – Para efeitos do número anterior:

a) Se uma parte tiver mais de um estabelecimento, o estabelecimento a tomar em consideração é aquele que tem a relação mais estreita com a convenção de arbitragem;

b) Se uma parte não tiver estabelecimento, releva a sua residência habitual.

6 – O presente diploma não prejudica o disposto em qualquer outro diploma legal de Macau em virtude do qual certos litígios não possam ser submetidos à arbitragem ou apenas o possam ser por aplicação de disposições diferentes das do presente diploma.

ARTIGO 2.º
(Definições e regras de interpretação)

Para os efeitos do presente diploma:

a) O termo «arbitragem» designa toda e qualquer arbitragem, quer a sua organização seja ou não confiada a uma instituição permanente de arbitragem;

b) A expressão «tribunal arbitral» designa um árbitro único ou um grupo de árbitros;

c) O termo «tribunal» designa um organismo ou órgãos do sistema judiciário de um Estado ou Território;

d) Quando uma disposição do presente diploma, com excepção do artigo 28.°, deixa às partes a liberdade de decidir uma certa questão, esta liberdade compreende o direito de as partes autorizarem um terceiro, incluindo uma instituição, a decidir essa questão;

e) Quando uma disposição do presente diploma se refere ao facto de as partes terem convencionado ou poderem vir a chegar a acordo a respeito de certa questão, ou de qualquer outra maneira se refere a um acordo das partes, tal acordo engloba qualquer regulamento de arbitragem aí referido;

f) Quando uma disposição do presente diploma, à excepção da alínea *a)* do artigo 25.° e da alínea *a)* do n.° 2 do artigo 32.°, se refere a um pedido aplica-se igualmente a um pedido reconvencional, e quando se refere a alegações de defesa aplica-se igualmente às alegações de defesa relativas a um pedido reconvencional.

ARTIGO 3.°
(Recepção de comunicações escritas)

1 – Salvo convenção das partes em contrário,

a) Considera-se recebida qualquer comunicação escrita que for entregue quer à pessoa do destinatário, quer no seu estabelecimento, na sua residência habitual ou no seu endereço postal; se em nenhum destes locais puder ser encontrado após uma indagação razoável, considera-se recebida uma comunicação escrita que for enviada para o estabelecimento, residência habitual ou endereço postal do destinatário por último conhecidos, através de carta registada ou qualquer outro meio que prove que se procurou fazer a entrega;

b) A comunicação considera-se recebida no dia em que for entregue nos termos da alínea anterior.

2 – As disposições do número anterior não se aplicam às comunicações feitas no âmbito de processos judiciais.

ARTIGO 4.º
(Renúncia ao direito de oposição)

Considera-se que renunciou ao seu direito de oposição qualquer parte que, embora sabendo que uma das disposições do presente diploma que as partes podem derrogar ou qualquer condição enunciada na convenção de arbitragem não foi respeitada, prossegue apesar disso a arbitragem sem deduzir oposição de imediato, ou, se estiver previsto um prazo para este efeito, o não fizer dentro do referido prazo.

ARTIGO 5.º
(Âmbito de intervenção dos tribunais)

Em todas as questões reguladas pelo presente diploma, os tribunais só podem intervir nos casos em que este o prevê.

ARTIGO 6.º
(Competência para o exercício de certas funções de assistência e de controlo no âmbito da arbitragem)

As funções mencionadas nos n.ºs 3 e 4 do artigo 11.º, no n.º 3 do artigo 13.º, no artigo 14.º, no n.º 3 do artigo 16.º e no n.º 2 do artigo 34.º são atribuídas ao tribunal de Macau considerado competente nos termos da organização judiciária do Território.

CAPÍTULO II
Convenção de arbitragem

ARTIGO 7.º
(Definição e forma da convenção de arbitragem)

1 – «Convenção de arbitragem» é uma convenção pela qual as partes decidem submeter à arbitragem todos ou alguns dos litígios surgidos ou a surgir entre elas com respeito a uma determinada relação jurídica, contratual ou extracontratual. Uma convenção de arbitragem pode revestir

a forma de uma cláusula compromissória num contrato ou de uma convenção autónoma.

2 – A convenção de arbitragem deve ser reduzida a escrito. Considera-se que uma convenção tem forma escrita quando conste de um documento assinado pelas partes ou de uma troca de cartas, *telex*, telegramas ou qualquer outro meio de telecomunicação que prove a sua existência, ou ainda da troca de alegações referentes à petição e à contestação na qual a existência de uma tal convenção for alegada por uma parte e não seja contestada pela outra. A referência num contrato a um documento que contenha uma cláusula compromissória equivale a uma convenção de arbitragem, desde que o referido contrato revista a forma escrita e a referência seja feita de tal modo que faça dessa cláusula uma parte integrante do contrato.

ARTIGO 8.º
(Acções propostas quanto ao fundo da causa num tribunal)

1 – O tribunal no qual foi proposta uma acção relativa a uma questão abrangida por uma convenção de arbitragem, se uma das partes o solicitar até ao momento em que apresentar as suas primeiras alegações quanto ao fundo da causa, deve remeter as partes para a arbitragem, salvo se constatar a caducidade da referida convenção, a sua inexequibilidade ou insusceptibilidade de aplicação.

2 – Quando tiver sido proposta num tribunal uma acção referida no número anterior, o processo arbitral pode, apesar disso, ser iniciado ou prosseguir, e pode ser proferida uma decisão arbitral, enquanto a questão estiver pendente no tribunal.

ARTIGO 9.º
(Medidas provisórias ou conservatórias decretadas pelo tribunal)

Não é incompatível com uma convenção de arbitragem a solicitação de medidas provisórias ou conservatórias feita por uma das partes a um tribunal, antes ou durante o processo arbitral, bem como a concessão de tais medidas pelo tribunal.

CAPÍTULO III
Composição do tribunal arbitral

ARTIGO 10.º
(Número de árbitros)

1 – As partes podem determinar livremente o número de árbitros.

2 – Na falta de determinação pelas partes do número de árbitros, estes são em número de três.

ARTIGO 11.º
(Designação de árbitros)

1 – Ninguém pode, em razão da sua nacionalidade ou residência, ser impedido de exercer funções de árbitro, salvo convenção em contrário das partes.

2 – As partes podem, por acordo, escolher livremente o processo de designação do árbitro ou dos árbitros, sem prejuízo do disposto nos n.ºs 4 e 5.

3 – Na falta de acordo sobre o processo de designação do árbitro ou árbitros, aplicam-se as seguintes disposições:

a) Tratando-se de uma arbitragem com três árbitros, cada uma das partes designa um árbitro e os dois árbitros assim designados escolhem o terceiro árbitro; se uma das partes não designar o árbitro no prazo de 30 dias a contar da recepção de um pedido feito nesse sentido pela outra parte, ou se os dois árbitros não chegarem a acordo quanto à escolha do terceiro árbitro dentro de 30 dias a contar da respectiva designação, a nomeação é feita, a pedido de uma das partes, pelo tribunal competente;

b) Tratando-se de uma arbitragem com um único árbitro e não havendo acordo das partes para escolha do árbitro, este é nomeado, a pedido de uma das partes, pelo tribunal competente.

4 – Quando, durante um processo de designação convencional pelas partes,

a) uma parte não actuar em conformidade com o referido processo; ou

b) as partes, ou dois árbitros, não chegarem a um acordo nos termos do referido processo, ou

104   *Arbitragem Voluntária*

c) um terceiro, incluindo uma instituição, não cumprir uma função que lhe foi confiada no referido processo, qualquer das partes pode pedir ao tribunal competente que tome a medida pretendida, a menos que o acordo relativo ao processo de designação estipule outros meios de assegurar esta designação.

5 – A decisão de uma questão confiada ao tribunal competente, nos termos dos n.ºs 3 e 4, é insusceptível de recurso. Quando nomear um árbitro, o tribunal terá em conta todas as qualificações exigidas a um árbitro pelo acordo das partes e tudo aquilo que for relevante para garantir a nomeação de um árbitro independente e imparcial e, quando nomear um árbitro único ou um terceiro árbitro, terá igualmente em consideração o facto de que poderá ser aconselhável a nomeação de um árbitro de nacionalidade ou residência diferente da das partes.

ARTIGO 12.º
(Fundamentos da recusa)

1 – Quando uma pessoa for contactada com vista à sua eventual designação como árbitro, fará notar todas as circunstâncias que possam levantar fundadas dúvidas sobre a sua imparcialidade ou independência. A partir da data da sua designação e durante todo o processo arbitral, o árbitro fará notar sem demora às partes as referidas circunstâncias, a menos que já o tenha feito.

2 – Um árbitro só pode ser recusado se existirem circunstâncias que possam levantar fundadas dúvidas sobre a sua imparcialidade ou independência, ou se ele não possuir as qualificações que as partes convencionaram. Uma parte só pode recusar um árbitro que tiver designado ou em cuja designação tiver participado por motivo que apenas tenha conhecido após essa designação.

ARTIGO 13.º
(Processo de recusa)

1 – Sem prejuízo das disposições do n.º 3, as partes podem, por acordo, escolher livremente o processo de recusa do árbitro.

2 – Na falta de acordo, a parte que tiver intenção de recusar um árbitro deve expor por escrito os motivos da recusa ao tribunal arbitral, no

Arbitragem Voluntária em Macau 105

prazo de 15 dias a contar da data em que teve conhecimento da constituição do tribunal arbitral ou da data em que teve conhecimento das circunstâncias referidas no n.° 2 do artigo 12.° Se o árbitro recusado não se demitir das suas funções ou se a outra parte não aceitar a recusa, o tribunal arbitral decide sobre a recusa.

3 – Se a recusa não puder ser obtida segundo o processo convencionado pelas partes ou nos termos do número anterior, a parte que recusa o árbitro pode, no prazo de 30 dias contados da comunicação da decisão que rejeita a recusa, pedir ao tribunal competente que tome uma decisão sobre a recusa, decisão que é insusceptível de recurso; na pendência deste pedido, o tribunal arbitral, incluindo o árbitro recusado, pode prosseguir o processo arbitral e proferir uma decisão arbitral.

ARTIGO 14.°
(Inacção de um árbitro)

1 – Quando um árbitro se encontrar impossibilitado, de direito ou de facto, de cumprir a sua missão ou, por outras razões, não cumpra as suas funções num prazo razoável, o seu mandato termina se ele se demitir das suas funções ou se as partes concordarem em lhes pôr fim. No caso de subsistir desacordo quanto a algum destes motivos, qualquer das partes pode pedir ao tribunal competente que tome uma decisão sobre a cessação do mandato, decisão que é insusceptível de recurso.

2 – Se, nos termos do presente artigo ou do n.° 2 do artigo anterior, um árbitro se demitir das suas funções ou se uma das partes aceitar a cessação do mandato de um árbitro, isso não implica o reconhecimento dos motivos mencionados no n.° 2 do artigo 12.°, ou no presente artigo.

ARTIGO 15.°
(Designação de um árbitro substituto)

Quando o mandato de um árbitro terminar, nos termos dos artigos 13.° e 14.°, quando este se demitir das suas funções por qualquer outra razão, quando o seu mandato for revogado por acordo das partes, ou em qualquer outro caso em que seja posto fim ao seu mandato, é designado um árbitro substituto, de acordo com as regras aplicadas à designação do árbitro substituído.

CAPÍTULO IV
Competência do tribunal arbitral

ARTIGO 16.º
(Competência do tribunal arbitral para decidir sobre a sua própria competência)

1 – O tribunal arbitral pode decidir sobre a sua própria competência incluindo qualquer excepção relativa à existência ou à validade da convenção de arbitragem. Para este efeito, uma cláusula compromissória que faça parte de um contrato é considerada como uma convenção distinta das outras cláusulas do contrato. A decisão do tribunal arbitral que considere nulo o contrato não implica automaticamente a nulidade da cláusula compromissória.

2 – A excepção de incompetência do tribunal arbitral só pode ser arguida até à apresentação das alegações de defesa. O facto de uma parte ter designado um árbitro ou ter participado na sua designação não a priva do direito de arguir esta excepção. A excepção baseada no excesso de poderes do tribunal arbitral deve ser arguida logo que surja no decurso do processo arbitral a questão que se considera exceder esses poderes. O tribunal arbitral pode, em ambos os casos, admitir uma excepção arguida após o prazo previsto, se considerar justificada a demora.

3 – O tribunal arbitral pode decidir sobre a excepção referida no número anterior, quer enquanto questão prévia, quer na decisão sobre o fundo. Se o tribunal arbitral decidir, a título de questão prévia, que é competente, qualquer das partes pode, no prazo de 30 dias após a comunicação desta decisão, pedir ao tribunal competente que tome uma decisão sobre este ponto, decisão que é insusceptível de recurso; na pendência deste pedido, o tribunal arbitral pode prosseguir o processo arbitral e proferir uma decisão arbitral.

ARTIGO 17.º
(Poder do tribunal arbitral para ordenar medidas provisórias ou conservatórias)

Salvo convenção em contrário das partes, o tribunal arbitral pode, a pedido de uma parte, ordenar a qualquer delas que tome as medidas provisórias ou conservatórias que este considere necessárias em relação ao objecto do litígio. O tribunal arbitral pode exigir a qualquer das partes que, em conexão com essas medidas, preste uma garantia adequada.

CAPÍTULO V
Instância arbitral

ARTIGO 18.º
(Igualdade de tratamento das partes)

As partes devem ser tratadas com absoluta igualdade e devem ser dadas a cada uma delas todas as possibilidades de fazerem valer os seus direitos.

ARTIGO 19.º
(Determinação das regras de processo)

1 – Sem prejuízo das disposições do presente diploma, as partes podem, por acordo, escolher livremente o processo a seguir pelo tribunal arbitral.

2 – Na falta de tal acordo, o tribunal arbitral pode, sem prejuízo das disposições do presente diploma, conduzir a arbitragem do modo que julgar apropriado. Os poderes conferidos ao tribunal arbitral compreendem o de determinar a admissibilidade, pertinência e importância de qualquer prova produzida.

ARTIGO 20.º
(Lugar da arbitragem)

1 – As partes podem decidir livremente sobre o lugar da arbitragem. Na falta de acordo, o lugar é fixado pelo tribunal arbitral, tendo em conta as circunstâncias do caso e a conveniência das partes.

2 – Não obstante as disposições do número anterior, o tribunal arbitral pode, salvo convenção das partes em contrário, reunir-se em qualquer lugar que julgue apropriado para consultas entre os seus membros, para

audição de testemunhas, de peritos ou das partes, ou para o exame de mercadorias, outros bens ou documentos.

ARTIGO 21.º
(Início do processo arbitral)

Salvo convenção das partes em contrário, o processo arbitral relativo a um determinado litígio começa na data em que o pedido de sujeição deste litígio à arbitragem é recebido pelo demandado.

ARTIGO 22.º
(Língua)

1 – As partes podem, por acordo, escolher livremente a língua ou línguas a utilizar no processo arbitral. Na falta de acordo, o tribunal arbitral determina a língua ou línguas a utilizar no processo. Este acordo ou esta determinação, salvo se especificado de modo diverso, aplica-se a qualquer declaração escrita das partes, a qualquer procedimento oral e a qualquer decisão ou outra comunicação do tribunal arbitral.

2 – O tribunal arbitral pode ordenar que qualquer peça processual seja acompanhada de uma tradução na língua ou línguas convencionadas pelas partes ou escolhidas pelo tribunal arbitral.

ARTIGO 23.º
(Articulados do demandante e do demandado)

1 – No prazo convencionado pelas partes ou fixado pelo tribunal arbitral, o demandante deve expor os factos que fundamentam o seu pedido, os pontos litigiosos e o objecto do pedido e o demandado deve expor a sua defesa a propósito destas questões, a menos que outra tenha sido a convenção das partes quanto aos elementos a constar das alegações. As partes podem fazer acompanhar as suas alegações de quaisquer documentos que julguem pertinentes ou nelas mencionar documentos ou outros meios de prova que venham a apresentar.

2 – Salvo convenção das partes em contrário, qualquer das partes pode modificar ou completar o seu pedido ou a sua defesa no decurso do

processo arbitral, a menos que o tribunal arbitral considere que não deve autorizar uma tal alteração em razão do atraso com que é formulada.

ARTIGO 24.°
(Procedimento oral e escrito)

1 – Salvo convenção das partes em contrário, o tribunal arbitral decide se o processo deve comportar fases orais para produção da prova ou discussão oral, ou se o processo deve ser conduzido com base em documentos ou outros materiais. Contudo, se uma das partes assim o requerer, o tribunal arbitral organiza uma fase oral num momento apropriado do processo arbitral, salvo se as partes tiverem convencionado que não há lugar a um tal procedimento.

2 – As partes devem ser notificadas com uma antecedência suficiente de todas as audiências e reuniões do tribunal arbitral realizadas com a finalidade de examinar mercadorias, outros bens ou documentos.

3 – Todas as alegações, documentos ou informações que uma das partes forneça ao tribunal arbitral devem ser comunicadas à outra parte. Deve igualmente ser comunicado às partes qualquer relatório ou documento apresentado como prova que possa servir de base à decisão do tribunal arbitral.

ARTIGO 25.°
(Falta de cumprimento de uma das partes)

Salvo convenção das partes em contrário, e caso não seja demonstrado impedimento bastante:

a) Se o demandante não apresentar o seu pedido em conformidade com o n.° 1 do artigo 23.°, o tribunal arbitral deve pôr fim ao processo arbitral;

b) Se o demandado não apresentar a sua defesa em conformidade com o n.° 1 do artigo 23.°, o tribunal arbitral deve prosseguir o processo arbitral sem considerar esta falta em si mesma como uma aceitação das alegações do demandante;

c) Se uma das partes não comparecer a uma audiência ou não apresentar prova documental, o tribunal arbitral pode prosseguir o processo e decidir com base nos elementos de prova de que disponha.

ARTIGO 26.º
(Perito nomeado pelo tribunal arbitral)

1 – Salvo convenção das partes em contrário, o tribunal arbitral pode:

a) Nomear um ou mais peritos encarregados de elaborar um relatório sobre pontos específicos que o tribunal arbitral determine;

b) Pedir a uma das partes que forneça ao perito todas as informações relevantes ou que lhe faculte ou torne acessíveis para exame quaisquer documentos, mercadorias ou outros bens relevantes.

2 – Salvo convenção das partes em contrário, se uma das partes o solicitar ou se o tribunal arbitral o julgar necessário, o perito, após apresentação do seu relatório escrito ou oral deve participar numa audiência em que as partes o podem interrogar e na qual podem fazer intervir, na qualidade de testemunhas, peritos que deponham sobre as questões em análise.

ARTIGO 27.º
(Assistência dos tribunais na obtenção de provas)

O tribunal arbitral, ou uma parte com a aprovação do tribunal arbitral, pode solicitar assistência para obtenção de provas ao tribunal competente. O tribunal pode corresponder à solicitação nos limites da sua competência e de acordo com as suas próprias regras relativas à obtenção de provas.

CAPÍTULO VI
Decisão arbitral e encerramento do processo

ARTIGO 28.º
(Regras aplicáveis ao fundo da causa)

1 – O tribunal arbitral decide o litígio de acordo com o direito escolhido pelas partes para ser aplicado ao fundo da causa. Qualquer designação da lei ou do sistema jurídico de um determinado Estado ou Território é considerada, salvo indicação expressa em contrário, como designando directamente as regras jurídicas materiais desse Estado ou Território e não as suas regras de conflitos de leis.

2 – Na falta de designação pelas partes, o tribunal arbitral aplica a lei designada pela regra de conflitos de leis que considere aplicável.

3 – O tribunal arbitral decide *ex aequo et bono* ou na qualidade de *amiable compositeur* apenas quando as partes a isso expressamente o autorizem.

4 – Em qualquer caso, o tribunal arbitral decide de acordo com as estipulações do contrato e tem em conta os usos do comércio se forem aplicáveis ao caso concreto.

ARTIGO 29.°
(Decisão tomada por vários árbitros)

Num processo arbitral com mais de um árbitro, as decisões do tribunal arbitral são tomadas pela maioria dos seus membros, salvo convenção das partes em contrário. Todavia, as questões de processo podem ser decididas por um árbitro presidente, se este estiver autorizado para o efeito pelas partes ou por todos os membros do tribunal arbitral.

ARTIGO 30.°
(Decisão por acordo das partes)

1 – Se, no decurso do processo arbitral, as partes chegarem a acordo quanto à decisão do litígio, o tribunal arbitral põe fim ao processo arbitral e, se as partes lho solicitarem e este não tiver nada a opor, homologa o acordo através de uma decisão arbitral.

2 – A decisão homologatória do acordo das partes deve ser elaborada em conformidade com as disposições do artigo 31.° e deve mencionar o facto de que se trata de uma decisão arbitral. Uma tal decisão tem o mesmo estatuto e o mesmo efeito que qualquer outra decisão proferida sobre o fundo da causa.

ARTIGO 31.°
(Forma e conteúdo da decisão arbitral)

1 – A decisão arbitral deve ser reduzida a escrito e assinada pelo árbitro ou árbitros. No processo arbitral com mais de um árbitro, serão sufi-

cientes as assinaturas da maioria dos membros do tribunal arbitral, desde que seja mencionada a razão da omissão das restantes.

2 – A decisão arbitral deve ser fundamentada, salvo se as partes convencionarem que não há lugar à fundamentação ou se se tratar de uma decisão proferida com base num acordo das partes nos termos do artigo anterior.

3 – A decisão arbitral deve mencionar a data em que foi proferida, bem como o lugar da arbitragem, determinado em conformidade com o n.º 1 do artigo 20.º Considera-se que a decisão arbitral foi proferida nesse lugar.

4 – Proferida a decisão arbitral, deve ser enviada a cada uma das partes uma cópia assinada pelo árbitro ou árbitros, nos termos do n.º 1.

ARTIGO 32.º
(Encerramento do processo)

1 – O processo arbitral termina quando é proferida a decisão definitiva ou quando é ordenado o encerramento do processo pelo tribunal arbitral, nos termos do número seguinte.

2 – O tribunal arbitral ordena o encerramento do processo arbitral quando:

  a) O demandante retire o seu pedido, a menos que o demandado a tanto se oponha e o tribunal arbitral reconheça que este tem um interesse legítimo em que o litígio seja definitivamente resolvido;

  b) As partes concordem em encerrar o processo;

  c) Verifique que a prossecução do processo se tornou, por qualquer outra razão, inútil ou impossível.

3 – O mandato do tribunal arbitral finda com o encerramento do processo arbitral, sem prejuízo do disposto no artigo 33.º e no n.º 4 do artigo 34.º

ARTIGO 33.º
**(Rectificação e interpretação da decisão arbitral
e decisão arbitral adicional)**

1 – Nos 30 dias seguintes à recepção da decisão arbitral, salvo se as partes tiverem convencionado outro prazo:

Arbitragem Voluntária em Macau

a) Uma das partes pode, notificando a outra, pedir ao tribunal arbitral que rectifique no texto da decisão arbitral qualquer erro de cálculo, qualquer erro material ou tipográfico ou qualquer erro de natureza idêntica;

b) Uma parte pode, notificando a outra, pedir ao tribunal arbitral que interprete um ponto ou passagem precisa da decisão arbitral, caso haja convenção nesse sentido.

Se o tribunal arbitral considerar o pedido justificado, deve proceder à rectificação ou à interpretação nos 30 dias seguintes à recepção do pedido. A interpretação é parte integrante da decisão arbitral.

2 – O tribunal arbitral pode, por sua iniciativa, rectificar qualquer erro do tipo referido na alínea *a)* do número anterior, nos 30 dias seguintes à data da decisão arbitral.

3 – Salvo convenção das partes em contrário, uma das partes pode, notificando a outra, pedir ao tribunal arbitral, nos 30 dias seguintes à recepção da decisão arbitral, que profira uma decisão adicional sobre certos pontos do pedido expostos no decurso do processo arbitral mas omitidos na decisão arbitral. Se julgar o pedido justificado, o tribunal arbitral deve proferir a decisão arbitral adicional dentro de 60 dias.

4 – Se considerar necessário, o tribunal arbitral pode prolongar o prazo, de que dispõe nos termos dos n.ᵒˢ 1 e 3, para rectificar, interpretar ou completar a decisão arbitral.

5 – As disposições do artigo 31.º aplicam-se à rectificação ou interpretação da decisão arbitral e à decisão adicional.

CAPÍTULO VII
Impugnação judicial da decisão arbitral

ARTIGO 34.º
(Anulação da decisão arbitral)

1 – A impugnação judicial da decisão arbitral só pode revestir a forma de acção de anulação, nos termos dos n.ᵒˢ 2 e 3.

2 – A decisão arbitral só pode ser anulada pelo tribunal competente nos seguintes casos:

a) Quando a parte que faz o pedido fornecer a prova de que:

i) Uma parte na convenção de arbitragem referida no artigo 7.º sofria uma incapacidade; ou que a dita convenção não é válida nos termos da lei a que as partes a tenham subordinado ou, na falta de qualquer indicação a este propósito, nos termos das disposições legais de Macau;

ii) Não foi devidamente informada da designação ou nomeação de um árbitro ou do processo arbitral, ou lhe foi impossível fazer valer os seus direitos por qualquer outra razão;

iii) A decisão arbitral diz respeito a um litígio que não foi objecto de convenção de arbitragem, ou contém decisões que extravasam os termos da convenção de arbitragem, entendendo-se contudo que, se as disposições da decisão arbitral relativas a questões submetidas à arbitragem puderem ser dissociadas das que não estiverem submetidas à arbitragem, unicamente poderá ser anulada a parte da decisão arbitral que contenha decisões sobre as questões não submetidas à arbitragem; ou

iv) A constituição do tribunal arbitral ou o processo arbitral não estão conformes à convenção das partes, a menos que esta convenção contrarie alguma disposição do presente diploma que as partes não possam derrogar, ou que, na falta de uma tal convenção, não estão conformes com o presente diploma;

b) Quando o tribunal constatar que:

i) O objecto do litígio não é susceptível de ser decidido por arbitragem, nos termos das disposições legais de Macau; ou

ii) A decisão arbitral é contrária à ordem pública.

3 – Um pedido de anulação não pode ser apresentado decorrido o prazo de 3 meses a contar da data da recepção da comunicação da decisão arbitral ou, se tiver sido feito um pedido nos termos do artigo anterior, a partir da data em que o tribunal tomou uma decisão sobre este pedido.

4 – Quando lhe for solicitado que anule uma decisão arbitral, o tribunal pode, se for caso disso e a pedido de uma das partes, suspender o processo de anulação durante o período de tempo que determinar, em ordem a dar ao tribunal arbitral a possibilidade de retomar o processo arbitral ou de tomar qualquer outra medida que o tribunal arbitral julgue susceptível de eliminar os motivos da anulação.

Arbitragem Voluntária em Macau

CAPÍTULO VIII
Reconhecimento e execução das decisões arbitrais

ARTIGO 35.º
(Reconhecimento e execução)

1 – A decisão arbitral, independentemente do Estado ou Território em que tenha sido proferida, é reconhecida como tendo força obrigatória e, mediante solicitação dirigida por escrito ao tribunal competente, deve ser executada, sem prejuízo do disposto no presente artigo e no artigo 36.º

2 – A parte que invocar a decisão arbitral ou que pedir a respectiva execução deve fornecer o original da decisão arbitral devidamente autenticado ou uma cópia do mesmo, verificadas as condições exigidas para a sua autenticidade, bem como o original da convenção de arbitragem referida no artigo 7.º ou uma cópia da mesma, verificadas as condições exigidas para a sua autenticidade. Se a dita decisão arbitral ou convenção não estiver redigida numa das línguas oficiais do território de Macau, a parte deve fornecer uma tradução numa dessas línguas, devidamente autenticada.

ARTIGO 36.º
(Fundamentos de recusa do reconhecimento ou da execução)

1 – O reconhecimento ou a execução de uma decisão arbitral, independentemente do Estado ou Território em que tenha sido proferida, pode ser recusado:

a) A pedido da parte contra a qual for invocada, se essa parte fornecer ao tribunal competente ao qual é solicitado o reconhecimento ou a execução a prova de que:

i) Uma das partes na convenção de arbitragem referida no artigo 7.º estava ferida de uma incapacidade; ou que a dita convenção não é válida nos termos da lei a que as partes a tenham subordinado ou, na falta de indicação a este propósito, nos termos da lei do Estado ou Território onde a decisão arbitral foi proferida;

ii) Não foi devidamente informada da designação ou nomeação de um árbitro ou do processo arbitral, ou que lhe foi impossível fazer valer os seus direitos por qualquer outra razão;

iii) A decisão arbitral diz respeito a um litígio que não foi objecto de convenção de arbitragem, ou contém decisões que extravasam os termos da convenção de arbitragem, entendendo-se contudo que, se as disposições da decisão arbitral relativas a questões submetidas à arbitragem puderem ser dissociadas das que não estiverem submetidas à arbitragem, unicamente poderá ser recusado o reconhecimento ou a execução da parte da decisão arbitral que contenha decisões sobre as questões não submetidas à arbitragem;

iv) A constituição do tribunal arbitral ou o processo arbitral não estão conformes à convenção das partes ou, na falta de tal convenção, à lei do Estado ou Território onde a arbitragem teve lugar; ou

v) A decisão arbitral não se tornou ainda obrigatória para as partes ou foi anulada ou suspensa por um tribunal competente do Estado ou Território em que, ou segundo a lei do qual, a decisão arbitral tenha sido proferida;

b) Se o tribunal constatar que:

i) O objecto do litígio não é susceptível de ser decidido por arbitragem, nos termos das disposições legais de Macau;

ii) O reconhecimento ou a execução da decisão arbitral contraria a ordem pública; ou

iii) O Estado ou Território em que a decisão arbitral foi proferida negaria o reconhecimento ou a execução de decisão arbitral proferida em Macau.

2 – Se um pedido de anulação ou de suspensão de uma decisão arbitral tiver sido apresentado a um tribunal referido na subalínea *v)* da alínea *a)* do número anterior, o tribunal ao qual foi pedido o reconhecimento ou execução pode, se o julgar apropriado, adiar a sua decisão e pode também, a requerimento da parte que pede o reconhecimento ou a execução da decisão arbitral, ordenar à outra parte que preste garantias adequadas.

CAPÍTULO IX
Disposições finais

ARTIGO 37.º
(Legislação subsidiária)

1 – Em tudo o que não estiver expressamente previsto no presente diploma é subsidiariamente aplicável o Decreto-Lei n.º 29/96/M, de 11 de Junho.

2 – Se a convenção de arbitragem for omissa e as partes não chegarem a acordo nesta matéria, as remunerações dos árbitros e de outros intervenientes no processo arbitral são, no que lhes possa ser aplicável, as que forem fixadas pelo despacho do Governador a que se refere o n.º 4 do artigo 19.º do Decreto-Lei n.º 29/96/M, de 11 de Junho.

3 – A decisão arbitral, havendo árbitros que não residam habitualmente em Macau, poderá fazer acrescer às remunerações aferidas nos termos do número anterior uma quantia para custear, no todo ou em parte, as despesas com a deslocação e permanência desses árbitros no Território.

4 – Poderá a decisão arbitral, igualmente, fazer acrescer às remunerações aferidas nos termos do n.º 2, a totalidade ou parte dos montantes despendidos com a produção de prova efectuada no exterior do Território, quando essas diligências tenham sido consideradas necessárias pelo tribunal arbitral.

ARTIGO 38.º
(Entrada em vigor)

O presente diploma entra em vigor 60 dias após a sua publicação.

Aprovado em 13 de Novembro de 1998.

Publique-se.

O Governador, *Vasco Rocha Vieira.*

III
LEI DA ARBITRAGEM BRASILEIRA

Com a entrada em vigor da **Lei n.º 9.307, de 23 de Setembro de 1996**, passou a existir, pela primeira vez no ordenamento jurídico brasileiro, um corpo unitário e sistematizado de regras sobre arbitragem. A Lei Modelo da CNUDCI sobre a Arbitragem Comercial Internacional e a Convenção de Nova Iorque sobre o Reconhecimento e a Execução de Sentenças Arbitrais Estrangeiras foram apontadas, no respectivo Projecto de Lei, como as principais fontes para a sua elaboração.

Anteriormente, o regime da arbitragem voluntária encontrava-se repartido entre o Código Civil Brasileiro (artigos 1.037 a 1.048) e o Código de Processo Civil Brasileiro (artigos 1.072 a 1.102).

Quanto aos principais instrumentos internacionais existentes em matéria de arbitragem, o Brasil assinou a **Convenção Interamericana sobre Arbitragem Comercial Internacional** (aprovada pelo Congresso Nacional, por meio do Decreto Legislativo n.º 90, de 6 de Junho de 1995, e promulgada pelo Presidente da República, através do Decreto n.º 1.902, de 9 de Maio de 1996) e, mais recentemente, ratificou a **Convenção de Nova Iorque sobre o Reconhecimento e a Execução de Sentenças Arbitrais Estrangeiras** (aprovada pelo Congresso Nacional, por meio do Decreto Legislativo n.º 52, de 25 de Abril de 2002, e promulgada pelo Presidente da República, através do Decreto n.º 4.311, de 23 de Julho de 2002).

LEI N.º 9.307(*)
de 23 de Setembro de 1996

Dispõe sobre a Arbitragem

CAPÍTULO I
Disposições Gerais

ARTIGO 1.º

As pessoas capazes de contratar poderão valer-se da arbitragem para dirimir litígios relativos a direitos patrimoniais disponíveis.

ARTIGO 2.º

A arbitragem poderá ser de direito ou de equidade, a critério das partes.

§ 1.º Poderão as partes escolher, livremente, as regras de direito que serão aplicadas na arbitragem, desde que não haja violação aos bons costumes e à ordem pública.

§ 2.º Poderão, também, as partes convencionar que a arbitragem se realize com base nos princípios gerais de direito, nos usos e costumes e nas regras internacionais de comércio.

(*) Publicada no *Diário Oficial da União*, Secção 1, de 24/09/1996.

Reproduz-se o texto integral desta Lei, respeitando a ortografia empregue na sua publicação oficial.

CAPÍTULO II
Da Convenção de Arbitragem e seus Efeitos

ARTIGO 3.º

As partes interessadas podem submeter a solução de seus litígios ao juízo arbitral mediante convenção de arbitragem, assim entendida a cláusula compromissória e o compromisso arbitral.

ARTIGO 4.º

A cláusula compromissória é a convenção através da qual as partes em um contrato comprometem-se a submeter à arbitragem os litígios que possam vir a surgir, relativamente a tal contrato.

§ 1.º A cláusula compromissória deve ser estipulada por escrito, podendo estar inserta no próprio contrato ou em documento apartado que a ele se refira.

§ 2.º Nos contratos de adesão, a cláusula compromissória só terá eficácia se o aderente tomar a iniciativa de instituir a arbitragem ou concordar, expressamente, com a sua instituição, desde que por escrito em documento anexo ou em negrito, com a assinatura ou visto especialmente para essa cláusula.

ARTIGO 5.º

Reportando-se as partes, na cláusula compromissória, às regras de algum orgão arbitral institucional ou entidade especializada, a arbitragem será instituída e processada de acordo com tais regras, podendo, igualmente, as partes estabelecer na própria cláusula, ou em outro documento, a forma convencionada para a instituição da arbitragem.

ARTIGO 6.º

Não havendo acordo prévio sobre a forma de instituir a arbitragem, a parte interessada manifestará à outra parte sua intenção de dar início à

Lei da Arbitragem Brasileira 125

arbitragem, por via postal ou por outro meio qualquer de comunicação, mediante comprovação de recebimento, convocando-a para, em dia, hora e local certos, firmar o compromisso arbitral.

Parágrafo único. Não comparecendo a parte convocada ou, comparecendo, recusar-se a firmar o compromisso arbitral, poderá a outra parte propor a demanda de que trata o artigo 7.º desta Lei, perante o orgão do Poder Judiciário a que, originariamente, tocaria o julgamento da causa.

ARTIGO 7.º

Existindo cláusula compromissória e havendo resistência quanto à instituição da arbitragem, poderá a parte interessada requerer a citação da outra parte para comparecer em juízo a fim de lavrar-se o compromisso, designando o juíz audiência especial para tal fim.

§ 1.º O autor indicará, com precisão, o objecto da arbitragem, instruindo o pedido com o documento que contiver a cláusula compromissória.

§ 2.º Comparecendo as partes à audiência, o juíz tentará, previamente, a conciliação acerca do litígio. Não obtendo sucesso, tentará o juiz conduzir as partes à celebração, de comum acordo, do compromisso arbitral.

§ 3.º Não concordando as partes sobre os termos do compromisso, decidirá o juiz, após ouvir o réu, sobre seu conteúdo, na própria audiência ou no prazo de dez dias, respeitadas as disposições da cláusula compromissória e atendendo ao disposto nos artigos 10.º e 21.º, § 2.º, desta Lei.

§ 4.º Se a cláusula compromissória nada dispuser sobre a nomeação de árbitros, caberá ao juiz, ouvidas as partes, estatuir a respeito, podendo nomear árbitro único para a solução do litígio.

§ 5.º A ausência do autor, sem justo motivo, à audiência designada para a lavratura do compromisso arbitral, importará a extinção do processo sem julgamento de mérito.

§ 6.º Não comparecendo o réu à audiência, caberá ao juiz, ouvido o autor, estatuir a respeito do conteúdo do compromisso, nomeando árbitro único.

§ 7.º A sentença que julgar procedente o pedido valerá como compromisso arbitral.

ARTIGO 8.º

A cláusula compromissória é autônoma em relação ao contrato em que estiver inserta, de tal sorte que a nulidade deste não implica, necessariamente, a nulidade da cláusula compromissória.

Parágrafo único. Caberá ao árbitro decidir de ofício, ou por provocação das partes, as questões acerca da existência, validade e eficácia da convenção de arbitragem e do contrato que contenha a cláusula compromissória.

ARTIGO 9.º

O compromisso arbitral é a convenção através da qual as partes submetem um litígio à arbitragem de uma ou mais pessoas, podendo ser judicial ou extrajudicial.

§ 1.º O compromisso arbitral celebrar-se-à por termo nos autos, perante o juízo ou tribunal, onde tem curso a demanda.

§ 2.º O compromisso arbitral extrajudicial será celebrado por escrito particular, assinado por duas testemunhas, ou por instrumento público.

ARTIGO 10.º

Constará, obrigatoriamente, do compromisso arbitral:

I – o nome, profissão, estado civil e domicílio das partes;

II – o nome, profissão e domicílio do árbitro, ou dos árbitros, ou, se for o caso, a identificação da entidade à qual as partes delegaram a indicação de árbitros;

III – a matéria que será objecto da arbitragem; e

IV – o lugar em que será proferida a sentença arbitral.

ARTIGO 11.º

Poderá, ainda, o compromisso arbitral conter:

I – local, ou locais, onde se desenvolverá a arbitragem;

II – a autorização para que o árbitro ou os árbitros julguem por equidade, se assim for convencionada pelas partes;

III – o prazo para apresentação da sentença arbitral;

Lei da Arbitragem Brasileira

IV – a indicação da lei nacional ou das regras corporativas aplicáveis à arbitragem, quando assim convencionarem as partes;

V – a declaração da responsabilidade pelo pagamento dos honorários e das despesas com a arbitragem; e

VI – a fixação dos honorários do árbitro, ou dos árbitros.

Parágrafo único. Fixando as partes os honorários do árbitro, ou dos árbitros, no compromisso arbitral, este constituirá título executivo extrajudicial; não havendo tal estipulação, o árbitro requererá ao orgão do Poder Judiciário que seria competente para julgar, originariamente, a causa que os fixe por sentença.

ARTIGO 12.°

Extingue-se o compromisso arbitral:

I – escusando-se qualquer dos árbitros, antes de aceitar a nomeação, desde que as partes tenham declarado, expressamente, não aceitar substituto;

II – falecendo ou ficando impossibilitado de dar seu voto algum dos árbitros, desde que as partes declarem, expressamente, não aceitar substituto; e

III – tendo expirado o prazo a que se refere o artigo 11.°, inciso III, desde que a parte interessada tenha notificado o árbitro, ou o presidente do tribunal arbitral, concedendo-lhe o prazo de dez dias para a prolação e apresentação da sentença arbitral.

CAPÍTULO III

Dos Árbitros

ARTIGO 13.°

Pode ser árbitro qualquer pessoa capaz e que tenha a confiança das partes.

§ 1.° As partes nomearão um ou mais árbitros, sempre em número ímpar, podendo nomear, também, os respectivos suplentes.

§ 2.° Quando as partes nomearem árbitros em número par, estes estão autorizados, desde logo, a nomear mais um árbitro. Não havendo acordo, requererão as partes ao orgão do Poder Judiciário a que tocaria, originariamente, o julgamento da causa a nomeação do árbitro, aplicável, no que couber, o procedimento previsto no artigo 7.º desta Lei.

§ 3.º As partes poderão, de comum acordo, estabelecer o processo de escolha dos árbitros, ou adotar as regras de um orgão arbitral institucional ou entidade especializada.

§ 4.º Sendo nomeados vários árbitros, estes, por maioria, elegerão o presidente do tribunal arbitral. Não havendo consenso, será designado presidente o mais idoso.

§ 5.º O árbitro ou o presidente do tribunal designará, se julgar conveniente, um secretário, que poderá ser um dos árbitros.

§ 6.º No desempenho de sua função, o árbitro deverá proceder com imparcialidade, independência, competência, diligência e discrição.

§ 7.º Poderá o árbitro ou o tribunal arbitral determinar às partes o adiantamento de verbas para despesas e diligências que julgar necessárias.

ARTIGO 14.º

Estão impedidos de funcionar como árbitros as pessoas que tenham, com as partes ou com o litígio que lhes for submetido, algumas das relações que caracterizam os casos de impedimento ou suspeição de juízes, aplicando-se-lhes, no que couber, os mesmos deveres e responsabilidades, conforme previsto no Código de Processo Civil.

§ 1.º As pessoas indicadas para funcionar como árbitro têm o dever de revelar, antes da aceitação da função, qualquer fato que denote dúvida justificada quanto à sua imparcialidade e independência.

§ 2.º O árbitro somente poderá ser recusado por motivo ocorrido após a sua nomeação. Poderá, entretanto, ser recusado por motivo anterior à sua nomeação, quando:

a) não for nomeado, diretamente, pela parte; ou

b) o motivo para a recusa do árbitro for conhecido posteriormente à sua nomeação.

ARTIGO 15.º

A parte interessada em arguir a recusa do árbitro apresentará, nos termos do artigo 20.º, a respectiva exceção, diretamente ao árbitro ou ao presidente do tribunal arbitral, deduzindo suas razões e apresentando as provas pertinentes.

Parágrafo único. Acolhida a exceção, será afastado o árbitro suspeito ou impedido, que será substituído, na forma do artigo 16.° desta Lei.

ARTIGO 16.°

Se o árbitro escusar-se antes da aceitação da nomeação, ou, após a aceitação, vier a falecer, tornar-se impossibilitado para o exercício da função, ou for recusado, assumirá seu lugar o substituto indicado no compromisso, se houver.

§ **1.°** Não havendo substituto indicado para o árbitro, aplicar-se-ão as regras do orgão arbitral institucional ou entidade especializada, se as partes as tiverem invocado na convenção de arbitragem.

§ **2.°** Nada dispondo a convenção de arbitragem e não chegando as partes a um acordo sobre a nomeação do árbitro a ser substituído, procederá a parte interessada da forma prevista no artigo 7.° desta Lei, a menos que as partes tenham declarado, expressamente, na convenção de arbitragem, não aceitar substituto.

ARTIGO 17.°

Os árbitros, quando no exercício de suas funções ou em razão delas, ficam equiparados aos funcionários públicos, para os efeitos da legislação penal.

ARTIGO 18.°

O árbitro é juiz de fato e de direito, e a sentença que proferir não fica sujeita a recurso ou homologação pelo Poder Judiciário.

CAPÍTULO IV
Do Procedimento Arbitral

ARTIGO 19.°

Considera-se instituída a arbitragem quando aceita a nomeação pelo árbitro, se for único, ou por todos, se forem vários.

Parágrafo único. Instituída a arbitragem e entendendo o árbitro ou o tribunal arbitral que há necessidade de explicitar alguma questão disposta na convenção de arbitragem, será elaborado, juntamente com as partes, um adendo, firmado por todos, que passará a fazer parte integrante da convenção de arbitragem.

ARTIGO 20.º

A parte que pretender arguir questões relativas à competência, suspeição ou impedimento do árbitro ou dos árbitros, bem como nulidade, invalidade ou ineficácia da convenção de arbitragem, deverá fazê-lo na primeira oportunidade que tiver de se manifestar, após a instituição da arbitragem.

§ 1.º Acolhida a arguição de suspeição ou impedimento, será o árbitro substituído nos termos do artigo 16.º desta Lei, reconhecida a incompetência do árbitro ou do tribunal arbitral, bem como a nulidade, invalidade ou ineficácia da convenção de arbitragem, serão as partes remetidas ao orgão do Poder Judiciário competente para julgar a causa.

§ 2.º Não sendo acolhida a arguição, terá normal prosseguimento a arbitragem, sem prejuízo de vir a ser examinada a decisão pelo orgão do Poder Judiciário competente, quando da eventual propositura da demanda de que trata o artigo 33.º desta Lei.

ARTIGO 21.º

A arbitragem obedecerá ao procedimento estabelecido pelas partes na convenção de arbitragem, que poderá reportar-se às regras de um orgão arbitral institucional ou entidade especializada, facultando-se, ainda, às partes delegar ao próprio árbitro, ou ao tribunal arbitral, regular o procedimento.

§ 1.º Não havendo estipulação acerca do procedimento, caberá ao árbitro ou ao tribunal arbitral discipliná-lo.

§ 2.º Serão, sempre, respeitados no procedimento arbitral os princípios do contraditório, da igualdade das partes, da imparcialidade do árbitro e de seu livre convencimento.

§ 3.º As partes poderão postular por intermédio de advogado, respeitada, sempre, a faculdade de designar quem as represente ou assista no procedimento arbitral.

Lei da Arbitragem Brasileira 131

§ **4.º** Competirá ao árbitro ou ao tribunal arbitral, no início do procedimento, tentar a conciliação das partes, aplicando-se, no que couber, o artigo 28.º desta Lei.

ARTIGO 22.º

Poderá o árbitro ou o tribunal arbitral tomar o depoimento das partes, ouvir testemunhas e determinar a realização de perícias ou outras provas que julgar necessárias, mediante requerimento das partes ou de ofício.

§ **1.º** O depoimento das partes e das testemunhas será tomado em local, dia e hora previamente comunicados, por escrito, e reduzido a termo, assinado pelo depoente, ou a seu rogo, e pelos árbitros.

§ **2.º** Em caso de desatendimento, sem justa causa, da convocação para prestar depoimento pessoal, o árbitro ou o tribunal arbitral levará em consideração o comportamento da parte faltosa, ao proferir sua sentença; se a ausência for de testemunha, nas mesmas circunstâncias, poderá o árbitro ou o presidente do tribunal arbitral requerer à autoridade judiciária que conduza a testemunha renitente, comprovando a existência da convenção de arbitragem.

§ **3.º** A revelia da parte não impedirá que seja proferida a sentença arbitral.

§ **4.º** Ressalvado o disposto no § 2.º, havendo necessidade de medidas coercitivas ou cautelares, os árbitros poderão solicitá-las ao orgão do Poder Judiciário que seria, originariamente, competente para julgar a causa.

§ **5.º** Se, durante o procedimento arbitral, um árbitro vier a ser substituído fica a critério do substituto repetir as provas já produzidas.

CAPÍTULO V
Da Sentença Arbitral

ARTIGO 23.º

A sentença arbitral será proferida no prazo estipulado pelas partes. Nada tendo sido convencionado, o prazo para a apresentação da sen-

132   *Arbitragem Voluntária*

tença é de seis meses, contado da instituição da arbitragem ou da substituição do árbitro.

Parágrafo único. As partes e os árbitros, de comum acordo, poderão prorrogar o prazo estipulado.

ARTIGO 24.º

A decisão do árbitro ou dos árbitros será expressa em documento escrito.

§ **1.º** Quando forem vários os árbitros, a decisão será tomada por maioria. Se não houver acordo majoritário, prevalecerá o voto do presidente do tribunal arbitral.

§ **2.º** O árbitro que divergir da maioria poderá, querendo, declarar seu voto em separado.

ARTIGO 25.º

Sobrevindo no decurso da arbitragem controvérsia acerca de direitos indisponíveis e verificando-se que de sua existência, ou não, dependerá o julgamento, o árbitro ou o tribunal arbitral remeterá as partes à autoridade competente do Poder Judiciário, suspendendo o procedimento arbitral.

Parágrafo único. Resolvida a questão prejudicial e juntada aos autos a sentença ou acórdão transitados em julgado, terá normal seguimento a arbitragem.

ARTIGO 26.º

São requisitos obrigatórios da sentença arbitral:

I – o relatório, que conterá os nomes das partes e um resumo do litígio;

II – os fundamentos da decisão, onde serão analisadas as questões de fato e de direito, mencionando-se, expressamente, se os árbitros julgaram por equidade;

III – o dispositivo, em que os árbitros resolverão as questões que lhes forem submetidas e estabelecerão o prazo para o cumprimento da decisão, se for o caso; e

IV – a data e o lugar em que foi proferida.

Lei da Arbitragem Brasileira 133

Parágrafo único. A sentença arbitral será assinada pelo árbitro ou por todos os árbitros. Caberá ao presidente do tribunal arbitral, na hipótese de um ou algum dos árbitros não poder ou não querer assinar a sentença, certificar tal fato.

ARTIGO 27.º

A sentença arbitral decidirá sobre a responsabilidade das partes acerca das custas e despesas com a arbitragem, bem como sobre verba decorrente de litigância de má-fé, se for o caso, respeitadas as disposições da convenção de arbitragem, se houver.

ARTIGO 28.º

Se, no decurso da arbitragem, as partes chegarem a acordo quanto ao litígio, o árbitro ou o tribunal arbitral poderá, a pedido das partes, declarar tal fato mediante sentença arbitral, que conterá os requisitos do artigo 26.º desta Lei.

ARTIGO 29.º

Proferida a sentença arbitral, dá-se por finda a arbitragem, devendo o árbitro, ou o presidente do tribunal arbitral, enviar cópia da decisão às partes, por via postal ou por outro meio qualquer de comunicação, mediante comprovação de recebimento, ou, ainda, entregando-a diretamente às partes, mediante recibo.

ARTIGO 30.º

No prazo de cinco dias, a contar do recebimento da notificação ou da ciência pessoal da sentença arbitral, a parte interessada, mediante comunicação à outra parte, poderá solicitar ao árbitro ou ao tribunal arbitral que:
I – corrija qualquer erro material da sentença arbitral;
II – esclareça alguma obscuridade, dúvida ou contradição da sentença arbitral, ou se pronuncie sobre ponto omitido a respeito do qual devia manifestar-se a decisão.

Parágrafo único. O árbitro ou o tribunal arbitral decidirá, no prazo de dez dias, aditando a sentença arbitral e notificando as partes na forma do artigo 29.º.

ARTIGO 31.º

A sentença arbitral produz, entre as partes e seus sucessores, os mesmos efeitos da sentença proferida pelos orgãos do Poder Judiciário e, sendo condenatória, constitui título executivo.

ARTIGO 32.º

É nula a sentença arbitral se:

    I – for nulo o compromisso;

    II – emanou de quem não podia ser árbitro;

    III – não contiver os requisitos do artigo 26.º desta Lei;

    IV – for proferida fora dos limites da convenção de arbitragem;

    V – não decidir todo o litígio submetido à arbitragem;

    VI – comprovado que foi proferida por prevaricação, concussão ou corrupção passiva;

    VII – proferida fora do prazo, respeitado o disposto no artigo 12.º, inciso III, desta Lei; e

    VIII – forem desrespeitados os princípios de que trata o artigo 21.º, § 2.º, desta Lei.

ARTIGO 33.º

A parte interessada poderá pleitear ao orgão do Poder Judiciário competente a decretação da nulidade da sentença arbitral, nos casos previstos nesta Lei.

§ 1.º A demanda para a decretação de nulidade da sentença arbitral seguirá o procedimento comum, previsto no Código de Processo Civil, e deverá ser proposta no prazo de até noventa dias após o recebimento da notificação da sentença arbitral ou de seu aditamento.

§ 2.º A sentença que julgar procedente o pedido:

    I – decretará a nulidade da sentença arbitral, nos casos do artigo 32.º, incisos I, II, VI, VII e VIII;

II – determinará que o árbitro ou o tribunal arbitral profira novo laudo, nas demais hipóteses.

§ 3.º A decretação da nulidade da senteça arbitral também poderá ser arguida mediante ação de embargos do devedor, conforme o artigo 741.º e seguintes do Código de Processo Civil, se houver execução judicial.

CAPÍTULO VI
Do Reconhecimento e Execução de Sentenças Arbitrais Estrangeiras

ARTIGO 34.º

A sentença arbitral estrangeira será reconhecida ou executada no Brasil de conformidade com os tratados internacionais com eficácia no ordenamento interno e, na sua ausência, estritamente de acordo com os termos desta Lei.

Parágrafo único. Considera-se sentença arbitral estrangeira a que tenha sido proferida fora do território nacional.

ARTIGO 35.º

Para ser reconhecida ou executada no Brasil, a sentença arbitral estrangeira está sujeita, unicamente, à homologação do Supremo Tribunal Federal.

ARTIGO 36.º

Aplica-se à homologação para reconhecimento ou execução de sentença arbitral estrangeira, no que couber, o disposto nos artigos 483.º e 484.º do Código de Processo Civil.

ARTIGO 37.º

A homologação de sentença arbitral estrangeira será requerida pela parte interessada, devendo a petição inicial conter as indicações da lei pro-

136   *Arbitragem Voluntária*

cessual, conforme o artigo 282.º do Código de Processo Civil, e ser instruída, necessariamente, com:

I – o original da sentença arbitral ou uma cópia devidamente certificada, autenticada pelo consulado brasileiro e acompanhada de tradução oficial;

II – o original da convenção de arbitragem ou cópia devidamente certificada, acompanhada de tradução oficial.

ARTIGO 38.º

Somente poderá ser negada a homologação para o reconhecimento ou execução de sentença arbitral estrangeira, quando o réu demonstrar que:

I – as partes na convenção de arbitragem eram incapazes;

II – a convenção de arbitragem não era válida segundo a lei à qual as partes a submeteram, ou, na falta de indicação, em virtude da lei do país onde a sentença arbitral foi proferida;

III – não foi notificado da designação do árbitro ou do procedimento de arbitragem, ou tenha sido violado o princípio do contraditório, impossibilitando a ampla defesa;

IV – a sentença arbitral foi proferida fora dos limites da convenção de arbitragem, e não foi possível separar a parte excedente daquela submetida à arbitragem;

V – a instituição da arbitragem não está de acordo com o compromisso arbitral ou cláusula compromissória;

VI – a sentença arbitral não se tenha, ainda, tornado obrigatória para as partes, tenha sido anulada, ou, ainda, tenha sido suspensa por orgão judicial do país onde a sentença arbitral for prolatada.

ARTIGO 39.º

Também será denegada a homologação para o reconhecimento ou execução da sentença arbitral estrangeira, se o Supremo Tribunal Federal constatar que:

I – segundo a lei brasileira, o objecto do litígio não é suscetível de ser resolvido por arbitragem;

II – a decisão ofende a ordem pública nacional.

Parágrafo único. Não será considerada ofensa à ordem pública nacional a efetivação da citação da parte residente ou domiciliada no Brasil, nos moldes da convenção de arbitragem ou da lei processual do país onde se realizou a arbitragem, admitindo-se, inclusive, a citação postal com prova inequívoca de recebimento, desde que assegure à parte brasileira tempo hábil para o exercício do direito de defesa.

ARTIGO 40.º

A denegação da homologação para reconhecimento ou execução de sentença arbitral estrangeira por vícios formais, não obsta que a parte interessada renove o pedido, uma vez sanados os vícios apresentados.

CAPÍTULO VII
Disposições Finais

ARTIGO 41.º

Os artigos 267.º, inciso VII; 301.º, inciso IX; e 584.º, inciso III, do Código de Processo Civil passam a ter a seguinte redação:

"Artigo 267.º
(...)
VII – pela convenção de arbitragem;"

"Artigo 301.º
(...)
IX – convenção de arbitragem;"

"Artigo 584.º
(...)
III – a sentença arbitral e a sentença homologatória de transação ou de conciliação;"

138 *Arbitragem Voluntária*

ARTIGO 42.º

O artigo 520.º do Código de Processo Civil passa a ter mais um inciso, com a seguinte redação:

"Artigo 520.º
(...)
VI – julgar procedente o pedido de instituição de arbitragem."

ARTIGO 43.º

Esta Lei entrará em vigor sessenta dias após a data de sua publicação.

ARTIGO 44.º

Ficam revogados os artigos 1.037 a 1.048 da Lei n.º 3.071, de 1.º de Janeiro de 1916, Código Civil Brasileiro; os artigos 101 e 1.072 a 1.102 da Lei n.º 5.869, de 11 de Janeiro de 1973, Código de Processo Civil; e demais disposições em contrário.

IV
CONVENÇÕES INTERNACIONAIS

– Protocolo relativo às Cláusulas de Arbitragem (Genebra, 1923)

– Convenção para a Execução das Sentenças Arbitrais Estrangeiras (Genebra, 1927)

– Convenção sobre o Reconhecimento e a Execução de Sentenças Arbitrais Estrangeiras (Nova Iorque, 1958)

– Convenção Europeia sobre Arbitragem Comercial Internacional (Genebra, 1961) (texto em inglês)

– Convenção para a Resolução de Diferendos Relativos a Investimentos entre Estados e Nacionais de Outros Estados (Washington, 1965)

– Convenção Interamericana sobre Arbitragem Comercial Internacional (Panamá, 1975)

– Convenção sobre Conciliação e Arbitragem no quadro da CSCE (Estocolmo, 1992)

CONSTITUIÇÃO
DA REPÚBLICA PORTUGUESA(*)

(...)

Princípios fundamentais

(...)

ARTIGO 8.º
(Direito internacional)

1 – As normas e os princípios de direito internacional geral ou comum fazem parte integrante do direito português.

2 – As normas constantes de convenções internacionais regularmente ratificadas ou aprovadas vigoram na ordem interna após a sua publicação oficial e enquanto vincularem internacionalmente o Estado Português.

3 – As normas emanadas dos órgãos competentes das organizações internacionais de que Portugal seja parte vigoram directamente na ordem interna, desde que tal se encontre estabelecido nos respectivos tratados constitutivos.

4 – As disposições dos tratados que regem a União Europeia e as normas emanadas das suas instituições, no exercício das respectivas competências, são aplicáveis na ordem interna, nos termos definidos pelo direito da União, com respeito pelos princípios fundamentais do Estado de direito democrático.

(*) Revista pelas Leis Constitucionais n.º 1/82, de 30 de Setembro; n.º 1/89, de 8 de Julho; n.º 1/92, de 25 de Novembro; n.º 1/97, de 20 de Setembro; n.º 1/2001, de 12 de Dezembro; n.º 1/2004, de 24 de Julho e n.º 1/2005, de 12 de Agosto.

TRATADO QUE INSTITUI A COMUNIDADE EUROPEIA(*)

FEITO EM ROMA, EM 25 DE MARÇO DE 1957

(...)

PARTE V
AS INSTITUIÇÕES DA COMUNIDADE

TÍTULO I
Disposições institucionais

CAPÍTULO I
As instituições

(...)

SECÇÃO IV
O Tribunal de Justiça

(...)

ARTIGO 238.°

O Tribunal de Justiça é competente para decidir com fundamento em

---

(*) Texto de acordo com a versão compilada, publicada no *Jornal Oficial das Comunidades Europeias*, série C, n.° 325, de 24 de Dezembro de 2002.

cláusula compromissória constante de um contrato de direito público ou de direito privado, celebrado pela Comunidade ou por sua conta.

(...)

PARTE VI
DISPOSIÇÕES GERAIS E FINAIS

(...)

ARTIGO 293.º

Os Estados membros entabularão entre si, sempre que necessário, negociações destinadas a garantir, em benefício dos seus nacionais:
(...)
– a simplificação das formalidades a que se encontram subordinados o reconhecimento e a execução recíprocos tanto das decisões judiciais como das decisões arbitrais.

(...)

PROTOCOLO RELATIVO ÀS CLÁUSULAS DE ARBITRAGEM([1])

FEITO EM GENEBRA, EM 24 DE SETEMBRO DE 1923

1 – Cada um dos Estados contratantes reconhece a validade, entre partes submetidas respectivamente à jurisdição de Estados contratantes diferentes, do compromisso ou da cláusula compromissória pela qual as partes num contrato se obrigam em matéria comercial ou em qualquer outra susceptível de ser resolvida por meio de arbitragem por compromisso, a submeter no todo ou em parte as divergências que possam resultar de tal contrato a uma arbitragem, ainda que esta tenha lugar num país diferente daquele a cuja jurisdição está sujeita qualquer das partes no contrato.

Cada Estado contratante reserva-se a liberdade de limitar a obrigação antes mencionada aos contratos considerados comerciais pela sua legislação nacional. O Estado contratante que usar desta faculdade avisará o Secretário Geral da Sociedade das Nações a fim de que os outros Estados contratantes sejam informados.([2])

([1]) Protocolo celebrado por iniciativa da Sociedade das Nações.

Aprovado para ratificação pelo Decreto n.º 18.941, de 11-9-1930 (publicado no *Diário do Governo* n.º 244, de 20-10-1930), confirmado e ratificado pela Carta de 25-10-1930 (publicada no *Diário do Governo* n.º 10, de 13-1-1931), tendo-se verificado o respectivo depósito em 10-12-1930.

Por força do artigo 7.º, n.º 2 da Convenção de Nova Iorque sobre o Reconhecimento e a Execução de Sentenças Arbitrais Estrangeiras, à qual Portugal aderiu em 18 de Outubro de 1994, o presente Protocolo deixou de produzir efeitos em relação ao nosso País.

Actualmente, este Protocolo vigora apenas nas relações entre os seguintes Estados: Bahamas, Birmânia (actual Myanmar), Granada, Iraque e Paquistão.

([2]) Usando desta faculdade, o Governo português reservou-se a liberdade de restringir a obrigação prevista no primeiro parágrafo do n.º 1 aos contratos considerados comerciais pela sua legislação nacional (cf. *Diário do Governo* n.º 10, de 13-1-1931).

2 – O processo de arbitragem, incluindo a constituição do tribunal arbitral, será regulado segundo a vontade das partes e segundo a lei do país em cujo território a arbitragem se efectuar.

Os Estados contratantes comprometem-se a facilitar as diligências do processo, que seja necessário efectuar nos seus territórios, de harmonia com as disposições que regem, nas suas legislações respectivas, o processo de arbitragem por compromisso.

3 – Cada Estado contratante compromete-se a garantir a execução, pelas suas autoridades e de harmonia com as disposições da sua legislação nacional, das sentenças arbitrais proferidas no seu território, em virtude dos artigos precedentes.

4 – Os tribunais dos Estados contratantes dos quais está pendente um litígio relativo a um contrato concluído entre pessoas a quem se aplicam as disposições do artigo 1.º e encerrando um compromisso ou uma cláusula compromissória válida em virtude do dito artigo e susceptível de ser executada, relegarão os interessados, a pedido de um deles, ao julgamento dos árbitros.

Essa relegação não prejudicará a competência dos tribunais no caso de, por qualquer motivo, o compromisso, a cláusula compromissória ou a arbitragem caducarem ou não produzirem efeito.

5 – O presente Protocolo, que ficará aberto à assinatura de todos os Estados, será ratificado. As ratificações serão depositadas, logo que for possível, nas mãos do Secretário Geral da Sociedade das Nações, que notificará esse depósito a todos os Estados signatários.

6 – O presente Protocolo entrará em vigor logo que duas ratificações forem depositadas. Posteriormente, este Protocolo entrará em vigor para cada Estado contratante um mês depois da notificação, pelo Secretário Geral da Sociedade, do depósito da sua ratificação.

7 – O presente Protocolo poderá ser denunciado por qualquer Estado contratante mediante aviso prévio de um ano. A denúncia efectuar-se-á por notificação dirigida ao Secretário Geral da Sociedade das Nações, que transmitirá imediatamente a todos os outros Estados signatários cópias dessa notificação, indicando a data de recepção. A denúncia surtirá efeito um ano depois da data de notificação ao Secretário Geral e será apenas válida para o Estado contratante que a tiver notificado.

8 – Os Estados contratantes poderão declarar que a aceitação do presente protocolo não é extensiva a todos ou a alguns dos territórios a seguir mencionados: colónias, possessões ou territórios ultramarinos, protectorados ou territórios sobre os quais exercem um mandato.([3])

Esses Estados poderão, posteriormente, aderir em separado ao Protocolo, para qualquer dos territórios agora excluídos. As adesões serão comunicadas logo que for possível ao Secretário Geral da Sociedade das Nações, que as notificará a todos os Estados signatários, surtindo efeito um mês depois da notificação pelo Secretário Geral a todos os Estados signatários.

Os Estados contratantes poderão igualmente denunciar o Protocolo, em separado, para qualquer dos territórios acima mencionados. A esta denúncia é aplicável o artigo 7.°.

([3]) Nos termos do primeiro parágrafo do n.° 8, o Governo português declarou que a sua aceitação do presente Protocolo não era extensiva às colónias portuguesas (cf. *Diário do Governo* n.° 10, de 13-1-1931).

CONVENÇÃO PARA A EXECUÇÃO DAS SENTENÇAS ARBITRAIS ESTRANGEIRAS[1]

FEITA EM GENEBRA, EM 26 DE SETEMBRO DE 1927

ARTIGO 1.º[2]

Nos territórios de qualquer das Altas Partes contratantes em que se aplicar a presente Convenção, uma sentença arbitral dada em virtude de um compromisso ou cláusula compromissória prevista pelo Protocolo relativo às cláusulas de arbitragem, feito em Genebra a 24 de Setembro de 1923, será reconhecida e executada de harmonia com as regras de processo seguidas no território onde a sentença for invocada, contanto que essa sentença tenha sido dada no território de uma das Altas Partes contratantes em que for aplicável a presente Convenção e entre pessoas sujeitas à jurisdição de uma das Altas Partes contratantes.

Para obter esse reconhecimento ou execução será ainda necessário:

a) Que a sentença tenha sido dada em virtude de um compromisso ou cláusula compromissória válidas perante a legislação que lhes é aplicável;

---

[1] Convenção celebrada por iniciativa da Sociedade das Nações.

Aprovada para ratificação pelo Decreto n.º 18.942, de 11-9-1930 (publicado no *Diário do Governo* n.º 244, de 20-10-1930), confirmada e ratificada pela Carta de 25-10-1930 (publicada no *Diário do Governo* n.º 10, de 13-1-1931), tendo-se verificado o respectivo depósito em 10-12-1930.

Por força do artigo 7.º, n.º 2 da Convenção de Nova Iorque sobre o Reconhecimento e a Execução de Sentenças Arbitrais Estrangeiras, à qual Portugal aderiu em 18 de Outubro de 1994, a presente Convenção deixou de produzir efeitos em relação ao nosso País.

Actualmente, esta Convenção vigora apenas nas relações entre os seguintes Estados: Bahamas, Birmânia, Granada e Paquistão.

[2] O Governo português reservou-se a liberdade de restringir a obrigação prevista no artigo 1.º aos contratos declarados comerciais pela sua legislação nacional (cf. *Diário do Governo* n.º 10, de 13-1-1931).

152 *Arbitragem Voluntária*

b) Que, nos termos da lei do país onde for invocada, o objecto da sentença seja susceptível de ser resolvido por arbitragem;

c) Que a sentença tenha sido pronunciada pelo tribunal arbitral, previsto no compromisso ou na cláusula compromissória, ou constituído por acordo das partes e segundo as regras de direito aplicáveis ao processo de arbitragem;

d) Que a sentença seja tida como definitiva no país onde ela tenha sido pronunciada, entendendo-se que não será considerada como tal se for susceptível de oposição, apelação ou revista (nos países onde esses processos existem) ou se provar que qualquer processo de contestação de validade da sentença está correndo os seus trâmites;

e) Que o reconhecimento ou a execução da sentença não seja contrária à ordem pública ou aos princípios do direito do país onde for invocada.

ARTIGO 2.º

Mesmo se as condições previstas no artigo 1.º forem satisfeitas, o reconhecimento e a execução da sentença deverão ser negados se o juiz verificar:

a) Que a sentença fora anulada no país onde havia sido pronunciada;

b) Que a parte contra a qual a sentença é invocada não teve conhecimento do processo arbitral a tempo de poder fazer valer a sua defesa ou que, sofrendo de incapacidade legal, não fora regularmente representada;

c) Que a sentença não tem relação com o desacordo visado no compromisso ou nas previsões da cláusula compromissória, ou contém decisões que ultrapassem os termos do compromisso ou da cláusula compromissória.

Se a sentença não resolver todos os pontos submetidos ao tribunal arbitral, a autoridade competente do país onde for requerido o reconhecimento ou a execução dessa sentença poderá, se o julgar conveniente, adiar tal reconhecimento ou execução ou subordiná-los a uma garantia que a mesma autoridade determinar.

ARTIGO 3.º

Se a parte contra a qual a sentença foi pronunciada provar que existe, de harmonia com as regras de direito aplicáveis ao processo de arbitragem, um fundamento que não seja qualquer dos visados no artigo 1.º, letras *a)* e *c)*, e no artigo 2.º, letras *b)* e *c)*, que lhe permite contestar em juízo a validade da sentença, o juiz poderá, se o julgar conveniente, negar o reconhecimento ou a execução, ou suspendê-los, concedendo à parte um prazo razoável para fazer pronunciar a sua nulidade pelo tribunal competente.

ARTIGO 4.º

A parte que invocar a sentença ou requerer a sua execução deverá especialmente fornecer:
  1.º O original da sentença ou uma cópia que, nos termos da lei do país onde for pronunciada, reúna os requisitos necessários à sua autenticidade;
  2.º Os documentos e informações comprovativos de ser a sentença definitiva no sentido determinado pelo artigo 1.º, letra *d)*, no país onde foi pronunciada;
  3.º Se for necessário, os documentos e informações comprovativos do cumprimento das condições previstas no artigo 1.º, Parte I e Parte II, letras *a)* e *c)*.
Poderá exigir-se uma tradução da sentença e dos outros documentos mencionados neste artigo, feita na língua oficial do país onde for invocada a sentença. Essa tradução deverá ser certificada conforme por um agente diplomático ou consular do país a que pertencer a parte que invocou a sentença ou por um tradutor ajuramentado do país onde a sentença for invocada.

ARTIGO 5.º

As disposições dos artigos anteriores não privam qualquer das partes interessadas do direito de se aproveitar de uma sentença arbitral na forma e extensão permitidas pela lei ou pelos tratados do país onde essa sentença for invocada.

ARTIGO 6.º

A presente Convenção aplicar-se-á somente às sentenças arbitrais pronunciadas depois da entrada em vigor do Protocolo relativo às cláusulas de arbitragem, feito em Genebra a 24 de Setembro de 1923.

ARTIGO 7.º

A presente Convenção, que ficará aberta à assinatura de todos os signatários do Protocolo de 1923 relativo às cláusulas de arbitragem, será ratificada.

Só poderá ser ratificada pelos Membros da Sociedade das Nações e Estados não membros que tenham ratificado o Protocolo de 1923.

As ratificações serão depositadas o mais brevemente possível nas mãos do Secretário Geral da Sociedade das Nações, que notificará esse depósito a todos os signatários.

ARTIGO 8.º

A presente Convenção entrará em vigor três meses depois de ter sido ratificada por duas Altas Partes contratantes. Posteriormente, a entrada em vigor far-se-á, para cada Alta Parte contratante, três meses depois de efectuado o depósito da sua ratificação no Secretariado da Sociedade das Nações.

ARTIGO 9.º

A presente Convenção poderá ser denunciada por qualquer Membro da Sociedade das Nações ou qualquer Estado não membro. A denúncia será notificada por escrito ao Secretário Geral da Sociedade das Nações que transmitirá, imediatamente, cópia da notificação, certificada conforme, a todas as outras Partes contratantes, informando-as da data em que a recebeu.

A denúncia só produzirá os seus efeitos relativamente à Alta Parte contratante que a tenha notificado e um ano depois de essa notificação ter chegado ao Secretário Geral da Sociedade das Nações.

A denúncia do Protocolo relativo às cláusulas de arbitragem implica, *ipso facto*, a denúncia da presente Convenção.

ARTIGO 10.º

A presente Convenção não se aplica às colónias, protectorados ou territórios colocados sob a suzerania ou mandato de qualquer das Altas Partes contratantes, a não ser que sejam especialmente mencionados.

A extenção a uma ou mais destas colónias, territórios ou protectorados, aos quais o Protocolo relativo às cláusulas de arbitragem, aberto à assinatura em Genebra, em 24 de Setembro de 1923, se aplicar, poderá ser levada a efeito a todo o tempo por uma declaração dirigida ao Secretário Geral da Sociedade das Nações por uma das Altas Partes contratantes.

Esta declaração produzirá efeito três meses depois do seu depósito.

As Altas Partes contratantes poderão, a todo o tempo, denunciar a Convenção para todas ou qualquer das colónias, protectorados ou territórios acima referidos. A esta denúncia é aplicável o artigo 9.º.

ARTIGO 11.º

Uma cópia autenticada da presente Convenção será transmitida pelo Secretário Geral da Sociedade das Nações a cada um dos Membros da Sociedade das Nações e a cada um dos Estados não membros signatários da mesma Convenção.

CONVENÇÃO SOBRE O RECONHECIMENTO E A EXECUÇÃO DE SENTENÇAS ARBITRAIS ESTRANGEIRAS(¹)(²)

CELEBRADA EM NOVA IORQUE, EM 10 DE JUNHO DE 1958

ARTIGO I

1 – A presente Convenção aplica-se ao reconhecimento e à execução das sentenças arbitrais proferidas no território de um Estado que não aquele em que são pedidos o reconhecimento e a execução das sentenças e resultantes de litígios entre pessoas singulares ou colectivas. Aplica-se

---

(¹) Adoptada, em 10 de Junho de 1958, no âmbito de uma conferência internacional realizada sob a égide da Organização das Nações Unidas, a Convenção de Nova Iorque entrou em vigor em 7 de Junho de 1959, nos termos previstos no seu artigo XII.

A lista completa dos actuais 135 Estados Contratantes e das 28 extensões de aplicação, actualizada até 21 de Outubro de 2004, encontra-se publicada no *Yearbook of Commercial Arbitration*, vol. XXIX-2004, Kluwer Law International, p. 495-501.

Ao longo de quase cinquenta anos de vigência, a Convenção de Nova Iorque tem servido de base a muitas centenas de decisões judiciais, em dezenas de países dos cinco continentes. Pelo elevado número de adesões que tem registado, pela intensidade com que tem sido aplicada, e pelo alcance do seu regime, esta Convenção constitui actualmente o mais importante instrumento jurídico internacional em vigor no domínio do reconhecimento e execução de sentenças arbitrais estrangeiras.

(²) Depois de aprovada, para ratificação, pela Resolução da Assembleia da República n.º 37/94, de 8 de Julho, e de ratificada, pelo Decreto do Presidente da República n.º 52/94, da mesma data (*Diário da República*, 1.ª série-A, n.º 156/94, de 8-7-1994), a Convenção de Nova Iorque entrou em vigor em relação a Portugal no dia 16 de Janeiro de 1995. Ao depositar o seu instrumento de adesão, Portugal formulou a "reserva de reciprocidade" prevista no artigo 1.º, n.º 3 da Convenção (cf. o Aviso n.º 142/95, reproduzido imediatamente a seguir ao texto da Convenção).

também às sentenças arbitrais que não forem consideradas sentenças nacionais no Estado em que são pedidos o seu reconhecimento e execução.

2 – Entende-se por «sentenças arbitrais» não apenas as sentenças proferidas por árbitros nomeados para determinados casos, mas também as que forem proferidas por órgãos de arbitragem permanentes aos quais as Partes se submeteram.

3 – No momento da assinatura ou da ratificação da presente Convenção, da adesão a esta ou da notificação de extensão prevista no artigo X, qualquer Estado poderá, com base na reciprocidade, declarar que aplicará a Convenção ao reconhecimento e à execução apenas das sentenças proferidas no território de um outro Estado Contratante. Poderá também declarar que aplicará apenas a Convenção aos litígios resultantes de relações de direito, contratuais ou não contratuais, que forem consideradas comerciais pela respectiva lei nacional.

ARTIGO II

1 – Cada Estado Contratante reconhece a convenção escrita pela qual as Partes se comprometem a submeter a uma arbitragem todos os litígios ou alguns deles que surjam ou possam surgir entre elas relativamente a uma determinada relação de direito, contratual ou não contratual, respeitante a uma questão susceptível de ser resolvida por via arbitral.

2 – Entende-se por «convenção escrita» uma cláusula compromissória inserida num contrato, ou num compromisso, assinado pelas Partes ou inserido numa troca de cartas ou telegramas.

3 – O tribunal de um Estado Contratante solicitado a resolver um litígio sobre uma questão relativamente à qual as Partes celebraram uma convenção ao abrigo do presente artigo remeterá as Partes para a arbitragem, a pedido de uma delas, salvo se constatar a caducidade da referida convenção, a sua inexequibilidade ou insusceptibilidade de aplicação.

ARTIGO III

Cada um dos Estados Contratantes reconhecerá a autoridade de uma sentença arbitral e concederá a execução da mesma nos termos das regras de processo adoptadas no território em que a sentença for invocada, nas condições estabelecidas nos artigos seguintes. Para o reconhecimento ou

Convenções Internacionais   159

execução das sentenças arbitrais às quais se aplica a presente Convenção, não serão aplicadas quaisquer condições sensivelmente mais rigorosas, nem custas sensivelmente mais elevadas, do que aquelas que são aplicadas para o reconhecimento ou a execução das sentenças arbitrais nacionais.

ARTIGO IV

1 – Para obter o reconhecimento e a execução referidos no artigo anterior, a Parte que requerer o reconhecimento e a execução deverá juntar ao seu pedido:

a) O original devidamente autenticado da sentença, ou uma cópia do mesmo, verificadas as condições exigidas para a sua autenticidade;

b) O original da convenção referida no artigo II, ou uma cópia da mesma, verificadas as condições exigidas para a sua autenticidade.

2 – No caso de a referida sentença ou convenção não estar redigida numa língua oficial do país em que for invocada a sentença, a Parte que requerer o reconhecimento e a execução da mesma terá de apresentar uma tradução dos referidos documentos nesta língua. A tradução deverá estar autenticada por um tradutor oficial ou por um agente diplomático ou consular.

ARTIGO V

1 – O reconhecimento e a execução da sentença só serão recusados, a pedido da Parte contra a qual for invocada, se esta Parte fornecer à autoridade competente do país em que o reconhecimento e a execução forem pedidos a prova:

a) Da incapacidade das Partes outorgantes da convenção referida no artigo II, nos termos da lei que lhes é aplicável, ou da invalidade da referida convenção ao abrigo da lei a que as Partes a sujeitaram ou, no caso de omissão quanto à lei aplicável, ao abrigo da lei do país em que for proferida a sentença; ou

b) De que a Parte contra a qual a sentença é invocada não foi devidamente informada quer da designação do árbitro quer do processo de arbitragem, ou de que lhe foi impossível, por outro motivo, deduzir a sua contestação; ou *c)* De que a sentença diz respeito a um litígio que não foi objecto nem da convenção escrita nem da cláusula compromissória, ou que contém decisões que extravasam os termos da convenção escrita ou da cláusula compromissória; no entanto, se o conteúdo da sentença referente a questões submetidas à arbitragem puder ser destacado do referente a questões não submetidas à arbitragem, o primeiro poderá ser reconhecido e executado; ou

d) De que a constituição do tribunal arbitral ou o processo de arbitragem não estava em conformidade com a convenção das Partes ou, na falta de tal convenção, de que não estava em conformidade com a lei do país onde teve lugar a arbitragem; ou

e) De que a sentença ainda não se tornou obrigatória para as Partes, foi anulada ou suspensa por uma autoridade competente do país em que, ou segundo a lei do qual, a sentença foi proferida.

2 – Poderão igualmente ser recusados o reconhecimento e a execução de uma sentença arbitral se a autoridade competente do país em que o reconhecimento e a execução foram pedidos constatar:

a) Que, de acordo com a lei desse país, o objecto de litígio não é susceptível de ser resolvido por via arbitral; ou

b) Que o reconhecimento ou a execução da sentença são contrários à ordem pública desse país.

ARTIGO VI

Se a anulação ou a suspensão da sentença for requerida à autoridade competente prevista no artigo V, n.° 1, alínea *e)*, a autoridade perante a qual a sentença for invocada poderá, se o considerar adequado, diferir o momento da sua decisão relativa à execução da sentença; poderá igualmente, a requerimento da parte que solicitar a execução da sentença, exigir da outra Parte a prestação das garantias adequadas.

ARTIGO VII

1 – As disposições da presente Convenção não prejudicam a validade dos acordos multilaterais ou bilaterais celebrados pelos Estados Contratantes em matéria de reconhecimento e de execução de sentenças arbitrais, nem prejudicam o direito de invocar a sentença arbitral que qualquer das

Partes interessadas possa ter nos termos da lei ou dos tratados do país em que for invocada.

2 – O Protocolo de Genebra de 1923 Relativo às Cláusulas de Arbitragem e a Convenção de Genebra de 1927 Relativa à Execução das Sentenças Arbitrais Estrangeiras deixarão de produzir efeitos entre os Estados Contratantes a partir do momento, e na medida, em que aqueles se encontrem obrigados pela presente Convenção.

ARTIGO VIII

1 – A presente Convenção pode ser assinada até 31 de Dezembro de 1958 por qualquer Estado membro das Nações Unidas, ou por qualquer outro Estado que seja, ou venha a ser posteriormente, membro de uma ou várias agências especializadas das Nações Unidas ou parte do Estatuto do Tribunal Internacional de Justiça, ou que seja convidado pela Assembleia Geral das Nações Unidas.

2 – A presente Convenção deve ser ratificada e os instrumentos de ratificação depositados junto do Secretário-Geral da Organização das Nações Unidas.

ARTIGO IX

1 – Todos os Estados referidos no artigo VIII podem aderir à presente Convenção.

2 – A adesão efectuar-se-á através do depósito de um instrumento de adesão junto do Secretário-Geral da Organização das Nações Unidas.

ARTIGO X

1 – Qualquer Estado poderá, no acto da assinatura, da ratificação ou da adesão, declarar que a presente Convenção será extensível ao conjunto, ou apenas a um ou vários, dos territórios que representa a nível internacional. Esta declaração produzirá os seus efeitos a partir do momento da entrada em vigor da presente Convenção naquele Estado.

2 – Posteriormente, qualquer extensão desta natureza far-se-á através de notificação dirigida ao Secretário-Geral da Organização das Nações

162 *Arbitragem Voluntária*

Unidas e produzirá os seus efeitos a partir do 90.º dia seguinte à data do recebimento da notificação pelo Secretário-Geral da Organização das Nações Unidas, ou na data de entrada em vigor da Convenção naquele Estado, se esta for posterior.

3 – No que respeita aos territórios aos quais não se aplica a presente Convenção na data da assinatura, da ratificação ou da adesão, cada Estado interessado examinará a possibilidade de tomar as medidas que desejar para estender a Convenção a esses territórios, sob reserva, se for caso disso, do acordo dos governos desses territórios quando exigido por razões constitucionais.

ARTIGO XI

As disposições seguintes aplicar-se-ão aos Estados federativos ou não unitários:

a) No que respeita aos artigos da presente Convenção que relevem da competência legislativa do poder federal, as obrigações do governo federal serão as mesmas que as dos Estados Contratantes que não sejam Estados federativos;

b) No que respeita aos artigos da presente Convenção que relevem da competência legislativa de cada um dos Estados ou províncias constituintes, que não sejam, em virtude do sistema constitucional da federação, obrigados a tomar medidas legislativas, o governo federal levará, o mais cedo possível, e com parecer favorável, os referidos artigos ao conhecimento das autoridades competentes dos Estados ou províncias constituintes;

c) Um Estado federativo Parte na presente Convenção comunicará, a pedido de qualquer outro Estado contratante, transmitido por intermédio do Secretário-Geral da Organização das Nações Unidas, uma exposição da legislação e das práticas em vigor na federação e nas suas unidades constituintes, no que respeita a qualquer disposição da Convenção, indicando qual o efeito dado a essa disposição através de uma acção legislativa ou outra.

ARTIGO XII

1 – A presente Convenção entrará em vigor no 90.º dia seguinte à data do depósito do terceiro instrumento de ratificação ou de adesão.

2 – Para cada Estado que ratificar a Convenção ou a ela aderir após o depósito do terceiro instrumento de ratificação ou de adesão, a Convenção entrará em vigor a partir do 90.° dia seguinte à data do depósito por esse Estado do seu instrumento de ratificação ou de adesão.

ARTIGO XIII

1 – Qualquer Estado contratante poderá denunciar a presente Convenção através de notificação escrita dirigida ao Secretário-Geral da Organização das Nações Unidas. A denúncia produzirá efeitos um ano após a data do recebimento da notificação pelo Secretário-Geral da Organização das Nações Unidas.

2 – Qualquer Estado que tenha feito uma declaração ou uma notificação, nos termos do artigo X, poderá notificar posteriormente o Secretário-Geral da Organização das Nações Unidas de que a Convenção cessará a sua aplicação no território em questão um ano após a data do recebimento desta notificação pelo Secretário-Geral.

3 – A presente Convenção continuará a ser aplicável às sentenças arbitrais relativamente às quais tiver sido iniciado um processo de reconhecimento ou de execução antes da entrada em vigor da denúncia.

ARTIGO XIV

Um Estado Contratante só se poderá prevalecer das disposições da presente Convenção contra outros Estados Contratantes na medida em que ele próprio esteja obrigado a aplicá-la.

ARTIGO XV

O Secretário-Geral da Organização das Nações Unidas notificará a todos os Estados referidos no artigo VIII:

a) As assinaturas e ratificações referidas no artigo VIII;
b) As adesões referidas no artigo IX;
c) As declarações e notificações referidas nos artigos I, X e XI;
d) A data de entrada em vigor da presente Convenção, nos termos do artigo XII;
e) As denúncias e notificações referidas no artigo XIII.

ARTIGO XVI

1 – A presente Convenção, cujas versões em inglês, chinês, espanhol, francês e russo são igualmente autênticas, será depositada nos arquivos da Organização das Nações Unidas.

2 – O Secretário-Geral da Organização das Nações Unidas enviará uma cópia autenticada da presente Convenção aos Estados referidos no artigo VIII.

CONVENÇÃO SOBRE O RECONHECIMENTO E A EXECUÇÃO DE SENTENÇAS ARBITRAIS ESTRANGEIRAS

AVISO N.º 142/95(*)

Por ordem superior se torna público que Portugal depositou, em 18 de Outubro de 1994, o seu instrumento de adesão à Convenção sobre o Reconhecimento e a Execução de Sentenças Arbitrais Estrangeiras, concluída em Nova Iorque em 10 de Junho de 1958, no âmbito da Nações Unidas.

Nos termos do artigo 1.º, n.º 3, Portugal formulou a seguinte reserva:

No âmbito do princípio da reciprocidade, Portugal só aplicará a Convenção no caso de as sentenças arbitrais estrangeiras terem sido proferidas no território de Estados a ela vinculados.

Nos termos do artigo 12.º, parágrafo 2.º, a Convenção entrou em vigor para Portugal no 90.º dia posterior à data do depósito do instrumento de adesão, isto é, em 16 de Janeiro de 1995.

A presente Convenção foi aprovada para ratificação pela Resolução da Assembleia da República n.º 37/94, de 8 de Julho.

Departamento de Assuntos Jurídicos, 25 de Maio de 1995. – O Director, *José Maria Teixeira Leite Martins.*

(*) Publicado no *Diário da República*, 1.ª série-A, n.º 141, de 21-6-95.

EUROPEAN CONVENTION ON INTERNATIONAL COMMERCIAL ARBITRATION(*)

The undersigned, duly authorized,
Convened under the auspices of the Economic Commission for Europe of the United Nations,

---

(*) *Anotações:*

I – A Convenção Europeia sobre a Arbitragem Comercial Internacional, aberta à assinatura em 21 de Abril de 1961 no termo de uma conferência internacional promovida pela Comissão Económica para a Europa das Nações Unidas, entrou em vigor em 7 de Janeiro de 1964, com excepção do disposto no artigo IV, n.ºs 3 a 7, que passou a vigorar apenas em 18 de Outubro de 1965.

O artigo X, n.ºs 1 e 2, refere-se aos Estados que poderão tornar-se Partes Contratantes. Essas disposições têm por efeito estender aos Estados membros da ONU que não façam parte da Comissão Económica para a Europa, a possibilidade de aderirem a esta Convenção.

Até 21 de Outubro de 2004, tinham ratificado ou aderido a esta Convenção os seguintes Estados: Albânia, Alemanha, Áustria, Bélgica, Bielorússia, Bósnia-Herzegovina, Bulgária, Burkina-Faso, Casaquistão, República Checa, Croácia, Cuba, Dinamarca, Eslováquia, Eslovénia, Espanha, Finlândia, França, Hungria, Itália, Letónia, Luxemburgo, Macedónia, Moldova, Polónia, Roménia, Federação Russa, Sérvia-Montenegro, Turquia e Ucrânia.

Portugal não é Estado Contratante nesta Convenção.

II – Tendo entrado em vigor há mais de quarenta anos, portanto numa conjuntura geo-política consideravelmente diferente da actual, esta Convenção procurou estabelecer um regime uniforme, destinado a suprir as divergências quanto a certos aspectos essenciais do funcionamento da arbitragem comercial.

Para o efeito, as normas do artigo IV, n.ºs 2 a 7, estabelecem um mecanismo destinado a obviar à falta de acordo, ou à ausência de manifestação de uma ou ambas as partes, em relação a determinados elementos fundamentais da organização da arbitragem (tais como, designação e substituição dos árbitros; determinação do local da arbitragem e das regras processuais aplicáveis nos tribunais *ad hoc*; decisão entre o recurso à arbitragem institucionalizada ou *ad hoc*; definição da instituição arbitral competente).

Having noted that on 10th June 1958 at the United Nations Conference on International Commercial Arbitration has been signed in New York a Convention on the Recognition and Enforcement of Foreign Arbitral Awards,

Desirous of promoting the development of European trade by, as far as possible, removing certain difficulties that may impede the organization and operation of international commercial arbitration in relations between physical or legal persons of different European countries,

Have agreed on the following provisions:

ARTICLE I
Scope of the Convention

1 – This Convention shall apply:

(a) to arbitration agreements concluded for the purpose of settling disputes arising from international trade between physical or legal persons having, when concluding the agreement, their habitual place of residence or their seat in different Contracting States;

(b) to arbitral procedures and awards based on agreements referred to in paragraph 1(a) above.

A composição e regras de funcionamento do Comité Especial referido no artigo IV constam de um Anexo à Convenção (texto não reproduzido no presente volume).

Em 17 de Dezembro de 1962 foi assinado, em Paris, o Acordo Relativo à Aplicação da Convenção Europeia sobre a Arbitragem Comercial Internacional, subscrito por seis países: Alemanha, Áustria, Dinamarca, França, Itália e Luxemburgo. Esse Acordo reconhece a desnecessidade da aplicação do regime previsto no artigo IV, n.os 2 a 7, quando as partes numa arbitragem tenham sede ou residência habitual num dos Estados signatários.

III – A cláusula do artigo X, n.º 7 traduz um mero compromisso de compatibilidade com outros acordos internacionais em matéria de arbitragem, igualmente subscritos pelos Estados Contratantes. Com raras excepções, os tribunais nacionais dos Estados Contratantes têm interpretado e aplicado esta Convenção em termos de complementaridade com outros convénios internacionais.

IV – A Convenção Europeia de 1961, cuja versão oficial em inglês aqui se reproduz na íntegra, foi oficialmente publicada em *United Nations Treaty Series*, vol. 484, 1963-64, p. 364 e seguintes.

Não existe versão oficial desta Convenção em língua portuguesa.

O texto da Convenção encontra-se também reproduzido no *Yearbook of Commercial Arbitration*, vol. XX-1995, Kluwer Law International, p. 1006-1041, juntamente com comentários da autoria de Dominique Hascher.

2 – For the purpose of this Convention,

(a) the term "arbitration agreement" shall mean either an arbitral clause in a contract or an arbitration agreement, the contract or arbitration agreement being signed by the parties, or contained in an exchange of letters, telegrams, or in a communication by teleprinter and, in relations between States whose laws do not require that an arbitration agreement be made in writing, any arbitration agreement concluded in the form authorized by these laws;

(b) the term "arbitration" shall mean not only settlement by arbitrators appointed for each case (*ad hoc* arbitration) but also by permanent arbitral institutions;

(c) the term "seat" shall mean the place of the situation of the establishment that has made the arbitration agreement.

ARTICLE II
Right of Legal Persons of Public Law to Resort to Arbitration

1 – In the cases referred to in Article 1, paragraph 1, of this Convention, legal persons considered by the law which is applicable to them as "legal persons of public law" have the right to conclude valid arbitration agreements.

2 – On signing, ratifying or acceding to this Convention any State shall be entitled to declare that it limits the above faculty to such conditions as may be stated in its declaration.

ARTICLE III
Right of Foreign Nationals to be Designated as Arbitrators

In arbitration covered by this Convention, foreign nationals may be designated as arbitrators.

ARTICLE IV
Organization of the Arbitration

1 – The parties to an arbitration agreement shall be free to submit their disputes:

(a) to a permanent arbitral institution; in this case, the arbitration proceedings shall be held in conformity with the rules of the said institution;

(b) to an *ad hoc* arbitral procedure; in this case, they shall be free *inter alia*:

(i) to appoint arbitrators or to establish means for their appointment in the event of an actual dispute;

(ii) to determine the place of arbitration; and

(iii) to lay down the procedure to be followed by the arbitrators.

2 – Where the parties have agreed to submit any disputes to an *ad hoc* arbitration, and where within thirty days of the notification of the request for arbitration to the respondent one of the parties fails to appoint his arbitrator, the latter shall, unless otherwise provided, be appointed at the request of the other party by the President of the competent Chamber of Commerce of the country of the defaulting party's habitual place of residence or seat at the time of the introduction of the request for arbitration. This paragraph shall also apply to the replacement of the arbitrator(s) appointed by one of the parties or by the President of the Chamber of Commerce above referred to.

3 – Where the parties have agreed to submit any disputes to an *ad hoc* arbitration by one or more arbitrators and the arbitration agreement contains no indication regarding the organization of the arbitration, as mentioned in paragraph 1 of this article, the necessary steps shall be taken by the arbitrator(s) already appointed, unless the parties are able to agree thereon and without prejudice to the case referred to in paragraph 2 above. Where the parties cannot agree on the appointment of the sole arbitrator or where the arbitrators appointed cannot agree on the measures to be taken, the claimant shall apply for the necessary action, where the place of arbitration has been agreed upon by the parties, at his option to the President of the Chamber of Commerce of the place of arbitration agreed upon or to the President of the competent Chamber of Commerce of the respondent's habitual place of residence or seat at the time of the introduction of the request for arbitration. Where such a place has not been agreed upon, the claimant shall be entitled at his option to apply for the necessary action either to the President of the competent Chamber of Commerce of the country of the respondent's habitual place of residence or seat at the time of the introduction of the request for arbitration, or to the Special Committee whose composition and procedure are specified in the Annex to this Convention. Where the claimant fails to exercise the

rights given to him under this paragraph the respondent or the arbitrator(s) shall be entitled to do so.

4 – When seized of a request the President or the Special Committee shall be entitled as need be:

(a) to appoint the sole arbitrator, presiding arbitrator, umpire, or referee;

(b) to replace the arbitrator(s) appointed under any procedure other than that referred to in paragraph 2 above;

(c) to determine the place of arbitration, provided that the arbitrator(s) may fix another place of arbitration;

(d) to establish directly or by reference to the rules and statutes of a permanent arbitral institution the rules of procedure to be followed by the arbitrator(s), provided that the arbitrators have not established these rules themselves in the absence of any agreement thereon between the parties.

5 – Where the parties have agreed to submit their disputes to a permanent arbitral institution without determining the institution in question and cannot agree thereon, the claimant may request the determination of such institution in conformity with the procedure referred to in paragraph 3 above.

6 – Where the arbitration agreement does not specify the mode of arbitration (arbitration by permanent arbitral institution or an *ad hoc* arbitration) to which the parties have agreed to submit their dispute, and where the parties cannot agree thereon, the claimant shall be entitled to have recourse in this case to the procedure referred to in paragraph 3 above to determine the question. The President of the competent Chamber of Commerce or the Special Committee shall be entitled either to refer the parties to a permanent arbitral institution or to request the parties to appoint their arbitrators within such time-limits as the President of the competent Chamber of Commerce or the Special Committee may have fixed and to agree within such time-limits on the necessary measures for the functioning of the arbitration. In the latter case, the provisions of paragraphs 2, 3 and 4 of this article shall apply.

7 – Where within a period of sixty days from the moment when he was requested to fulfill one of the functions set out in paragraphs 2, 3, 4, 5 and 6 of this Article, the President of the Chamber of Commerce designated by virtue of these paragraphs has not fulfilled one of these functions, the party requesting shall be entitled to ask the Special Committee to do so.

ARTICLE V
Plea as to Arbitral Jurisdiction

1 – The party which intends to raise a plea as to the arbitrator's jurisdiction based on the fact that the arbitration agreement was either non-existent or null and void or had lapsed shall do so during the arbitration proceedings, not later than the delivery of its statement of claim or defence relating to the substance of the dispute; those based on the fact that an arbitrator has exceeded his terms of reference shall be raised during the arbitration proceedings as soon as the question on which the arbitrator is alleged to have no jurisdiction is raised during the arbitral procedure. Where the delay in raising the plea is due to a cause which the arbitrator deems justified, the arbitrator shall declare the plea admissible.

2 – Pleas to the jurisdiction referred to in paragraph 1 above that have not been raised during the time-limits there referred to, may not be entered either during a subsequent stage of the arbitral proceedings where they are pleas left to the sole discretion of the parties under the law applicable by the arbitrator, or during subsequent court proceedings concerning the substance or the enforcement of the award where such pleas are left to the discretion of the parties under the rule of conflict of the court seized of the substance of the dispute or the enforcement of the award. The arbitrator's decision on the delay in raising the plea, will, however, be subject to judicial control.

3 – Subject to any subsequent judicial control provided for under the *lex fori,* the arbitrator whose jurisdiction is called in question shall be entitled to proceed with the arbitration, to rule on his own jurisdiction and to decide upon the existence or the validity of the arbitration agreement or of the contract of which the agreement forms part.

ARTICLE VI
Jurisdiction of Courts of Law

1 – A plea as to the jurisdiction of the court made before the court seized by either party to the arbitration agreement, on the basis of the fact that an arbitration agreement exists shall, under penalty of estoppel, be presented by the respondent before or at the same time as the presentation of his substantial defense, depending upon whether the law of the court seized regards this plea as one of procedure or of substance.

2 – In taking a decision concerning the existence or the validity of an arbitration agreement, courts of Contracting States shall examine the validity of such agreement with reference to the capacity of the parties, under the law applicable to them, and with reference to other questions:

(a) under the law to which the parties have subjected their arbitration agreement;

(b) failing any indication thereon, under the law of the country in which the award is to be made;

(c) failing any indication as to the law to which the parties have subjected the agreement, and where at the time when the question is raised in court the country in which the award is to be made cannot be determined, under the competent law by virtue of the rules of conflict of the court seized of the dispute. The courts may also refuse recognition of the arbitration agreement if under the law of their country the dispute is not capable of settlement by arbitration.

3 – Where either party to an arbitration agreement has initiated arbitration proceedings before any resort is had to a court, courts of Contracting States subsequently asked to deal with the same subject-matter between the same parties or with the question whether the arbitration agreement was non-existent or null and void or had lapsed, shall stay their ruling on the arbitrator's jurisdiction until the arbitral award is made, unless they have good and substantial reasons to the contrary.

4 – A request for interim measures or measures of conservation addressed to a judicial authority shall not be deemed incompatible with the arbitration agreement, or regarded as a submission of the substance of the case to the court.

ARTICLE VII
Applicable Law

1 – The parties shall be free to determine, by agreement, the law to be applied by the arbitrators to the substance of the dispute. Failing any indication by the parties as to the applicable law, the arbitrators shall apply the proper law under the rule of conflict that the arbitrators deem applicable. In both cases the arbitrators shall take account of the terms of the contract and trade usages.

2 – The arbitrators shall act as *amiables compositeurs* if the parties so decide and if they may do so under the law applicable to the arbitration.

ARTICLE VIII
Reasons for the Award

The parties shall be presumed to have agreed that reasons shall be given for the award unless they

(a) either expressly declare that reasons shall not be given; or

(b) have assented to an arbitral procedure under which it is not customary to give reasons for awards, provided that in this case neither party requests before the end of the hearing, or if there has not been a hearing then before the making of the award, that reasons be given.

ARTICLE IX
Setting Aside of the Arbitral Award

1 – The setting aside in a Contracting State of an arbitral award covered by this Convention shall only constitute a ground for the refusal of recognition or enforcement in another Contracting State where such setting aside took place in a State in which or under the law of which, the award has been made and for one of the following reasons:

(a) the parties to the arbitration agreement were, under the law applicable to them, under some incapacity or the said agreement is not valid under the law to which the parties have subjected it or, failing any indication thereon, under the law of the country where the award was made; or

(b) the party requesting the setting aside of the award was not given proper notice of the appointment of the arbitrator or of the arbitration proceedings or was otherwise unable to present his case; or

(c) the award deals with a difference not contemplated by or not falling within the terms of the submission to arbitration, or it contains decisions on matters beyond the scope of the submission to arbitration, provided that, if the decisions on matters submitted to arbitration can be separated from those not so submitted, that part of the award which contains decisions on matters submitted to arbitration need not be set aside;

(d) the composition of the arbitral authority or the arbitral procedure was not in accordance with the agreement of the parties, or failing such agreement, with the provisions of Article IV of this Convention.

Convenções Internacionais 175

2 – In relations between Contracting States that are also parties to the New York Convention on the Recognition and Enforcement of Foreign Arbitral Awards of 10th June 1958, paragraph 1 of this Article limits the application of Article V(1)*(c)* of the New York Convention solely to the cases of setting aside set out under paragraph 1 above.

ARTICLE X
Final Clauses

1 – This Convention is open for signature or accession by countries members of the Economic Commission for Europe and countries admitted to the Commission in a consultative capacity under paragraph 8 of the Commission's terms of reference.

2 – Such countries as may participate in certain activities of the Economic Commission for Europe in accordance with paragraph 11 of the Commission's terms of reference may become Contracting Parties to this Convention by acceding thereto after its entry into force.

3 – The Convention shall be open for signature until 31 December 1961 inclusive. Thereafter, it shall be open for acession.

4 – This Convention shall be ratified.

5 – Ratification or accession shall be effected by the deposit of an instrument with the Secretary-General of United Nations.

6 – When signing, ratifying, or acceding to this Convention, the contracting Parties shall communicate to the Secretary-General of the United Nations a list of the Chambers of Commerce or other institutions in their country who will exercise the functions conferred by virtue of Article IV of this Convention on Presidents of the competent Chambers of Commerce.

7 – The provisions of the present Convention shall not affect the validity of multilateral or bilateral agreements concerning arbitration entered into by Contracting States.

8 – This Convention shall come into force on the ninetieth day after five of the countries referred to in paragraph 1 above have deposited their instruments of ratification or accession. For any country ratifying or acceding to it later this Convention shall enter into force on the ninetieth day after the said country has deposited its instrument of ratification or accession.

9 – Any Contracting Party may denounce this Convention by so notifying the Secretary-General of the United Nations. Denunciation shall

176   *Arbitragem Voluntária*

take effect twelve months after the date of receipt by the Secretary-General of the notification of denunciation.

10 – If, after the entry into force of this Convention, the number of Contracting Parties is reduced, as a result of denunciations, to less than five, the Convention shall cease to be in force from the date on which the last of such denunciations takes effect.

11 – The Secretary-General of the United Nations shall notify the countries referred to in paragraph 1, and the countries which have become Contracting Parties under paragraph 2 above, of

(a) declarations made under Article II, paragraph 2;

(b) ratifications and accessions under paragraphs 1 and 2 above;

(c) communications received in pursuance of paragraph 6 above;

(d) the dates of entry into force of this Convention in accordance with paragraph 8 above;

(e) denunciations under paragraph 9 above;

(f) the termination of this Convention in accordance with paragraph 10 above.

12 – After 31 December 1961, the original of this Convention shall be deposited with the Secretary-General of the United Nations, who shall transmit certified true copies to each of the countries mentioned in paragraphs 1 and 2 above.

IN WITNESS WHEROF the undersigned, being duly authorized thereto, have signed this Convention.

DONE at Geneva, this twenty-first day of April, one thousand nine hundred and sixty-one, in a single copy in the English, French and Russian languages, each text being equally authentic.

CONVENÇÃO PARA A RESOLUÇÃO DE DIFERENDOS RELATIVOS A INVESTIMENTOS ENTRE ESTADOS E NACIONAIS DE OUTROS ESTADOS[1][2]

APROVADA EM WASHINGTON, EM 18 DE MARÇO DE 1965

Preâmbulo

Os Estados Contratantes:

Considerando a necessidade de cooperação internacional para o desenvolvimento económico e o papel desempenhado pelos investimentos privados internacionais;

Tendo presente a possibilidade de surgirem em qualquer altura diferendos relacionados com esses investimentos entre os Estados Contratantes e os nacionais de outros Estados Contratantes;

Reconhecendo que, ainda que tais diferendos possam normalmente ser levados perante as instâncias nacionais, métodos internacionais de resolução poderão ser apropriados em certos casos;

Concedendo especial importância à criação de mecanismos que permitam a conciliação e a arbitragem internacionais às quais os Estados

---

[1] A Convenção de Washington entrou em vigor em 14 de Outubro de 1968, nos termos previstos no seu artigo 68.º, n.º 2, 1.ª parte.

A lista completa dos actuais 155 Estados Contratantes, actualizada até 21 de Outubro de 2004, encontra-se publicada no *Yearbook of Commercial Arbitration*, vol. XXIX--2004, Kluwer Law International, p. 1309-1315; pode também ser consultada na internet, no *website* www.worldbank.org/icsid/constate/constate.htm

[2] Depois de aprovada, para ratificação, pelo Decreto do Governo n.º 15/84, de 3 de Abril (*Diário da República*, 1.ª série, n.º 79, de 3-4-1984), a Convenção de Washington entrou em vigor em relação a Portugal no dia 1 de Agosto de 1984 (cf. o Aviso de ratificação publicado no *Diário da República*, 1.ª série, n.º 205, de 4-9-1984).

Contratantes e os nacionais de outros Estados Contratantes possam submeter os seus diferendos, se assim o desejarem;

Desejando criar tais mecanismos sob os auspícios do Banco Internacional para a Reconstrução e Desenvolvimento;

Reconhecendo que o consentimento mútuo das partes em submeter tais diferendos à conciliação ou à arbitragem, através desses mecanismos, as obriga, exigindo em especial que seja tomada em devida conta qualquer recomendação dos conciliadores e que toda a sentença arbitral seja executada; e

Declarando que nenhum Estado Contratante, pelo simples facto de ter ratificado, aceitado ou aprovado a presente Convenção e sem o seu consentimento, ficará vinculado a recorrer à conciliação ou arbitragem em qualquer caso concreto,

acordaram o que se segue:

CAPÍTULO I
Centro Internacional para a Resolução de Diferendos Relativos a Investimentos

SECÇÃO 1
Criação e organização

ARTIGO 1.º

1 – Pela presente Convenção é instituído um Centro Internacional para a Resolução de Diferendos Relativos a Investimentos (daqui para a frente denominado Centro).

2 – O objectivo do Centro será proporcionar os meios de conciliação e arbitragem dos diferendos relativos a investimentos entre Estados Contratantes e nacionais de outros Estados Contratantes em conformidade com as disposições desta Convenção.

ARTIGO 2.º

A sede do Centro será a do Banco Internacional para a Reconstrução e Desenvolvimento (daqui para a frente denominado Banco). A sede

Convenções Internacionais 179

poderá ser transferida para outro local por decisão do conselho de administração aprovada por uma maioria de dois terços dos seus membros.

ARTIGO 3.º

O Centro será constituído por um conselho de administração e por um secretariado e terá uma lista de conciliadores e uma lista de árbitros.

SECÇÃO 2
Conselho de administração

ARTIGO 4.º

1 – O conselho de administração será constituído por 1 representante de cada Estado Contratante. Um substituto poderá agir em lugar do representante no caso de o titular estar ausente de uma reunião ou impedido.

2 – Salvo indicação contrária, o governador e o governador substituto do Banco, nomeados por um Estado Contratante exercerão de pleno direito as funções respectivas de representante e de substituto.

ARTIGO 5.º

O presidente do Banco exercerá de pleno direito o lugar de presidente do conselho de administração (daqui para a frente denominado presidente), mas não terá direito a voto. Durante a sua ausência ou impedimento, bem como em caso de vacatura da presidência do Banco, aquele que durante esse período desempenhar as funções de presidente do Banco actuará como presidente do conselho de administração.

ARTIGO 6.º

1 – Sem prejuízo das atribuições que lhe são cometidas pelas outras disposições da presente Convenção, ao conselho de administração caberá:

a) Adoptar o regulamento administrativo e financeiro do Centro;

b) Adoptar as regras processuais para a instauração dos processos de conciliação e de arbitragem;

c) Adoptar as regras processuais relativas aos processos de conciliação e arbitragem (daqui para a frente denominadas Regulamento de Conciliação e Regulamento de Arbitragem);

d) Estabelecer todas as providências necessárias com o Banco com vista a permitir a utilização das instalações e serviços administrativos do mesmo;

e) Determinar as condições de emprego do secretário-geral e dos secretários-gerais-adjuntos;

f) Adoptar o orçamento anual das receitas e despesas do Centro;

g) Aprovar o relatório anual da actividade do Centro.

As decisões acima referidas nas alíneas *a)*, *b)*, *c)* e *f)* serão adoptadas por uma maioria de dois terços dos membros do conselho de administração.

2 – O conselho de administração poderá constituir tantas comissões quantas considerar necessárias.

3 – O conselho de administração exercerá igualmente todas as outras atribuições consideradas necessárias à execução das disposições da presente Convenção.

ARTIGO 7.º

1 – O conselho de administração terá uma sessão anual e tantas outras sessões quantas as determinadas pelo conselho ou convocadas quer pelo presidente quer pelo secretário-geral, a pedido de um mínimo de 5 membros do conselho.

2 – Cada membro do conselho de administração disporá de 1 voto e, salvo excepção prevista pela presente Convenção, todos os assuntos submetidos ao conselho serão resolvidos pela maioria dos votos expressos.

3 – Para todas as reuniões do conselho de administração o quórum será de metade mais 1 dos seus membros.

4 – O conselho de administração poderá estabelecer, por uma maioria de dois terços dos seus membros, um processo autorizando o presidente a pedir ao conselho uma votação por correspondência. A votação será considerada válida apenas se a maioria dos membros do conselho expressar os seus votos dentro do prazo estabelecido pelo referido processo.

ARTIGO 8.º

Os membros do conselho de administração e o presidente exercerão as suas funções sem remuneração do Centro.

SECÇÃO 3
Secretariado

ARTIGO 9.º

O secretariado será constituído por 1 secretário-geral, 1 ou mais secretários-gerais-adjuntos e pelo pessoal respectivo.

ARTIGO 10.º

1 – O secretário-geral e os secretários-gerais-adjuntos serão eleitos, sob indicação do presidente, por uma maioria de dois terços dos membros do conselho de administração, por um período que não poderá exceder 6 anos, e poderão ser reeleitos.

Depois de consultados os membros do conselho de administração, o presidente proporá 1 ou mais candidatos para cada posto.

2 – As funções de secretário-geral e secretário-geral-adjunto serão incompatíveis com o exercício de qualquer função política. Nem o secretário-geral nem os secretários-gerais-adjuntos poderão ocupar outro emprego nem exercer outra actividade profissional, salvo se para tal obtiverem a autorização do conselho de administração.

3 – Em caso de ausência ou impedimento do secretário-geral, bem como em caso de vacatura no cargo, o secretário-geral-adjunto exercerá as funções de secretário-geral. No caso de existirem vários secretários-gerais-adjuntos, o conselho de administração determinará previamente a ordem pela qual eles serão chamados a exercer as funções de secretário-geral.

ARTIGO 11.º

O secretário-geral será o representante legal do Centro e dirigi-lo-á e será responsável pela sua administração, onde se incluirá o recrutamento de pessoal, em conformidade com as disposições da presente Convenção e os Regulamentos adoptados pelo conselho de administração. Exercerá a função de escrivão e terá poderes para autenticar sentenças arbitrais consequentes da presente Convenção, bem como para certificar cópias das mesmas.

SECÇÃO 4
Listas

ARTIGO 12.º

A lista de conciliadores e a lista de árbitros consistirão de pessoas qualificadas designadas de acordo com as disposições que seguem e que aceitem figurar nessas listas.

ARTIGO 13.º

1 – Cada Estado Contratante poderá designar para cada lista pessoas que não terão de ser necessariamente seus nacionais.

2 – O presidente poderá designar 10 pessoas para cada lista. As pessoas por esta forma designadas em cada lista deverão ser todas de nacionalidade diferente.

ARTIGO 14.º

1 – As pessoas assim designadas para figurar nas listas deverão gozar de elevada consideração e de reconhecida competência no domínio jurídico comercial, industrial ou financeiro e oferecer todas as garantias de independência no exercício das suas funções. A competência no domínio jurídico será de particular importância no caso das pessoas incluídas na lista de árbitros.

2 – O presidente, ao designar as pessoas que integrarão as listas, deverá entre outros aspectos, prestar a devida atenção à importância de assegurar a representação nas listas dos principais sistemas jurídicos do mundo e das principais formas de actividade económica.

ARTIGO 15.º

1 – As nomeações serão feitas por períodos de 6 anos renováveis.

2 – Em caso de falecimento ou demissão de um membro de uma lista, a autoridade que tenha designado esse membro poderá designar um substituto que, até ao fim do mandato em questão, exercerá as funções que àquele competiam.

3 – Os membros das listas continuarão a figurar nas mesmas até à designação dos seus sucessores.

ARTIGO 16.º

1 – Uma mesma pessoa poderá figurar em ambas as listas.

2 – Se uma pessoa tiver sido designada para a mesma lista por vários Estados Contratantes, ou por um ou mais de entre eles e pelo presidente, entender-se-á que foi designada pela entidade que primeiro a nomeou; todavia, no caso de uma das entidades que participou na designação ser o Estado do qual ela é nacional, considerar-se-á designada por esse Estado.

3 – Todas as designações serão notificadas ao secretário-geral e terão efeitos a partir da data em que a notificação for recebida.

SECÇÃO 5
Financiamento do Centro

ARTIGO 17.º

Se as despesas do Centro não puderem ser cobertas pelas receitas cobradas pela utilização dos seus serviços, ou por outros rendimentos, o excedente deverá ser suportado pelos Estados Contratantes membros do Banco, em proporção à sua participação no capital social deste Banco, e pelos Estados Contratantes não membros do Banco, em conformidade com os Regulamentos adoptados pelo conselho de administração.

SECÇÃO 6
Estatuto, imunidades e privilégios

ARTIGO 18.º

O Centro terá plena personalidade jurídica internacional. Terá, entre outras, capacidade para:

a) Contratar;
b) Adquirir bens móveis e imóveis e deles dispor;
c) Estar em juízo.

ARTIGO 19.º

Por forma a poder exercer plenamente as suas funções, o Centro gozará das imunidades e privilégios estabelecidos nesta secção no território de todos os Estados Contratantes.

ARTIGO 20.º

O Centro não poderá ser objecto de acções judiciais relativas ao seu património ou outras, excepto se renunciar a essa imunidade.

ARTIGO 21.º

O presidente, os membros do conselho de administração, as pessoas exercendo funções como conciliadores ou árbitros ou membros de um comité constituído em conformidade com o n.º 3 do artigo 52.º e os funcionários e empregados do secretariado:

a) Não poderão ser demandados por actos praticados no exercício das suas funções, excepto quando o Centro lhes retirar essa imunidade;
b) No caso de não serem nacionais do Estado em que exercem as suas funções, beneficiarão das mesmas imunidades em matéria de imigração, registo de estrangeiros e de serviço militar ou prestações análogas, bem como das mesmas facilidades em matéria de trocas e de deslocações, que as concedidas pelos Estados Contra-

Convenções Internacionais   185

tantes para os representantes, funcionários e empregados de outros Estados Contratantes de escalão comparável.

ARTIGO 22.°

As disposições do artigo 21.° serão aplicadas às pessoas que intervenham em processos regulados pela presente Convenção, na qualidade de partes, agentes, conselheiros, advogados, testemunhas ou peritos, aplicando-se, contudo, a alínea *b)* do mesmo artigo apenas às suas deslocações e estada no país em que o processo tiver lugar.

ARTIGO 23.°

1 – Os arquivos do Centro serão invioláveis onde quer que se encontrem.

2 – No tocante às comunicações oficiais, cada Estado Contratante deverá conceder ao Centro um tratamento tão favorável como o concedido às outras instituições internacionais.

ARTIGO 24.°

1 – O Centro, o seu património, bens e rendimentos, bem como as suas operações autorizadas pela presente Convenção, estarão isentos de todos os impostos e direitos de alfândega. O Centro estará também isento de qualquer obrigação relativa à colecta ou pagamento de quaisquer impostos ou direitos de alfândega.

2 – Não será tributado qualquer imposto quer sobre os subsídios pagos pelo Centro ao presidente ou a membros do conselho de administração quer sobre os salários, emolumentos ou outros subsídios pagos pelo Centro aos seus funcionários ou empregados do secretariado, excepto se os beneficiários forem nacionais do país em que exerçam as suas funções.

3 – Não será tributado qualquer imposto sobre os honorários ou subsídios atribuídos às pessoas que exerçam funções como conciliadores, árbitros, ou membros do comité constituído em conformidade com o n.° 3 do artigo 52.°, nos processos objecto da presente Convenção, no caso de a única base jurídica para tal imposto ser a localização do Centro ou o local

em que tais processos se desenrolem, ou ainda o local em que tais honorários ou subsídios são pagos.

CAPÍTULO II
Competência do Centro

ARTIGO 25.º

1 – A competência do Centro abrangerá os diferendos de natureza jurídica directamente decorrentes de um investimento entre um Estado Contratante (ou qualquer pessoa colectiva de direito público ou organismo dele dependente designado pelo mesmo ao Centro) e um nacional de outro Estado Contratante, diferendo esse cuja submissão ao Centro foi consentida por escrito por ambas as partes. Uma vez dado o consentimento por ambas as partes, nenhuma delas poderá retirá-lo unilateralmente.

2 – «Nacional de outro Estado Contratante» significa:

a) Qualquer pessoa singular que tenha a nacionalidade de um Estado Contratante, outro que não o Estado parte no diferendo, à data em que as partes hajam consentido em submeter tal diferendo a conciliação ou arbitragem em conformidade com o n.º 3 do artigo 28.º ou o n.º 3 do artigo 36.º, à exclusão de qualquer pessoa que, em qualquer das datas referidas, tivesse igualmente a nacionalidade do Estado Contratante parte no diferendo; e

b) Qualquer pessoa colectiva que tenha nacionalidade de um Estado Contratante, outro que não o Estado parte no diferendo, à data em que as partes hajam consentido em submeter tal diferendo a conciliação ou a arbitragem, bem como qualquer pessoa colectiva que tenha a nacionalidade do Estado Contratante parte no diferendo àquela data e que, em virtude do controle sobre ela exercido por interesses estrangeiros, as partes tenham concordado em tratar como um nacional de outro Estado Contratante, para os efeitos da presente Convenção.

3 – O consentimento de uma pessoa colectiva de direito público ou de um organismo de um Estado Contratante requererá a aprovação do referido Estado, excepto se o mesmo notificar o Centro no sentido de que tal aprovação não é necessária.

Convenções Internacionais 187

4 – Todos os Estados Contratantes poderão, na altura da sua ratificação, aceitação ou aprovação da Convenção, ou em qualquer outra data posterior, notificar o Centro sobre a categoria ou categorias de diferendos que consideram poderem ser sujeitos à competência do Centro. O secretário-geral deverá transmitir imediatamente a notificação recebida a todos os Estados Contratantes. Tal notificação não dispensará o consentimento exigido pelo n.º 1.

ARTIGO 26.º

O consentimento dado pelas partes para a arbitragem dentro do âmbito da presente Convenção será, excepto no caso de estipulação contrária, considerado como implicando a renúncia a qualquer outro meio de resolução. Um Estado Contratante poderá exigir a exaustão dos meios administrativos e judiciais internos como condição para dar o seu consentimento à arbitragem no âmbito da presente Convenção.

ARTIGO 27.º

1 – Nenhum Estado Contratante concederá protecção diplomática nem apresentará internacionalmente uma reclamação respeitante a um diferendo que um dos seus nacionais e outro Estado Contratante tenham consentido submeter ou hajam submetido a arbitragem no quadro da presente Convenção, excepto no caso de o outro Estado Contratante não acatar a sentença proferida no dito diferendo.

2 – A protecção diplomática, para efeitos do n.º 1, não incluirá diligências diplomáticas informais, visando unicamente facilitar a resolução do diferendo.

CAPÍTULO III
Conciliação

SECÇÃO 1
Pedido de conciliação

ARTIGO 28.º

1 – Qualquer Estado Contratante ou qualquer nacional de um Estado

Contratante que deseje abrir um processo de conciliação deverá remeter um requerimento por escrito, nesse sentido, ao secretário-geral, que enviará uma cópia à outra parte.

2 – O requerimento deverá indicar o objecto do diferendo, a identidade das partes e o seu consentimento na conciliação, em conformidade com as regras processuais relativas ao início das instâncias de conciliação e arbitragem.

3 – O secretário-geral procederá ao registo do requerimento, excepto se considerar, com base nos dados do mesmo, que o diferendo está manifestamente fora da competência do Centro. Notificará de imediato as partes envolvidas do registo ou da recusa de registo.

SECÇÃO 2
Constituição da Comissão de Conciliação

ARTIGO 29.°

1 – A Comissão de Conciliação (daqui para a frente denominada Comissão) deverá ser constituída o mais rapidamente possível após o registo do requerimento, em conformidade com o artigo 28.°.

2:

a) A Comissão consistirá de um único conciliador ou de um número ímpar de conciliadores nomeados segundo acordo entre as partes;

b) Na falta de acordo entre as partes sobre o número de conciliadores e o método da sua nomeação, a Comissão integrará 3 conciliadores; cada parte nomeará um conciliador, devendo o terceiro, que será o presidente da Comissão, ser nomeado com o acordo de ambas as partes.

ARTIGO 30.°

Se a Comissão não tiver sido constituída num prazo de 90 dias após a notificação de que o registo do requerimento foi feito pelo secretário-geral, em conformidade com o n.° 3 do artigo 28.°, ou dentro de qualquer outro prazo acordado entre as partes, o presidente deverá, a pedido de qualquer das partes e, dentro do possível, depois de consultar ambas as partes, nomear o conciliador ou conciliadores que ainda não tiverem sido nomeados.

Convenções Internacionais 189

ARTIGO 31.º

1 – Poderão ser nomeados conciliadores que não constem da lista de conciliadores, excepto no caso das nomeações feitas pelo presidente em conformidade com o artigo 30.º.

2 – Os conciliadores nomeados que não constem da lista de conciliadores deverão reunir as qualidades referidas no n.º 1 do artigo 14.º

SECÇÃO 3
Processo perante a Comissão

ARTIGO 32.º

1 – A Comissão é juiz da sua própria competência.

2 – Qualquer excepção de incompetência relativa ao Centro ou, por quaisquer razões, à Comissão, apresentada por uma das partes, será considerada pela Comissão, que determinará se deverá ser tratada como uma questão preliminar ou ser examinada juntamente com as questões de fundo.

ARTIGO 33.º

Qualquer processo de conciliação deverá ser conduzido em conformidade com o disposto na presente secção e, excepto se as partes chegarem a acordo diferente, em conformidade com o Regulamento de Conciliação em vigor na data em que as partes consentirem na conciliação. Se surgir uma questão de índole processual não prevista pela presente secção, pelo Regulamento de Conciliação ou por quaisquer regras acordadas entre as partes, será a mesma decidida pela Comissão.

ARTIGO 34.º

1 – A Comissão terá por função esclarecer os pontos em litígio entre as partes e desenvolver esforços no sentido de as fazer chegar a acordo em temos mutuamente aceitáveis.

Nesse sentido, poderá a Comissão, em qualquer fase do processo e repetidamente, recomendar formas de resolução às partes. As partes deve-

190 *Arbitragem Voluntária*

rão cooperar com a Comissão, de boa fé, por forma a permitir que a Comissão desempenhe as suas funções, e deverão considerar seriamente as suas recomendações.

2 – Se as partes chegarem a acordo, a Comissão elaborará um relatório anotando os pontos em litígio e registando o acordo das partes. Se, em qualquer fase do processo, parecer à Comissão que não existem quaisquer possibilidades de acordo entre as partes, deverá esta encerrar o processo e elaborar um relatório anotando que o diferendo foi sujeito a conciliação e que as partes não chegaram a acordo. Se uma parte não comparecer ou não participar no processo, a Comissão encerrará o processo e elaborará um relatório anotando a falta de comparência ou não participação.

ARTIGO 35.º

Excepto se as partes envolvidas no diferendo acordarem diferentemente, nenhuma delas poderá, em qualquer outro processo, quer perante árbitros quer num tribunal ou de qualquer outra maneira, invocar ou usar as opiniões emitidas, as declarações ou as ofertas de resolução feitas pela outra parte no processo de conciliação, nem tão-pouco o relatório ou quaisquer recomendações da Comissão.

CAPÍTULO IV
Arbitragem

SECÇÃO 1
Pedido de arbitragem

ARTIGO 36.º

1 – Qualquer Estado Contratante ou qualquer nacional de um Estado Contratante que deseje abrir um processo de arbitragem deverá remeter um requerimento, por escrito, nesse sentido ao secretário-geral, que enviará uma cópia do mesmo à outra parte.

2 – O requerimento deverá indicar o objecto do diferendo, a identidade das partes e o seu consentimento na arbitragem, em conformidade

Convenções Internacionais 191

com as regras processuais relativas ao início da instância de conciliação e arbitragem.

3 – O secretário-geral procederá ao registo do requerimento, excepto se considerar, com base nos dados do mesmo, que o diferendo está manifestamente fora da competência do Centro. Notificará de imediato as partes do registo ou da recusa de registo.

SECÇÃO 2
Constituição do tribunal

ARTIGO 37.º

1 – O tribunal arbitral (daqui para a frente denominado tribunal) deverá ser constituído o mais rapidamente possível após o registo do requerimento, em conformidade com o artigo 36.º.

2:

a) O tribunal terá um único árbitro ou um número ímpar de árbitros nomeados segundo acordo entre as partes;

b) Na falta de acordo entre as partes sobre o número de árbitros e o método da sua nomeação, o tribunal integrará 3 árbitros, nomeando cada parte um árbitro, e devendo o terceiro, que será o presidente do tribunal, ser nomeado com o acordo de ambas as partes.

ARTIGO 38.º

Se o tribunal não tiver sido constituído num prazo de 90 dias após a notificação de que o registo do requerimento foi feito pelo secretário--geral, em conformidade com o n.º 3 do artigo 36.º, ou dentro de qualquer outro prazo acordado entre as partes, o presidente deverá, a pedido de qualquer das partes e, dentro do possível, depois de consultadas ambas as partes, nomear o árbitro ou árbitros que ainda não tiverem sido nomeados. Os árbitros nomeados pelo presidente, em conformidade com o presente artigo, não deverão ser nacionais do Estado Contratante parte no diferendo nem no diferendo nem do Estado Contratante de que é nacional a outra parte.

ARTIGO 39.º

A maioria dos árbitros deverá ser nacional de Estados que não o Estado Contratante parte no diferendo e o Estado Contratante cujo nacional é parte no diferendo; contudo, as precedentes disposições deste artigo não se aplicam no caso de o único árbitro ou cada um dos membros do tribunal ter sido nomeado por acordo entre as partes.

ARTIGO 40.º

1 – Poderão ser nomeados árbitros que não constem da lista dos árbitros, excepto no caso de nomeações feitas pelo presidente em conformidade com o artigo 38.º.

2 – Os árbitros nomeados que não constem da lista dos árbitros deverão reunir as qualidades previstas no n.º 1 do artigo 14.º.

SECÇÃO 3
Poderes e funções do tribunal

ARTIGO 41.º

1 – Só o tribunal conhecerá da sua própria competência.

2 – Qualquer excepção de incompetência relativa ao Centro ou, por quaisquer razões, ao tribunal deverá ser considerada pelo tribunal, que determinará se a mesma deverá ser tratada como questão preliminar ou examinada juntamente com as questões de fundo.

ARTIGO 42.º

1 – O tribunal julgará o diferendo em conformidade com as regras de direito acordadas entre as partes. Na ausência de tal acordo, o tribunal deverá aplicar a lei do Estado Contratante parte no diferendo (incluindo as regras referentes aos conflitos de leis), bem como os princípios de direito internacional aplicáveis.

2 – O tribunal não pode recusar-se a julgar sob pretexto do silêncio ou da obscuridade da lei.

Convenções Internacionais 193

3 – As disposições dos n.os 1 e 2 não prejudicarão a faculdade de o tribunal julgar um diferendo *ex aequo et bono* se houver acordo entre as partes.

ARTIGO 43.º

Excepto se as partes acordarem diferentemente, o tribunal pode, se considerar necessário em qualquer fase do processo:
a) Pedir às partes que apresentem documentos ou outros meios de prova; e
b) Visitar os lugares relacionados com o diferendo e aí proceder a tantos inquéritos quantos considerar necessários.

ARTIGO 44.º

Qualquer processo de arbitragem deverá ser conduzido em conformidade com as disposições da presente secção e, excepto se as partes acordarem diferentemente, em conformidade com o Regulamento de Arbitragem em vigor na data em que as partes consentirem na arbitragem. Se surgir qualquer questão de índole processual não prevista pela presente secção ou pelo Regulamento de Arbitragem ou quaisquer outras regras acordadas entre as partes, será a mesma resolvida pelo tribunal.

ARTIGO 45.º

1 – Não se presumirão confessados os factos apresentados por uma das partes quando a outra não compareça ou se abstenha de fazer uso dos meios ao seu dispor.

2 – Se em qualquer momento do processo uma das partes não comparecer ou não fizer uso dos meios ao seu dispor, a outra parte poderá requerer ao tribunal que aprecie as conclusões por si apresentadas e pronuncie a sentença. O tribunal deverá notificar a parte em falta do requerimento que lhe foi apresentado e conceder-lhe um prazo antes de proferir a sentença, excepto se estiver convencido de que aquela parte não tem intenção de comparecer ou fazer valer os seus meios.

194 *Arbitragem Voluntária*

ARTIGO 46.°

Excepto se as partes acordarem diferentemente, o tribunal deverá conhecer, a pedido de uma delas, todas as questões incidentais adicionais ou reconvencionais que se liguem directamente com o objecto do diferendo, desde que estejam compreendidas no consentimento das partes, bem como no âmbito da competência do Centro.

ARTIGO 47.°

Excepto se as partes acordarem diferentemente, o tribunal pode, se considerar que as circunstâncias o exigem, recomendar quaisquer medidas cautelares adequadas a garantir os direitos das partes.

SECÇÃO 4
Sentença

ARTIGO 48.°

1 – O tribunal decidirá todas as questões por maioria de votos de todos os seus membros.

2 – A sentença do tribunal deverá ser dada por escrito; será assinada pelos membros do tribunal que hajam votado a seu favor.

3 – A sentença deverá responder fundamentalmente a todos os pontos das conclusões apresentadas ao tribunal pelas partes.

4 – Todos os membros do tribunal poderão fazer juntar à sentença a sua opinião individual, discordem ou não da maioria, ou a menção da sua discordância.

5 – O Centro não poderá publicar a sentença sem o consentimento das partes.

ARTIGO 49.°

1 – O secretário-geral deverá enviar prontamente cópias autenticadas da sentença às partes. Presumir-se-á que a sentença foi proferida na data em que as cópias autenticadas foram enviadas.

Convenções Internacionais   195

2 – O tribunal, a pedido de uma parte, dentro de um prazo de 45 dias após a data em que a sentença foi decretada, pode, depois de notificada a outra parte, julgar qualquer questão sobre que, por omissão, não se haja pronunciado na sentença, e rectificará qualquer erro material da sentença. A sua decisão será parte integrante da sentença e será notificada às partes da mesma forma que a sentença. Os períodos de tempo previstos no n.° 2 do artigo 51.° e n.° 2 do artigo 52.° deverão decorrer a partir da data em que a decisão correspondente for tomada.

SECÇÃO 5
Interpretação, revisão e anulação da sentença

ARTIGO 50.°

1 – Se surgir qualquer diferendo entre as partes sobre o significado ou o âmbito de uma sentença, qualquer das partes poderá pedir a sua interpretação através de requerimento, por escrito, dirigido ao secretário-geral.

2 – O pedido deverá, se possível, ser submetido ao tribunal que deu a sentença. Se tal não for possível, será constituído um novo tribunal em conformidade com a secção 2 do presente Capítulo. O tribunal pode, se considerar que as circunstâncias assim o exigem, decidir suspender a execução da sentença até se pronunciar sobre o pedido de interpretação.

ARTIGO 51.°

1 – Qualquer das partes poderá pedir a revisão da sentença através de requerimento por escrito dirigido ao secretário-geral com fundamento na descoberta de algum facto susceptível de exercer uma influência decisiva sobre a sentença, desde que, à data da sentença, tal facto fosse desconhecido do tribunal e do requerente sem culpa deste.

2 – O requerimento deverá ser apresentado dentro de um período de 90 dias após a descoberta de tal facto e em qualquer caso dentro de 3 anos após a data em que a sentença foi dada.

3 – O requerimento deverá, se possível, ser submetido ao tribunal que deu a sentença. Se tal não for possível, será constituído um novo tribunal em conformidade com a secção 2 do presente Capítulo.

4 – O tribunal poderá, se considerar que as circunstâncias assim o exigem, decidir suspender a execução da sentença até ter decidido sobre o pedido de revisão. Se o requerente pedir a suspensão da execução da sentença no seu requerimento, a execução será suspensa provisoriamente até que o tribunal decida sobre esse pedido.

ARTIGO 52.º

1 – Qualquer das partes poderá pedir por escrito ao secretário-geral a anulação da sentença com base em um ou mais dos seguintes fundamentos:

a) Vício na constituição do tribunal;

b) Manifesto excesso de poder do tribunal;

c) Corrupção de um membro do tribunal;

d) Inobservância grave de uma regra de processo fundamental; ou

e) Vício de fundamentação.

2 – O requerimento deverá ser apresentado dentro de um prazo de 120 dias após a data em que a sentença tiver sido proferida, excepto quando a anulação for pedida com base em corrupção, caso em que o requerimento deverá ser feito dentro de um prazo de 120 dias após a descoberta da corrupção e, em qualquer caso, dentro de 3 anos após a data em que a sentença foi decretada.

3 – Ao receber o pedido, o presidente deverá de imediato designar entre as pessoas que figuram na lista dos árbitros um comité *ad hoc* de 3 pessoas. Nenhum dos membros deste comité poderá ter sido membro do tribunal que deu a sentença, ser da mesma nacionalidade de qualquer dos membros do dito tribunal, ser um nacional do Estado parte no diferendo ou do Estado cujo nacional é parte no diferendo nem ter sido designado para a lista dos árbitros, por um desses Estados, ou ter actuado como conciliador nesse mesmo diferendo. O comité terá autoridade para anular a sentença na sua totalidade ou em parte, em razão de um dos fundamentos estabelecidos no n.º 1.

4 – As disposições dos artigos 41.º a 45.º, 48.º, 49.º, 53.º e 54.º e dos Capítulos VI e VII serão aplicáveis *mutatis mutandis* ao processo no comité.

5 – O comité pode, se considerar que as circunstâncias assim o exigem, decidir suspender a execução da sentença até se pronunciar sobre o pedido de anulação. Se o requerente pedir a suspensão da execução da sen-

Convenções Internacionais 197

tença no seu requerimento, a execução será suspensa provisoriamente até que o comité decida sobre o pedido apresentado.

6 – Se a sentença for anulada, o diferendo deverá, a pedido de qualquer das partes, ser submetido a novo tribunal constituído em conformidade com a secção 2 do presente Capítulo.

SECÇÃO 6
Reconhecimento e execução da sentença

ARTIGO 53.º

1 – A sentença será obrigatória para as partes e não poderá ser objecto de apelação ou qualquer outro recurso, excepto os previstos na presente Convenção. Cada parte deverá acatar os termos da sentença, excepto se a execução for suspensa em conformidade com as disposições da presente Convenção.

2 – No âmbito dos objectivos desta secção, «sentença» incluirá qualquer decisão referente à interpretação, revisão ou anulação da sentença em conformidade com os artigos 50.º, 51.º e 52.º

ARTIGO 54.º

1 – Cada Estado Contratante reconhecerá a obrigatoriedade da sentença dada em conformidade com a presente Convenção e assegurará a execução no seu território das obrigações pecuniárias impostas por essa sentença como se fosse uma decisão final de um tribunal desse Estado. O Estado Contratante que tenha uma constituição federal poderá dar execução à sentença por intermédio dos seus tribunais federais e providenciar para que estes considerem tal sentença como decisão final dos tribunais de um dos Estados federados.

2 – A parte que deseje obter o reconhecimento e a execução de uma sentença no território de um Estado Contratante deverá fornecer ao tribunal competente ou a qualquer outra autoridade que tal Estado tenha designado para este efeito uma cópia da sentença autenticada pelo secretário-geral. Cada Estado Contratante deverá notificar o secretário-geral da designação do tribunal ou autoridade competente para este efeito e informá-lo de eventuais modificações subsequentes a tal designação.

198 *Arbitragem Voluntária*

3 – A execução da sentença será regida pelas leis referentes à execução de sentença vigentes no Estado em cujo território deverá ter lugar.

ARTIGO 55.º

Nenhuma das disposições do artigo 54.º poderá ser interpretada como constituindo excepção ao direito vigente num Estado Contratante relativo ao privilégio de execução do referido Estado ou de qualquer Estado estrangeiro.

CAPÍTULO V
Substituição e inibição dos conciliadores e dos árbitros

ARTIGO 56.º

1 – Após a constituição de uma comissão ou de um tribunal e o início do processo, a sua composição permanecerá inalterável; contudo, em caso de falecimento, incapacidade ou demissão de um conciliador ou de um árbitro, a vaga resultante deverá ser preenchida em conformidade com as disposições da secção 2 do Capítulo III ou secção 2 do Capítulo IV.

2 – Um membro de uma comissão ou de um tribunal continuará a exercer as suas funções nessa qualidade, não obstante ter deixado de figurar na lista respectiva.

3 – Se um conciliador ou um árbitro nomeado por uma parte se demitir sem o consentimento da comissão ou do tribunal de que é membro, o presidente nomeará uma pessoa da lista respectiva para preencher a vaga resultante.

ARTIGO 57.º

Qualquer das partes pode pedir à comissão ou ao tribunal a inibição de qualquer dos seus membros com base num facto que indique uma manifesta falta das qualidades exigidas pelo n.º 1 do artigo 14.º A parte no processo de arbitragem pode, em acréscimo, pedir a inibição de um árbitro

Convenções Internacionais 199

com fundamento no facto de ele não preencher as condições de nomeação para o tribunal arbitral, estabelecidas na secção 2 do Capítulo IV.

ARTIGO 58.º

A decisão sobre qualquer pedido de inibição de um conciliador ou de um árbitro deverá ser tomada pelos outros membros da comissão ou do tribunal, conforme o caso; contudo, no caso de empate na votação ou de o pedido de inibição visar um único conciliador ou árbitro ou uma maioria da comissão ou do tribunal, a decisão será tomada pelo presidente. Se for decidido que o pedido é justamente fundamentado, o conciliador ou o árbitro a quem a decisão se refere deverá ser substituído em conformidade com as disposições da secção 2 do Capítulo III ou da secção 2 do Capítulo IV.

CAPÍTULO VI
Custas do processo

ARTIGO 59.º

Os encargos a suportar pelas partes pela utilização dos serviços do Centro serão determinados pelo secretário-geral em conformidade com a regulamentação adoptada pelo conselho de administração.

ARTIGO 60.º

1 – Cada comissão e cada tribunal determinarão os honorários e as despesas com os seus membros dentro de limites estabelecidos pelo conselho de administração, depois de consultado o secretário-geral.

2 – Nenhuma das disposições do n.º 1 do presente artigo obstará a que as partes acordem previamente com a comissão ou com o tribunal os honorários e as despesas com os seus membros.

200   *Arbitragem Voluntária*

ARTIGO 61.º

1 – No caso dos processos de conciliação, os honorários e as despesas com os membros da comissão, bem como os encargos pela utilização dos serviços do Centro, serão suportados igualmente pelas partes. Cada parte deverá suportar quaisquer outras despesas a que dê origem por exigência do processo.

2 – No caso dos processos de arbitragem, o tribunal deverá, excepto quando acordado diferentemente entre as partes, fixar o montante das despesas a que as partes deram lugar por exigências do processo e decidirá sobre as modalidades de repartição e pagamento das ditas despesas, dos honorários e dos encargos com os membros do tribunal, bem como dos resultantes da utilização dos serviços do Centro. Tal decisão será parte integrante da sentença.

CAPÍTULO VII
Local do processo

ARTIGO 62.º

Os processos de conciliação e arbitragem terão lugar na sede do Centro, excepto no caso das disposições que se seguem.

ARTIGO 63.º

Os processos de conciliação e arbitragem poderão ter lugar, se assim for acordado entre as partes:

a) Na sede do Tribunal Permanente de Arbitragem ou de qualquer outra instituição apropriada, quer privada, quer pública, com a qual o Centro tenha acordado as providências necessárias para o efeito; ou

b) Em qualquer outro local aprovado pela comissão ou pelo tribunal depois de consultado o secretário-geral.

CAPÍTULO VIII
Diferendos entre Estados Contratantes

ARTIGO 64.º

Qualquer diferendo que surja entre Estados Contratantes referente à interpretação ou aplicação da presente Convenção e que não seja resolvido por negociação deverá ser levado perante o Tribunal Internacional de Justiça a requerimento de qualquer das partes envolvidas no diferendo, excepto se os Estados interessados acordarem noutro método de resolução.

CAPÍTULO IX
Alterações

ARTIGO 65.º

Qualquer Estado Contratante pode propor alterações à presente Convenção. O texto de uma alteração proposta deverá ser comunicado ao secretário-geral pelo menos 90 dias antes da reunião do conselho de administração em que a mesma deva ser examinada e deverá ser imediatamente transmitido por ele a todos os membros do conselho de administração.

ARTIGO 66.º

1 – Se o conselho de administração o aprovar por uma maioria de dois terços dos seus membros, a alteração proposta deverá ser levada ao conhecimento de todos os Estados Contratantes para ratificação, aceitação ou aprovação. Todas as alterações deverão entrar em vigor 30 dias depois do envio pelo depositário da presente Convenção de uma notificação aos Estados Contratantes indicando que todos os Estados Contratantes ratificaram, aceitaram ou aprovaram a alteração.

2 – Nenhuma alteração afectará os direitos e obrigações de qualquer Estado Contratante ou de qualquer pessoa colectiva de direito público ou organismos, dependentes desse Estado ou de um seu nacional previstos pela presente Convenção, que decorram de uma aceitação da competência do Centro, dada antes da data de entrada em vigor da alteração.

CAPÍTULO X
Disposições finais

ARTIGO 67.º

A presente Convenção está aberta para assinatura dos Estados membros do Banco. Estará também aberta para assinatura de qualquer outro Estado signatário do Estatuto do Tribunal Internacional de Justiça que o conselho de administração, por decisão de dois terços dos seus membros, tenha convidado a assinar a Convenção.

ARTIGO 68.º

1 – A presente Convenção será submetida a ratificação, aceitação ou aprovação dos Estados signatários em conformidade com os seus processos constitucionais.

2 – A presente Convenção entrará em vigor 30 dias após a data do depósito do vigésimo instrumento de ratificação, aceitação ou aprovação. Entrará em vigor para cada Estado que subsequentemente depositar os seus instrumentos de ratificação, aceitação ou aprovação 30 dias após a data de tal depósito.

ARTIGO 69.º

Todos os Estados Contratantes tomarão as medidas legislativas ou outras que considerem necessárias para permitir a efectivação da presente Convenção no seu território.

ARTIGO 70.º

A presente Convenção aplicar-se-á a todos os territórios por cujas relações internacionais foi responsável um Estado Contratante, excepto aqueles que são excluídos pelo referido Estado através de notificação por escrito ao depositário da presente Convenção ou na altura da ratificação, aceitação ou aprovação, ou subsequentemente.

ARTIGO 71.º

Todos os Estados Contratantes podem denunciar a presente Convenção através de notificação por escrito ao depositário da presente Convenção. A denúncia terá efeito 6 meses após a recepção de tal notificação.

ARTIGO 72.º

A notificação feita por um Estado Contratante em conformidade com os artigos 70.º ou 71.º não afectará os direitos e obrigações desse Estado ou de qualquer pessoa colectiva pública ou organismo dependente ou ainda de qualquer nacional de tal Estado, previsto pela presente Convenção, que decorram de um consentimento à jurisdição do Centro, dado por um deles antes de a referida notificação ter sido recebida pelo depositário.

ARTIGO 73.º

Os instrumentos de ratificação, aceitação ou aprovação da presente Convenção e das emendas decorrentes deverão ser depositados junto do Banco, que actuará como depositário da presente Convenção. O depositário deverá transmitir cópias autenticadas da presente Convenção aos Estados membros do Banco e a qualquer outro Estado convidado a assinar a Convenção.

ARTIGO 74.º

O depositário registará a presente Convenção junto do Secretariado das Nações Unidas, em conformidade com o artigo 102 da Carta das Nações Unidas e com os regulamentos dela decorrentes adoptados pela assembleia geral.

ARTIGO 75.º

O depositário notificará todos os Estados signatários do seguinte:
a) Assinaturas em conformidade com o artigo 67.º;

b) Depósito de instrumentos de ratificação, aceitação e aprovação em conformidade com o artigo 73.°;

c) Data em que a presente Convenção entra em vigor em conformidade com o artigo 68.°;

d) Exclusões da aplicação territorial em conformidade com o artigo 70.°;

e) Data em que qualquer alteração a esta Convenção entre em vigor em conformidade com o artigo 66.°; e

f) Denúncias em conformidade com o artigo 71.°.

Feito em Washington, em inglês, francês e espanhol, tendo os 3 textos sido igualmente autenticados num único exemplar, que ficará depositado nos arquivos do Banco Internacional para a Reconstrução e Desenvolvimento, que indicou pela sua assinatura abaixo aceitar exercer as funções que lhe são confiadas pela presente Convenção.

CONVENÇÃO INTERAMERICANA SOBRE ARBITRAGEM COMERCIAL INTERNACIONAL[1][2][3]

ABERTA À ASSINATURA NO PANAMÁ, EM 30 DE JANEIRO DE 1975

Os Governos dos Estados Membros da Organização dos Estados Americanos, desejosos de concluir uma convenção sobre arbitragem comercial internacional, convieram no seguinte:

ARTIGO 1.º

É válido o acordo das partes em virtude do qual se obrigam a submeter a decisão arbitral as divergências que possam surgir ou que hajam

---

[1] A Convenção Interamericana entrou em vigor no dia 16 de Junho de 1976, encontrando-se aberta à assinatura dos Estados Membros da Organização dos Estados Americanos e aberta à adesão de qualquer outro Estado (cf. artigos 7.º e 9.º).

Desde 1975, esta Convenção foi assinada por 19 países: Argentina, Bolívia, Brasil, Chile, Colômbia, Costa Rica, El Salvador, Equador, Estados Unidos da América, Guatemala, Honduras, México, Nicarágua, Panamá, Paraguai, Peru, República Dominicana, Uruguai e Venezuela (lista completa e actualizada em www.oas.org/juridico/english/Sigs/b-35.html).

[2] Em Portugal, a Convenção Interamericana foi aprovada, para adesão, pela Resolução da Assembleia da República n.º 23/2002, de 20-12-2001 e ratificada pelo Decreto do Presidente da República n.º 21/2002, de 4-4 (ambos publicados no *Diário da República*, 1.ª série-A, n.º 79, de 4 de Abril de 2002). Todavia, (até Novembro de 2005) Portugal ainda não depositou o seu instrumento de adesão, pelo que esta Convenção ainda não entrou em vigor para o nosso País.

[3] A Organização dos Estados Americanos (OEA) é considerada a associação regional de nações mais antiga do mundo, já que a sua origem remonta à Primeira Conferência Regional Americana realizada em 1890, em Washington, D.C.. Todos os 35 países independentes das Américas ratificaram a Carta da OEA e pertencem à Organização. A OEA constitui, assim, o principal fórum regional para o diálogo multilateral e a acção concertada.

surgido entre elas com relação a um negócio de natureza mercantil. O respectivo acordo constará do documento assinado pelas partes, ou de troca de cartas, telegramas ou comunicações por telex.

ARTIGO 2.º

A nomeação dos árbitros será feita na forma em que convierem as partes. A sua designação poderá ser delegada a um terceiro, seja este pessoa física ou jurídica.

Os árbitros poderão ser nacionais ou estrangeiros.

ARTIGO 3.º

Na falta de acordo expresso entre as partes, a arbitragem será efectuada de acordo com as normas de procedimento da Comissão Interamericana de Arbitragem Comercial.

ARTIGO 4.º

As sentenças ou laudos arbitrais não impugnáveis segundo a lei ou as normas processuais aplicáveis terão força de sentença judicial definitiva. A sua execução ou reconhecimento poderá ser exigido da mesma maneira que a das sentenças proferidas por tribunais ordinários nacionais ou estrangeiros, segundo as leis processuais do país onde forem executadas e o que for estabelecido a tal respeito por tratados internacionais.

ARTIGO 5.º

1 – Somente poderão ser denegados o reconhecimento e a execução da sentença por solicitação da parte contra a qual for invocada, se esta provar perante a autoridade competente do Estado em que forem pedidos o reconhecimento e a execução:

> *a)* Que as partes no acordo estavam sujeitas a alguma incapacidade em virtude da lei que lhes é aplicável, ou que tal acordo não é válido perante a lei a que as partes o tenham submetido, ou se

Convenções Internacionais 207

nada tiver sido indicado a esse respeito, em virtude da lei do país
em que tenha sido proferida a sentença; ou

b) Que a parte contra a qual se invocar a sentença arbitral não foi
devidamente notificada da designação do árbitro ou do processo
de arbitragem ou não pôde, por qualquer outra razão, fazer valer
seus meios de defesa; ou

c) Que a sentença se refere a uma divergência não prevista no acordo
das partes de submissão ao processo arbitral; não obstante, se as
disposições da sentença que se referem às questões submetidas
a arbitragem puderem ser isoladas das que não foram submetidas
a arbitragem, poder-se-á dar reconhecimento e execução às primeiras; ou

d) Que a constituição do tribunal arbitral ou o processo arbitral não
se ajustaram ao acordo celebrado entre as partes ou, na falta de tal
acordo, que a constituição do tribunal arbitral ou o processo arbitral não se ajustaram à lei do Estado onde se efectuou a arbitragem; ou

e) Que a sentença não é ainda obrigatória para as partes ou foi anulada ou suspensa por uma autoridade competente do Estado em
que, ou de conformidade com cuja lei, foi proferida essa sentença.

2 – Poder-se-á também denegar o reconhecimento e a execução de
uma sentença arbitral, se a autoridade competente do Estado em que se
pedir o reconhecimento e a execução comprovar:

a) Que, segundo a lei desse Estado, o objecto da divergência não é
susceptível de solução por meio de arbitragem; ou

b) Que o reconhecimento ou a execução da sentença seriam contrários à ordem pública do mesmo Estado.

ARTIGO 6.º

Se se houver pedido à autoridade competente mencionada no artigo
5, n.º 1, alínea *e)*, a anulação ou a suspensão da sentença, a autoridade
perante a qual se invocar a referida sentença poderá, se o considerar procedente, adiar a decisão sobre a execução da sentença e, a instância da
parte que pedir a execução, poderá também ordenar à outra parte que dê
garantias apropriadas.

ARTIGO 7.º

Esta Convenção ficará aberta à assinatura dos Estados-Membros da Organização dos Estados Americanos.

ARTIGO 8.º

Esta Convenção está sujeita a ratificação. Os instrumentos de ratificação serão depositados na Secretaria-Geral da Organização dos Estados Americanos.

ARTIGO 9.º

Esta Convenção ficará aberta à adesão de qualquer outro Estado. Os instrumentos de adesão serão depositados na Secretaria-Geral da Organização dos Estados Americanos.

ARTIGO 10.º

Esta Convenção entrará em vigor no 30.º dia a partir da data em que haja sido depositado o segundo instrumento de ratificação.

Para cada Estado que ratificar a Convenção, ou a ela aderir depois de haver sido depositado o segundo instrumento de ratificação, a Convenção entrará em vigor no 30.º dia a partir da data em que tal Estado haja depositado o seu instrumento de ratificação ou de adesão.

ARTIGO 11.º

Os Estados Partes que tenham duas ou mais unidades territoriais em que vigorem sistemas jurídicos diferentes com relação a questões de que trata esta Convenção poderão declarar, no momento da assinatura, ratificação ou adesão, que a Convenção se aplicará a todas as suas unidades territoriais ou somente a uma ou mais delas.

Tais declarações poderão ser modificadas mediante declarações ulteriores, que especificarão expressamente a ou as unidades territoriais a que

Convenções Internacionais 209

se aplicará esta Convenção. Tais declarações ulteriores serão transmitidas à Secretaria-Geral da Organização dos Estados Americanos e surtirão efeito 30 dias depois de recebidas.

ARTIGO 12.º

Esta Convenção vigorará por prazo indefinido, mas qualquer dos Estados Partes poderá denunciá-la. O instrumento de denúncia será depositado na Secretaria-Geral da Organização dos Estados Americanos. Transcorrido um ano, contado a partir da data do depósito do instrumento de denúncia, cessarão os efeitos da Convenção para o Estado denunciante, continuando ela subsistente para os demais Estados Partes.

ARTIGO 13.º

O instrumento original desta Convenção, cujos textos em português, espanhol, francês e inglês são igualmente autênticos, será depositado na Secretaria-Geral da Organização dos Estados Americanos. A referida Secretaria notificará aos Estados Membros da Organização dos Estados Americanos, e aos Estados que houverem aderido à Convenção, as assinaturas e os depósitos de instrumentos de ratificação, de adesão e de denúncia, bem como as reservas que houver. Outrossim, transmitirá aos mesmos as declarações previstas no artigo 11.º desta Convenção.

EM FÉ DO QUE, os plenipotenciários infra-assinados, devidamente autorizados por seus respectivos Governos, firmam esta Convenção.

FEITA NA CIDADE DO PANAMÁ, República do Panamá, no dia 30 de Janeiro de 1975.

CONVENÇÃO SOBRE CONCILIAÇÃO E ARBITRAGEM NO QUADRO DA CONFERÊNCIA PARA A SEGURANÇA E COOPERAÇÃO NA EUROPA – CSCE[1][2]

CONCLUÍDA EM ESTOCOLMO, EM 15 DE DEZEMBRO DE 1992

Os Estados Partes na presente Convenção, participantes na Conferência sobre Segurança e Cooperação na Europa:

Conscientes da obrigação de resolverem os seus litígios de forma pacífica, conforme previsto nos artigos 2.º, n.º 3, e 33.º da Carta das Nações Unidas;

Reafirmando o seu compromisso solene na resolução dos seus litígios através de meios pacíficos e a sua decisão de porem em prática mecanismos que regulem os litígios entre os Estados participantes;

Sublinhando que, de modo algum, tencionam afectar a competência de quaisquer instituições ou mecanismos já existentes, nomeadamente o Tribunal Internacional de Justiça, o Tribunal Europeu dos Direitos do Homem, o Tribunal de Justiça das Comunidades Europeias e o Tribunal Permanente de Arbitragem;

---

[1] A Convenção de Estocolmo entrou em vigor na ordem jurídica internacional no dia 5 de Dezembro de 1995.

[2] Aprovada, para ratificação, pela Resolução da Assembleia da República n.º 43/2000, de 18 de Novembro de 1999 e ratificada pelo Decreto do Presidente da República n.º 25/2000, de 20 de Maio, ambos publicados no *Diário da República*, 1.ª série-A, n.º 117, de 20-5-2000. A Convenção entrou em vigor, para Portugal, em 9 de Outubro de 2000 (cf. o Aviso n.º 187/2000, publicado no *Diário da República*, 1.ª série-A, n.º 235, de 11-10-2000).

Relembrando que a aplicação integral de todos os princípios e compromissos assumidos no quadro da CSCE constitui, por si só, um elemento essencial na prevenção de litígios entre os Estados participantes na CSCE;

Desejosos de consolidar e reforçar os compromissos constantes, nomeadamente, do Relatório sobre a Reunião de Peritos para a Resolução Pacífica de Litígios, adoptado em La Valletta e aprovado pelo Conselho de Ministros dos Negócios Estrangeiros da CSCE reunido em Berlim nos dias 19 e 20 de Junho de 1991;

acordaram no seguinte:

CAPÍTULO I
Disposições gerais

ARTIGO 1.º
Instituição do Tribunal

Será criado um Tribunal de Conciliação e Arbitragem destinado a resolver, por meio de conciliação e, se for caso disso, de arbitragem, os litígios que lhe venham a ser submetidos em conformidade com a presente Convenção.

ARTIGO 2.º
Comissões de conciliação e tribunais arbitrais

1 – A conciliação será assegurada por uma comissão de conciliação constituída especificamente para cada litígio e será composta por conciliadores escolhidos de uma lista estabelecida em conformidade com o disposto no artigo 3.º.

2 – A arbitragem será assegurada por um tribunal arbitral constituído para conhecer especificamente de cada litígio. Este tribunal será composto por árbitros escolhidos de uma lista estabelecida em conformidade com o disposto no artigo 4.º.

3 – Os conciliadores e árbitros assim designados constituirão o Tribunal de Conciliação e Arbitragem no quadro da CSCE, a seguir designado por «o Tribunal».

Convenções Internacionais 213

ARTIGO 3.º
Designação dos conciliadores

1 – Cada Estado Parte na presente Convenção designará, nos dois meses subsequentes à sua entrada em vigor, dois conciliadores, um dos quais, pelo menos, será nacional desse Estado, podendo o outro ser nacional de qualquer outro Estado participante na CSCE. Qualquer Estado que se torne parte na Convenção após a sua entrada em vigor designará os seus conciliadores nos dois meses subsequentes à entrada em vigor da Convenção relativamente a esse Estado.

2 – Os conciliadores deverão ser pessoas que exerçam ou tenham exercido altas funções a nível internacional ou nacional e com competência reconhecida em matéria de direito internacional, de relações internacionais ou de resolução de litígios.

3 – Os conciliadores serão designados por períodos renováveis de seis anos. O Estado que os tiver designado não poderá fazer cessar as suas funções durante o respectivo mandato. Em caso de óbito, de demissão ou de impedimento constatado pelo Bureau, o Estado em causa procederá à designação de um novo conciliador, que terminará o mandato do seu antecessor.

4 – Após expiração dos respectivos mandatos, os conciliadores continuarão a conhecer dos casos que entretanto lhes tenham sido distribuídos.

5 – A indicação dos conciliadores será notificada ao secretário e registada numa lista. Esta será, de seguida, comunicada ao Secretariado da CSCE, para transmissão aos Estados participantes na CSCE.

ARTIGO 4.º
Designação dos árbitros

1 – Cada Estado Parte na presente Convenção designará, nos dois meses subsequentes à entrada em vigor da Convenção, um árbitro e um suplente que poderão ser seus nacionais ou de qualquer outro Estado participante na CSCE. Qualquer Estado que se torne parte na Convenção, após a entrada em vigor desta, designará um árbitro e um suplente nos dois meses subsequentes à entrada em vigor da Convenção relativamente a esse Estado.

2 – Os árbitros e seus suplentes deverão reunir as condições exigidas para o exercício, nos seus respectivos países, das mais altas funções judi-

ciais ou ser jurisconsultos com competência reconhecida em matéria de direito internacional.

3 – Os árbitros e seus suplentes serão designados por mandatos de seis anos, renováveis uma vez. O Estado Parte que os tiver designado não poderá fazer cessar as suas funções durante o respectivo mandato. Em caso de óbito, demissão ou impedimento constatado pelo Bureau, proceder-se-á a nova designação nos termos do n.º 1. O novo árbitro e seu suplente terminarão o mandato dos seus antecessores.

4 – O Regulamento do Tribunal poderá prever a renovação parcial dos árbitros e dos seus suplentes.

5 – Após a expiração do mandato, os árbitros continuarão a conhecer dos casos que entretanto lhes tenham sido distribuídos.

6 – A indicação dos árbitros será notificada ao secretário e registada numa lista. Esta será de seguida comunicada ao secretário da CSCE para transmissão aos Estados participantes na CSCE.

ARTIGO 5.º
Independência dos membros do Tribunal e do secretário

Os conciliadores, os árbitros e o secretário exercerão as suas funções com total independência. Antes de assumirem as suas funções, farão uma declaração pela qual se comprometem a exercer os seus poderes com toda a imparcialidade e em consciência.

ARTIGO 6.º
Privilégios e imunidades

Os conciliadores, os árbitros e o secretário, bem como os agentes e os advogados das partes em litígio, gozarão, no exercício das suas funções no território dos Estados Partes na presente Convenção, dos privilégios e imunidades concedidos às pessoas ligadas ao Tribunal Internacional de Justiça.

ARTIGO 7.º
O Bureau do Tribunal

1 – O Bureau do Tribunal será composto por um presidente, um vice-presidente e três outros membros.

Convenções Internacionais 215

2 – O presidente do Tribunal será eleito pelos membros do Tribunal reunidos em colégio e presidirá ao Bureau.

3 – Os conciliadores e os árbitros elegerão, no respectivo colégio, dois membros do Bureau e os seus suplentes.

4 – O Bureau elegerá o vice-presidente de entre os seus membros. O vice-presidente será eleito de entre os conciliadores se o presidente for um árbitro e de entre os árbitros se o presidente for um conciliador.

5 – O Regulamento do Tribunal fixará as modalidades de eleição do presidente, bem como dos restantes membros do Bureau e dos seus suplentes.

ARTIGO 8.º
Processo de decisão

1 – As decisões do Tribunal serão tomadas pela maioria dos membros com direito a voto. Os membros que se abstiverem não serão considerados como tendo tomado parte na votação.

2 – As decisões do Bureau serão tomadas por maioria dos seus membros.

3 – As decisões das comissões de conciliação e dos tribunais arbitrais serão tomadas por maioria dos seus membros, os quais não poderão abster-se.

4 – Em caso de empate na votação, o voto do presidente prevalecerá.

ARTIGO 9.º
O secretário

O Tribunal designará o seu secretário e poderá proceder à designação de outros funcionários, conforme se mostre necessário. O estatuto do pessoal do Secretariado será elaborado pelo Bureau e adoptado pelos Estados Partes na presente Convenção.

ARTIGO 10.º
Sede

1 – O Tribunal ficará sediado em Genebra.

2 – A pedido das partes no litígio e mediante acordo com o Bureau, qualquer comissão de conciliação ou tribunal arbitral poderá reunir-se em qualquer outro local.

ARTIGO 11.º
Regulamento do Tribunal

1 – O Tribunal adoptará o seu próprio Regulamento, que será submetido à aprovação dos Estados Partes na presente Convenção.

2 – O Regulamento do Tribunal fixará, nomeadamente, as regras de processo a aplicar pelas comissões de conciliação e pelos tribunais arbitrais constituídos nos termos da Convenção. Determinará igualmente as regras de processo que não poderão ser afastadas por acordo entre as partes no litígio.

ARTIGO 12.º
Línguas de trabalho

O Regulamento do Tribunal estabelecerá as regras quanto ao uso das línguas.

ARTIGO 13.º
Protocolo financeiro

Sob reserva do disposto no artigo 17.º, todos os encargos com o Tribunal serão suportados pelos Estados Partes na presente Convenção. As disposições relativas ao cálculo dos encargos, à preparação e à aprovação do orçamento anual do Tribunal, à repartição dos encargos entre os Estados Partes na Convenção, à verificação das contas do Tribunal e às questões conexas serão objecto de um protocolo financeiro adoptado pelo Comité de Altos Funcionários. Qualquer Estado ficará vinculado pelo protocolo a partir do momento em que se tornar parte na Convenção.

Convenções Internacionais 217

ARTIGO 14.°
Relatório periódico

O Bureau apresentará todos os anos ao Conselho da CSCE, através do Comité de Altos Funcionários, um relatório sobre as actividades previstas na presente Convenção.

ARTIGO 15.°
Notificação dos pedidos de conciliação ou arbitragem

O secretário do Tribunal informará o Secretariado da CSCE de qualquer pedido de conciliação ou arbitragem, para fins de transmissão imediata aos Estados participantes na CSCE.

ARTIGO 16.°
Atitude a observar pelas partes; medidas provisórias

1 – No decurso do processo, as partes no litígio abster-se-ão de qualquer acção susceptível de agravar a situação ou de dificultar ou obstar à resolução do litígio.

2 – A comissão de conciliação poderá propor às partes no litígio que lhe foi submetido a tomada de medidas que visem impedir o agravamento do litígio ou a eliminação de obstáculos à sua resolução.

3 – O tribunal arbitral constituído para conhecer de um litígio poderá indicar as medidas provisórias que devam ser tomadas pelas partes no litígio, nos termos do disposto no n.° 4 do artigo 26.°

ARTIGO 17.°
Custas do processo

Cada uma das partes num litígio, bem como qualquer outra parte interveniente, assumirá as suas próprias custas no processo.

CAPÍTULO II
Competência

ARTIGO 18.°
Competência da comissão e do tribunal

1 – Qualquer Estado Parte na presente Convenção poderá submeter a uma comissão de conciliação qualquer litígio que o oponha a outro Estado Parte e que não tenha sido resolvido num prazo razoável, pela via da negociação.

2 – Qualquer litígio poderá ser submetido a um tribunal arbitral nas condições enunciadas no artigo 26.°

ARTIGO 19.°
Salvaguarda dos meios de negociação existentes

1 – A comissão de conciliação ou o tribunal arbitral constituídos com vista à resolução de um litígio não conhecerão de tal litígio se:

a) Antes de o litígio ter sido submetido à comissão ou ao tribunal, qualquer tribunal cuja competência deva ser juridicamente aceite pelas partes relativamente a tal litígio dele tiver conhecido ou tiver proferido uma decisão quanto ao fundo desse litígio;

b) As partes no litígio tiverem aceite antecipadamente a competência exclusiva de um órgão jurisdicional diferente do tribunal previsto pela presente Convenção e se tal órgão for competente para decidir, com força executória, do litígio que lhe foi submetido, ou ainda se as partes no litígio convierem em alcançar uma resolução através de outros meios.

2 – A comissão de conciliação constituída para a resolução de um litígio dele cessará de conhecer, mesmo após deferimento, se uma ou todas as partes no litígio o submeter a um tribunal cuja competência deva ser juridicamente aceite pelas partes em causa.

3 – A comissão de conciliação suspenderá o exame de um litígio se este tiver sido anteriormente submetido a outro órgão com competência para sobre ele formular propostas. Se tais esforços não conduzirem à resolução do litígio, a comissão retomará os seus trabalhos a pedido de uma ou de todas as partes no litígio, sob reserva do disposto no n.° 1 do artigo 26.°

Convenções Internacionais   219

4 – Qualquer Estado poderá, no momento da assinatura, da ratificação ou da adesão à Convenção, formular uma reserva por forma a assegurar a compatibilidade do mecanismo de resolução de litígios prevista pela presente Convenção com outras formas de resolução de litígios resultantes de compromissos internacionais aplicáveis a esse Estado.

5 – Se, a qualquer momento, as partes alcançarem uma resolução do litígio, a comissão ou o tribunal retirará o caso da sua lista, após ter recebido uma garantia escrita de todas as partes de que a resolução do litígio foi alcançada.

6 – Em caso de desacordo entre as partes no litígio quanto à competência da comissão ou do tribunal, a decisão sobre a matéria caberá à comissão ou ao tribunal em causa.

CAPÍTULO III
Conciliação

ARTIGO 20.º
Pedido de constituição de uma comissão de conciliação

1 – Qualquer Estado Parte na presente Convenção poderá, sempre que um litígio o opuser a um ou vários Estados Partes, dirigir um requerimento ao secretário com vista à constituição de uma comissão de conciliação. Dois ou vários Estados Partes poderão igualmente dirigir um requerimento conjunto ao secretário.

2 – A constituição de uma comissão de conciliação poderá igualmente ser solicitada por acordo entre dois ou vários outros Estados Partes ou entre um ou vários Estados Partes e um ou vários outros Estados participantes na CSCE. O secretário será notificado de tal acordo.

ARTIGO 21.º
Constituição da comissão de conciliação

1 – Cada parte no litígio nomeará um conciliador da lista de membros estabelecida em conformidade com o artigo 3.º, o qual fará parte da comissão.

2 – Se mais de dois Estados forem partes no mesmo litígio, os Estados que aleguem os mesmos interesses poderão acordar em designarem apenas um conciliador. Se não usarem desta faculdade, cada uma das partes no litígio designará o mesmo número de conciliadores até um máximo decidido pelo Bureau.

3 – Qualquer Estado parte num litígio submetido a uma comissão de conciliação que não seja parte na presente Convenção poderá designar, para fazer parte da comissão, uma pessoa escolhida de entre a lista de membros estabelecida em conformidade com o artigo 3.° ou de entre os cidadãos de um Estado participante na CSCE. Neste caso, estes membros terão, para fins de exame do litígio, os mesmos direitos e obrigações dos restantes membros da comissão. Exercerão as suas funções com toda a independência e elaborarão a declaração escrita prevista no artigo 5.° antes de fazerem parte da comissão.

4 – A partir do momento da recepção do pedido ou do acordo através do qual os Estados partes num litígio solicitarem a constituição de uma comissão de conciliação, o presidente do Tribunal consultará as partes no litígio sobre os restantes membros da comissão.

5 – O Bureau designará três outros membros para fazerem parte da comissão. Este número poderá ser acrescido ou reduzido pelo Bureau, desde que se mantenha ímpar. Os membros do Bureau e seus suplentes que figurem na lista de conciliadores poderão ser designados para fazerem parte da comissão.

6 – A comissão elegerá o seu presidente de entre os membros designados pelo Bureau.

7 – O Regulamento do Tribunal estabelecerá as regras aplicáveis se, na fase inicial ou no decurso de um processo, um dos membros designados para integrar a comissão for recusado, estiver impossibilitado ou se escusar a integrá-la.

8 – Qualquer questão relativa à aplicação do presente artigo será decidida pelo Bureau a título preliminar.

ARTIGO 22.°
**Processo de constituição de uma comissão
de conciliação**

1 – Se a constituição de uma comissão de conciliação for solicitada mediante requerimento, este deverá precisar o objecto do litígio, a parte ou

Convenções Internacionais 221

partes contra a qual ou as quais o requerimento é dirigido e o nome do conciliador ou dos conciliadores designados pela parte ou pelas partes requerentes. Do mesmo modo, o requerimento deverá indicar, de forma sumária, os modos de acordo anteriormente utilizados.

2 – A partir do momento da recepção de um requerimento, o secretário notificá-lo-á à outra parte ou às outras partes no litígio mencionadas no requerimento. Essa ou essas partes disporão de um prazo de 15 dias a contar da notificação para designarem o conciliador ou os conciliadores que escolheram para integrar a comissão. Se, no decorrer desse prazo, uma ou várias partes no litígio não tiverem escolhido o membro ou os membros da comissão que deveriam designar, o Bureau designará conciliadores em número tido como apropriado. Tal designação efectuar-se-á de entre os conciliadores designados em conformidade com o disposto no artigo 3.º pela parte ou por cada uma das partes em causa ou, se estas não tiverem ainda designado os conciliadores, de entre os conciliadores que não tenham sido designados pela outra parte ou partes no litígio.

3 – Se a constituição de uma comissão de conciliação for solicitada por meio de acordo, este deverá especificar o objecto do litígio. Em caso de inexistência de acordo total ou parcial sobre o objecto do litígio, cada uma das partes poderá, a esse respeito, enunciar a sua posição.

4 – Logo que a constituição de uma comissão de conciliação for solicitada por meio de acordo, cada uma das partes notificará o secretário do nome do conciliador ou dos conciliadores por si designados para integrar a comissão.

ARTIGO 23.º
Processo de conciliação

1 – O processo de conciliação será confidencial, e todas as partes no litígio terão o direito de serem ouvidas. Sob reserva do disposto nos artigos 10.º e 11.º, bem como no Regulamento do Tribunal, a comissão de conciliação fixará o processo após consulta às partes no litígio.

2 – Mediante acordo das partes no litígio, a comissão de conciliação poderá convidar qualquer Estado Parte na presente Convenção com interesses na resolução do litígio a participar no processo.

ARTIGO 24.º
Objectivo da conciliação

A comissão de conciliação assistirá as partes na resolução do litígio em conformidade com o direito internacional e com os compromissos assumidos no quadro da CSCE.

ARTIGO 25.º
Resultado do processo de conciliação

1 – Se, no decurso do processo, as partes no litígio alcançarem, com a ajuda da comissão de conciliação, uma solução mutuamente aceitável, os termos dessa solução ficarão consignados num memorando de conclusões elaborado pelas partes e assinado pelos seus representantes e pelos membros da comissão. A assinatura desse documento porá fim ao processo. O Conselho da CSCE será informado do sucesso da conciliação pelo Comité de Altos Funcionários.

2 – A comissão de conciliação elaborará um relatório final logo que considerar que todos os aspectos do litígio e todas as possibilidade de resolução foram examinados. Tal relatório conterá as propostas da comissão para uma resolução pacífica do litígio.

3 – As partes no litígio serão notificadas do relatório da comissão de conciliação, dispondo de um prazo de 30 dias para o analisar e informar o presidente se pretendem ou não aceitar a solução proposta.

4 – Se uma parte no litígio não aceitar a resolução proposta, a outra parte ou as outras partes deixarão de estar vinculadas pela respectiva aceitação.

5 – Se as partes no litígio não tiverem aceite a solução proposta dentro do prazo fixado no n.º 3 supra, o relatório será transmitido ao Conselho da CSCE através do Comité de Altos Funcionários.

6 – Se uma parte não comparecer à conciliação ou abandonar um processo já em curso, será elaborado um relatório com o propósito de notificar de imediato o Conselho da CSCE sobre tal situação, através do Comité de Altos Funcionários.

Convenções Internacionais 223

CAPÍTULO IV
A arbitragem

ARTIGO 26.º
Pedido de constituição de um tribunal arbitral

1 – Um pedido de arbitragem poderá ser formulado a qualquer momento, por meio de acordo entre dois ou vários Estados Partes na presente Convenção ou entre um ou vários Estados Partes na Convenção e um ou vários outros Estados participantes na CSCE.

2 – Os Estados Partes na Convenção poderão, a qualquer momento, mediante notificação dirigida ao depositário, declarar que reconhecem como vinculativa, ipso facto e sem acordo especial, a competência de um tribunal arbitral, sob reserva de reciprocidade. Esta declaração poderá ser feita sem limite de duração ou sujeita a um prazo determinado; do mesmo modo, pode ser feita relativamente a todos os litígios ou excluir aqueles que suscitem questões relativas à integridade territorial, à defesa nacional ou ao direito de soberania sobre o território nacional de um Estado, bem como a reclamações concorrentes quanto à jurisdição sobre outras áreas.

3 – Um pedido de arbitragem só poderá ser formulado por meio de requerimento dirigido ao secretário do Tribunal contra um Estado Parte na Convenção que tenha feito a declaração prevista no n.º 2 supra, decorrido um prazo de 30 dias a contar da transmissão ao Conselho da CSCE do relatório da comissão de conciliação encarregue de conhecer do litígio, em conformidade com o disposto no n.º 5 do artigo 25.º

4 – Logo que um litígio seja submetido a um tribunal arbitral nos termos do presente artigo, o tribunal poderá, por decisão própria ou a pedido das partes no litígio ou de uma delas, indicar as medidas provisórias que deverão ser tomadas pelas partes com o propósito de impedirem que o litígio se agrave, que a sua resolução seja dificultada ou que uma decisão posterior do tribunal corra o risco de se tornar inaplicável em virtude de uma tomada de posição das partes ou de uma das partes no litígio.

ARTIGO 27.º
Casos submetidos a um tribunal arbitral

1 – Se um pedido de arbitragem for formulado por meio de acordo, este deverá precisar o objecto do litígio. Na falta de acordo total ou parcial

relativamente ao objecto do litígio, cada uma das partes poderá expressar, a esse respeito, a sua posição.

2 – Se um pedido de arbitragem for formulado por meio de requerimento, este deverá especificar o objecto do litígio, o Estado ou os Estados Partes na presente Convenção contra o qual ou os quais o pedido é dirigido, bem como os principais fundamentos de facto e de direito em que se baseia. A partir da data da recepção do pedido, o Estado ou os Estados visados no pedido serão dele notificados pelo secretário.

ARTIGO 28.º
Constituição do tribunal arbitral

1 – Um tribunal arbitral será constituído após a formulação de um pedido de arbitragem.

2 – Os árbitros designados pelas partes no litígio em conformidade com o disposto no artigo 4.º serão membros de direito do tribunal. Se mais de dois Estados forem partes no mesmo litígio, os Estados que tenham os mesmos interesses poderão acordar em designarem um único árbitro.

3 – O Bureau designará, de entre os árbitros e para fins de integração do tribunal, um número de membros superior em pelo menos uma unidade ao número de membros de direito. Os membros do Bureau e seus suplentes que figuram na lista de árbitros poderão ser designados para integrarem o tribunal.

4 – Se um membro de direito de um tribunal se encontrar impedido ou tiver prévio conhecimento, seja a que título for, da matéria objecto do litígio submetido ao tribunal, será substituído pelo seu suplente. Se este se encontrar na mesma situação, o Estado interessado procederá à designação de um membro para participar no exame do litígio, em conformidade com as modalidades previstas no n.º 5. Em caso de dúvida sobre a capacidade de um membro ou do seu suplente para integrar o tribunal, o Bureau decidirá.

5 – Qualquer Estado parte num litígio submetido a um tribunal arbitral que não seja parte na presente Convenção poderá indicar um nome para integrar o tribunal constante da lista de árbitros estabelecida em conformidade com o disposto no artigo 4.º ou escolhido de entre os cidadãos de um Estado participante na CSCE. Qualquer pessoa assim designada deverá preencher os requisitos enunciados no n.º 2 do artigo 4.º e terá, para fim de exame do litígio, os mesmos direitos e obrigações dos res-

Convenções Internacionais   225

tantes membros do tribunal, exercerá as suas funções com toda a independência e elaborará a declaração prevista no artigo 5.° antes de integrar o tribunal.

6 – O tribunal elegerá o seu presidente de entre os membros designados pelo Bureau.

7 – Em caso de impedimento de um membro do tribunal designado pelo Bureau, só se procederá à respectiva substituição se o número de membros designados pelo Bureau for inferior ao número de membros de direito ou de membros designados pelas partes no litígio, nos termos do n.° 5. Neste caso, um ou vários dos novos membros serão designados pelo Bureau em aplicação do disposto nos n.os 3 e 4 do presente artigo. Se um ou vários membros forem designados, não se procederá à eleição de um novo presidente, salvo se o membro ausente for o presidente do tribunal.

ARTIGO 29.°
Processo de arbitragem

1 – O processo de arbitragem será contraditório e observará os princípios de um julgamento justo, comportando uma fase escrita e uma fase oral.

2 – O tribunal arbitral disporá, relativamente às partes no litígio, de poderes de instrução e investigação necessários ao cumprimento das suas funções.

3 – Qualquer Estado participante na CSCE que considere ter um interesse jurídico particular susceptível de ser afectado pela decisão do tribunal poderá, num prazo de 15 dias subsequentes à transmissão da notificação efectuada pelo Secretariado da CSCE em conformidade com o artigo 15.°, dirigir ao secretário do Tribunal um pedido de intervenção. Este pedido será imediatamente transmitido às partes no litígio e ao tribunal constituído para dele conhecer.

4 – Se o Estado interveniente fizer prova da existência de tal interesse, ficará autorizado a participar no processo na medida necessária para a protecção desse interesse. A parte relevante da decisão do tribunal vinculará o Estado interveniente.

5 – As partes no litígio disporão de um prazo de 30 dias para transmitirem ao tribunal as suas observações sobre o pedido de intervenção. O tribunal pronunciar-se-á sobre a admissibilidade de tal pedido.

6 – Os debates em tribunal decorrerão em audiências privadas, salvo se o tribunal decidir de outro modo a pedido das partes no litígio.

226   *Arbitragem Voluntária*

7 – Em caso de ausência de uma das partes ou de várias partes no litígio, a parte ou as partes presentes poderão solicitar ao tribunal que aceite as suas conclusões. Neste caso, o tribunal proferirá a sua decisão após se ter assegurado da sua competência e do bom fundamento dos argumentos da parte ou das partes participantes no processo.

ARTIGO 30.º
Função do tribunal arbitral

A função do tribunal arbitral será decidir, em conformidade com o direito internacional, sobre os litígios que lhe forem submetidos. O disposto no presente artigo não contraria a faculdade do tribunal de estatuir, *ex aequo et bono*, se as partes no litígio se mostrarem de acordo.

ARTIGO 31.º
Decisão do tribunal arbitral

1 – A decisão do tribunal arbitral será fundamentada, mas se não traduzir total ou parcialmente a opinião unânime dos membros do tribunal, estes poderão anexar uma declaração contendo a sua opinião individual ou dissidente.

2 – Sob reserva do disposto no n.º 4 do artigo 29.º, a decisão proferida pelo tribunal só será vinculativa para as partes no litígio e relativamente à matéria a que se reporta.

3 – A decisão será definitiva e não passível de recurso. Contudo, as partes no litígio ou uma de entre elas poderão solicitar ao tribunal que proceda à interpretação da sua decisão em caso de dúvida quanto ao seu conteúdo ou ao seu alcance. Salvo decisão em contrário das partes no litígio, tal pedido terá de ser formulado nos seis meses subsequentes à comunicação da decisão. Após ter recebido as observações das partes no litígio, o tribunal procederá à interpretação da decisão no mais breve prazo.

4 – Um pedido de revisão da decisão só poderá ser formulado em virtude do conhecimento de um facto passível de influenciar o tribunal de forma decisiva e que, antes da produção da decisão, era do desconhecimento do tribunal e da parte ou das partes no litígio que solicitarem a revisão. O pedido de revisão terá de ser formulado nos seis meses subsequen-

Convenções Internacionais 227

tes à descoberta do novo facto. Nenhum pedido de revisão poderá ser feito decorridos 10 anos após a data da produção da decisão.

5 – O exame de um pedido de interpretação ou de revisão será feito, na medida do possível, pelo tribunal que tiver proferido a sentença; se o Bureau constatar não ser possível tal conhecimento, proceder-se-á à constituição de um novo tribunal em conformidade com o disposto no artigo 28.º.

ARTIGO 32.º
Publicação de uma decisão arbitral

A publicação da decisão arbitral ficará a cargo do secretário. Uma cópia conforme será comunicada às partes no litígio e ao Conselho da CSCE, através do Comité de Altos Funcionários.

CAPÍTULO V
Disposições finais

ARTIGO 33.º
Assinatura e entrada em vigor

1 – A presente Convenção ficará aberta para assinatura dos Estados participantes na CSCE, junto do Governo da Suécia, até ao dia 31 de Março de 1993. Fica sujeita a ratificação.

2 – Os Estados participantes na CSCE que não tenham assinado a Convenção poderão aderir posteriormente.

3 – A Convenção entrará em vigor dois meses após a data de depósito do 12.º instrumento de ratificação ou de adesão.

4 – Relativamente a qualquer Estado que a ratifique ou a ela adira após o depósito do 12.º instrumento de ratificação ou adesão, a Convenção entrará em vigor dois meses após o depósito do instrumento de ratificação ou de adesão desse Estado.

5 – O Governo da Suécia assegurará as funções de depositário da Convenção.

ARTIGO 34.º
Reservas

A presente Convenção não poderá ser objecto de qualquer reserva, salvo as que autorizar de forma expressa.

ARTIGO 35.º
Alterações

1 – As alterações à presente Convenção deverão ser adoptadas em conformidade com o disposto nos números seguintes.

2 – Qualquer Estado Parte na Convenção poderá formular propostas de alteração à Convenção, as quais serão comunicadas pelo depositário ao Secretariado da CSCE, para transmissão aos Estados participantes na CSCE.

4 – Qualquer alteração assim adoptada entrará em vigor no 30.º dia após todos os Estados Partes na Convenção terem informado o depositário da sua aceitação de tal alteração.

ARTIGO 36.º
Denúncia

1 – Qualquer Estado Parte na presente Convenção poderá, a qualquer momento, denunciá-la, mediante notificação dirigida ao depositário.

2 – Tal denúncia produzirá efeitos um ano após a data de recepção da notificação pelo depositário.

3 – Contudo, a Convenção continuará a ser aplicável ao Estado que a tenha denunciado relativamente aos processos em curso no momento da entrada em vigor da denúncia. Tais processos correrão os respectivos termos até final.

ARTIGO 37.º
Notificações e comunicações

As notificações e as comunicações que sejam da responsabilidade do depositário serão dirigidas ao secretário e ao Secretariado da CSCE e comunicadas aos Estados participantes na CSCE.

ARTIGO 38.º
Estados não partes na presente Convenção

Nos termos do direito internacional, confirma-se que nenhuma disposição contida na presente Convenção deverá ser interpretada como originando quaisquer obrigações ou compromissos para os Estados participantes na CSCE que não sejam partes na Convenção, salvo se tais obrigações ou compromissos forem expressamente previstos e aceites por escrito por esses Estados.

ARTIGO 39.º
Disposições transitórias

1 – Nos quatro meses subsequentes à entrada em vigor da presente Convenção, o Tribunal procederá à eleição do seu Bureau, à adopção do seu Regulamento e à designação do secretário em conformidade com o disposto nos artigos 7.º, 9.º e 11.º. O Governo de sede do Tribunal tomará as disposições necessárias em cooperação com o depositário.

2 – Enquanto o secretário não for designado, as funções previstas no n.º 5 do artigo 3.º e no n.º 7 do artigo 4.º serão exercidas pelo depositário.

Feito em Estocolmo, em alemão, inglês, espanhol, francês, italiano e russo, fazendo as seis línguas igualmente fé, em 15 de Dezembro de 1992.

ACERCA DA LEI MODELO DA CNUDCI SOBRE A ARBITRAGEM COMERCIAL INTERNACIONAL

A Lei Modelo sobre a Arbitragem Comercial Internacional foi adoptada em Viena, em 21 de Junho de 1985, na 18.ª sessão anual da Comissão das Nações Unidas para o Direito do Comércio Internacional (CNUDCI).

Posteriormente, foi aprovada pela Assembleia Geral das Nações Unidas, nos termos da resolução 40/72, de 11 de Dezembro de 1985, na qual se recomenda que *todos os Estados devem ter em consideração a Lei Modelo sobre Arbitragem Comercial Internacional, em vista da desejável uniformização das leis do processo arbitral e das necessidades específicas da prática da arbitragem comercial internacional.*

O texto da Lei Modelo da CNUDCI, em língua inglesa (*UNCITRAL Model Law on International Commercial Arbitration*), foi oficialmente publicado em *Official Records of the General Assembly, Fortieth Session, Supplement N.° 17* (A/40/17), annex I.

A versão original da Lei Modelo compreende 36 artigos, sistematicamente ordenados em oito capítulos:

    I – Disposições Gerais (*General Provisions*)
    II – Convenção de Arbitragem (*Arbitration Agreement*)
    III – Composição do Tribunal Arbitral (*Composition of Arbitral Tribunal*)
    IV – Competência do Tribunal Arbitral (*Jurisdiction of Arbitral Tribunal*)
    V – Instância Arbitral (*Conduct of Arbitral Proceedings*)
    VI – Decisão Arbitral e Encerramento do Processo (*Making of Award and Termination of Proceedings*)
    VII – Impugnação da Decisão Arbitral (*Recourse Against Award*)
    VIII – Reconhecimento e Execução das Sentenças Arbitrais (*Recognition and Enforcement of Awards*)

A Lei Modelo da CNUDCI é proposta aos Estados como uma regulamentação paradigmática, moderna e justa, da arbitragem comercial internacional, com o objectivo de fomentar a harmonização e o aperfeiçoamento das diversas leis nacionais sobre esta matéria.

Na aplicação da Lei Modelo, o termo "comercial" deve ser interpretado em sentido lato, de forma a abranger questões emergentes de todo o tipo de relações de natureza comercial, quer tenham origem contratual ou não.

Concebida de forma a reflectir um amplo consenso sobre os princípios fundamentais vigentes na prática da arbitragem internacional, esta Lei Modelo regula todas as etapas do processo arbitral, desde a convenção de arbitragem até ao reconhecimento e execução das sentenças arbitrais, podendo ser adoptada, no todo ou em parte, por países de quaisquer regiões do mundo e de diferentes sistemas jurídico-económicos.

Desde 1985 até à actualidade, leis baseadas na Lei Modelo da CNUDCI foram promulgadas nos seguintes países, estados federados e regiões administrativas especiais: Alemanha, Austrália, Azerbaijão, Bahrain, Bangladesh, Bermudas, Bielorússia, Bulgária, Canadá, Chile, na China: Regiões Administrativas Especiais de Hong Kong e de Macau; Chipre, Coreia do Sul, Croácia, Egipto, Espanha, nos Estados Unidos da América: Califórnia, Connecticut, Illinois, Oregon e Texas; Federação Russa, Filipinas, Grécia, Guatemala, Hungria, Índia, Irão, Irlanda, Japão, Jordânia, Lituânia, Madagáscar, Malta, México, Nigéria, Noruega, Nova Zelândia, Omã, Paraguai, Peru, Quénia, no Reino Unido: Escócia; República Checa, Singapura, Sri Lanka, Tailândia, Tunísia, Ucrânia, Zâmbia e Zimbabué.

De acordo com o espírito da desejável harmonização do regime jurídico da arbitragem internacional, os primeiros países a adoptarem formalmente a Lei Modelo da CNUDCI (o Canadá e o Chipre), fizeram-no introduzindo-lhe apenas mínimas alterações.

O mesmo propósito uniformizador presidiu à elaboração do Decreto-Lei n.º 55/98/M, de 23 de Novembro (reproduzido *supra*, no capítulo II), diploma legal que procede à adopção formal da Lei Modelo para vigorar no ordenamento jurídico de Macau.

Uma vez que Portugal ainda não adoptou formalmente esta Lei Modelo, o referido Decreto-Lei n.º 55/98/M, comportando apenas mínimas alterações ao texto original, reveste-se de um interesse acrescido, por constituir actualmente a única versão em vigor da Lei Modelo em língua portuguesa.

V
REGULAMENTOS DE ARBITRAGEM

- Regulamento do Centro de Arbitragem de Conflitos de Consumo de Lisboa

- Regulamento do Centro de Arbitragem da Universidade Católica Portuguesa

- Regulamento do Tribunal Arbitral do Centro de Arbitragem Comercial

- Regulamento de Arbitragem da Câmara de Comércio Internacional (texto em francês)

REGULAMENTO DO TRIBUNAL ARBITRAL DO CENTRO DE ARBITRAGEM DE CONFLITOS DE CONSUMO DE LISBOA

No quadro da Lei n.º 31/86, de 29 de Agosto e do Decreto-Lei n.º 425/86, de 27 de Dezembro, a Câmara Municipal de Lisboa (CML), o Instituto Nacional de Defesa do Consumidor (INDC), a Associação Portuguesa para a Defesa do Consumidor (DECO) e a União das Associações de Comerciantes do Distrito de Lisboa (U.A.C.D.L.) celebraram, a 28-10--88, um protocolo no qual acordaram constituírem em conjunto um Centro de Arbitragem voluntária institucionalizada para dirimir pequenos conflitos na área do consumo.

A criação do referido Centro foi autorizada pelo Ministro da Justiça conforme consta da Portaria n.º 155/90, de 23 de Fevereiro, publicada no *Diário da República*, 1.ª série, n.º 46, de 23-2-1990.

Em 22 de Janeiro de 1993 por forma a garantir a consolidação e estabilidade da acção do Centro, foi constituída a associação de direito privado e sem fins lucrativos denominada Centro de Arbitragem de Conflitos de Consumo da Cidade de Lisboa de que são sócios fundadores a Câmara Municipal de Lisboa, a DECO e a União das Associações de Comerciantes do Distrito de Lisboa e celebrado um Protocolo de Cooperação Técnica e Financeira entre a Associação e o Ministério da Justiça, o Ministério do Comércio e Turismo, o Ministério do Ambiente e Recursos Naturais e a Câmara Municipal de Lisboa.

Em 20 de Março de 2003 foi celebrado Protocolo de Adesão da Junta Metropolitana de Lisboa, com o objectivo de estabelecer a cooperação com as diferentes Câmaras que integram a Junta, passando o Centro a dar resolução por mediação, conciliação e arbitragem aos conflitos originados em aquisições de bens ou serviços efectuadas na Área Metropolitana de Lisboa.

O Centro de Arbitragem de Conflitos de Consumo de Lisboa rege-se pelo seu Regulamento Interno e pelo presente Regulamento de Arbitragem.

ARTIGO 1.º

A Associação Centro de Arbitragem de Conflitos de Consumo de Lisboa, que adiante se designará abreviadamente por Centro ou Centro de Arbitragem, tem por objecto promover a resolução de pequenos conflitos de consumo na Área Metropolitana de Lisboa, compreendendo o tratamento de reclamações através da informação, mediação, conciliação e arbitragem.

ARTIGO 2.º

1 – O Centro é de âmbito metropolitano e tem a sua sede na Rua dos Douradores, n.º 114 em Lisboa.

2 – A sede do Centro poderá ser alterada por deliberação da Administração.

ARTIGO 3.º

O Centro é dirigido por uma Administração e integra um Tribunal Arbitral e um Serviço de Apoio Jurídico, cuja estrutura e funcionamento se encontram definidos em Regulamentos próprios.

ARTIGO 4.º

1 – O Centro de Arbitragem goza de autonomia jurídica e administrativa.

2 – Constituem em princípio receitas do Centro as verbas que lhe forem anualmente afectadas pelas entidades subscritoras de Protocolos de Cooperação Financeira, bem como as que venham a ser aprovadas pela Assembleia Geral da Associação.

ARTIGO 5.º

1 – Os conflitos no domínio do consumo cujo valor não ultrapasse os € 5.000,00 podem ser submetidos pelas partes, mediante convenção de arbitragem, a resolução por Tribunal Arbitral funcionando sob a égide do Centro de Arbitragem.

2 – Consideram-se conflitos no domínio do consumo os que decorrem do fornecimento de bens ou serviços destinados a uso privado, por pessoa singular ou colectiva que exerça, com carácter profissional e fins lucrativos, uma actividade económica.

3 – Têm-se por excluídos nomeadamente os conflitos de consumo relativos a intoxicações, lesões ou morte ou quando existam indícios de delitos de natureza criminal.

4 – Só podem ser submetidos à jurisdição do Tribunal Arbitral os conflitos decorrentes de aquisições de bens ou serviços efectuadas na Área Metropolitana de Lisboa.

5 – A submissão do conflito ao Tribunal Arbitral do Centro envolve a aceitação pelas partes do disposto neste Regulamento, que será tido como parte integrante na convenção de arbitragem.

ARTIGO 6.º

1 – Para os efeitos dos números seguintes os agentes económicos podem declarar que aderem previamente e com carácter genérico ao Regulamento de Arbitragem.

2 – Pela declaração referida no número anterior os agentes económicos obrigam-se a submeter a arbitragem do Centro todos os eventuais litígios posteriores a essa declaração.

3 – Pela mesma declaração, os agentes económicos obrigam-se ainda a, caso utilizem cláusulas contratuais gerais, inserir nelas cláusulas compromissórias designando como competente o Tribunal Arbitral do Centro.

4 – Os agentes económicos que aderirem ao Centro de Arbitragem constarão de uma lista de divulgação pública e terão direito a ostentar nos seus estabelecimentos um símbolo distintivo, a atribuir pelo Centro, que os identifique perante os consumidores.

5 – Caso o agente económico não respeite a decisão que vier a ser tomada pelo Juiz Árbitro ser-lhe-á retirado o direito a utilizar o símbolo distintivo do Centro bem como o de figurar na lista referida no número anterior.

ARTIGO 7.°

1 – A adesão das empresas ao sistema arbitral deve ser reduzida a escrito, podendo ter por objecto um litígio actual (compromisso arbitral) ou referir-se a litígios eventuais (Artigo 6.°).

2 – Considera-se reduzida a escrito a convenção de arbitragem constante de documento do qual resulte inequivocamente a intenção das partes em submeter o conflito a resolução pelo Tribunal Arbitral do Centro.

3 – Até à tomada da decisão arbitral, as partes podem, em documento assinado por ambas, revogar a sua decisão de submeter o conflito a resolução pelo Tribunal Arbitral.

ARTIGO 8.°

O Tribunal Arbitral é constituído por um único árbitro, nomeado pelo Conselho Superior da Magistratura.

ARTIGO 9.°

1 – A arbitragem decorrerá na sede do Centro.

2 – Tendo em conta as características especiais do litígio, pode excepcionalmente o árbitro determinar que o tribunal funcione noutro local.

ARTIGO 10.°

1 – Antes de iniciada a resolução do litígio por via arbitral pode ser envidada a solução do mesmo através de Tentativa de Conciliação a realizar pelo Director do Centro ou por Jurista Assistente designado para o efeito, que não seja o Jurista responsável pelo processo.

2 – As partes serão convocadas para a Tentativa de Conciliação e para Arbitragem, através de carta registada com aviso de recepção, de que constará a informação do que se refere no artigo seguinte.

3 – Obtida a Conciliação será lavrada a respectiva acta que, uma vez homologada pelo Juíz Árbitro, constituirá um título executivo.

4 – Se da Tentativa de Conciliação não resultar a solução do conflito, mas existir convenção de arbitragem, anterior ou posterior àquela tentativa, iniciar-se-á a fase de arbitragem após notificação das partes.

Regulamentos de Arbitragem

5 – Quando o processo for submetido ao tribunal já se deve mostrar instruído com os requerimentos e documentos tidos por necessários, nomeadamente a identificação das partes, a descrição sumária do objecto do litígio, meios de prova e fundamentos da pretensão. Havendo provas documentais, as mesmas deverão ser juntas ao processo.

ARTIGO 11.º

1 – O agente económico pode contestar por escrito ou oralmente.

2 – A contestação deverá ser acompanhada de todos os elementos probatórios dos factos alegados e indicação dos restantes meios de prova que o requerido se proponha apresentar.

3 – Com a contestação poderá a parte requerida apresentar testemunhas até um máximo de três.

ARTIGO 12.º

1 – Pode ser produzida perante o Tribunal Arbitral toda e qualquer prova admitida em direito.

2 – O Tribunal Arbitral, por sua iniciativa ou a requerimento de uma ou ambas as partes poderá:

a) Recolher depoimento pessoal das partes;

b) Ouvir terceiros;

c) Obter a entrega de documentos necessários;

d) Designar um ou mais peritos, definindo o âmbito da peritagem, recolhendo o seu depoimento e/ou relatório;

e) A peritagem pode consistir em análises ou exames directos dos bens e os encargos serão em princípio suportados pelas partes.

3 – As partes serão notificadas, com uma antecedência suficiente, de todos os elementos, requerimentos e documentos juntos pelas partes e das audiências e reuniões do Tribunal Arbitral, incluindo as efectuadas com a finalidade de examinar mercadorias, outros bens ou documentos.

4 – Finda a produção da prova, o tribunal decidirá de imediato e oralmente.

ARTIGO 13.º

O Juíz Árbitro julga segundo o direito constituído, sem prejuízo de as partes, na convenção de arbitragem ou na Audiência de Julgamento, o autorizarem a julgar segundo a equidade.

ARTIGO 14.º

Da Audiência de Julgamento será lavrada a respectiva acta, a assinar pelo Juíz Árbitro, que conterá a identificação das partes e de outros intervenientes, bem como a descrição e fundamentação sumária do litígio e respectiva decisão.

ARTIGO 15.º

1 – A decisão será sucintamente fundamentada e conterá os elementos referidos no artigo 23.º da Lei n.º 31/86, de 29 de Agosto.

2 – Proferida a decisão, será a mesma de imediato notificada às partes a quem será enviada uma cópia da mesma no prazo de 15 dias, sendo o original depositado na secretaria do Centro.

ARTIGO 16.º

1 – A decisão arbitral considera-se transitada em julgado decorridos dez dias após a sua notificação às partes sem que tenha havido arguição de nulidades, pedido de aclaração ou reforma.

2 – A decisão arbitral tem a mesma força executiva que a sentença do tribunal judicial de 1.ª instância.

ARTIGO 17.º

Qualquer das partes tem o direito de requerer a anulação da decisão arbitral, nos termos dos artigos 27.º e 28.º da Lei n.º 31/86, de 29 de Agosto.

ARTIGO 18.º

1 – No processo arbitral não é obrigatória a constituição de advogado, mas as partes podem designar quem as represente ou as assista junto do tribunal.

2 – A empresa e o consumidor podem ser representados ou assistidos por juristas designados para o efeito por parte das associações representativas dos seus interesses ou por advogado designado pela Ordem dos Advogados.

3 – Os Juristas do Serviço Jurídico do Centro exercerão as suas funções de apoio em relação a qualquer das partes, até ao Julgamento.

ARTIGO 19.º

1 – As reclamações e restantes peças do processo serão apresentadas através dos formulários existentes no Centro.

2 – No processo arbitral, as convocatórias serão feitas pessoalmente junto dos reclamados por funcionário do Centro ou por via postal, mediante carta registada com aviso de recepção, considerando-se efectuadas respectivamente na data de recepção da convocatória constante do livro de protocolo do Centro ou do aviso postal.

ARTIGO 20.º

1 – A execução da decisão corre no Tribunal de 1.ª Instância, ao abrigo do disposto no artigo 48.º do Código Processo Civil.

2 – O exequente está isento de preparos e custas na execução para obter o cumprimento das sentenças condenatórias proferidas pelos Tribunais Arbitrais dos Centros de Arbitragem de Conflitos de Consumo, nos termos do artigo único do Decreto-Lei n.º 103/91, de 8 de Março.

REGULAMENTO DE ARBITRAGEM DO CENTRO DE ARBITRAGEM DA UNIVERSIDADE CATÓLICA PORTUGUESA[1][2]

O CENTRO DE ARBITRAGEM DA UNIVERSIDADE CATÓLICA PORTUGUESA,

Considerando que a sua missão principal consiste em promover a constituição e assegurar o funcionamento de tribunais arbitrais encarregados de decidir diferendos que a lei permita e os interessados entendam submeter à arbitragem;

Considerando que a garantia de uma decisão célere proferida com a intervenção de pessoas especialmente habilitadas para apreciar uma vasta gama de situações litigiosas, caracterizadas por um crescente grau de complexidade e especificidade, constitui uma das principais motivações do recurso à arbitragem voluntária;

Considerando que uma das vocações primeiras da Universidade Católica Portuguesa consiste na sua permanente atenção aos problemas reais da sociedade;

Considerando que a universalidade e a multidisciplinariedade características da ambiência universitária e o elevado grau de preparação daqueles que dela participam constituem um esteio seguro para a criação de um quadro de pessoas capaz de assegurar o correcto exercício de funções judicativas,

Adoptou o presente

---

[1] O Centro de Arbitragem da Universidade Católica Portuguesa, com âmbito nacional e com carácter geral, foi criado mediante autorização concedida à Faculdade de Ciências Humanas da Universidade Católica Portuguesa pelo despacho do Ministro da Justiça n.º 30/87, de 9 de Março.

[2] A Cláusula Compromissória Tipo recomendada pelo Centro de Arbitragem da Universidade Católica Portuguesa encontra-se reproduzida imediatamente a seguir ao texto do presente Regulamento.

REGULAMENTO DE ARBITRAGEM

CAPÍTULO I
Disposições Gerais

ARTIGO 1.º
(Objecto da arbitragem; convenção de arbitragem)

1 – Todo o litígio que não respeite a direitos indisponíveis e que por lei não esteja submetido exclusivamente à jurisdição estadual ou a arbitragem necessária pode ser submetido pelas partes, mediante convenção de arbitragem, à decisão de um tribunal arbitral constituído no âmbito do Centro de Arbitragem da Universidade Católica Portuguesa (CAUCP), nos termos do presente regulamento.

2 – Sem prejuízo do disposto no n.º 2 do artigo 13.º, para que um litígio possa ser decidido através de arbitragem organizada no âmbito do CAUCP, será necessário que resulte de forma clara e inequívoca de uma convenção de arbitragem que, para a sua resolução, é competente um tribunal arbitral constituído de acordo com o número anterior.

3 – A submissão do litígio ao CAUCP envolve a aceitação pelas partes do disposto no presente regulamento, das alterações que entretanto lhe forem introduzidas, bem como dos regulamentos que o completem e das respectivas alterações.

ARTIGO 2.º
(Objecto da convenção de arbitragem)

1 – A convenção de arbitragem pode ter por objecto um litígio actual, ainda que se encontre afecto à jurisdição estadual (*compromisso arbitral*), ou litígios eventuais emergentes de uma determinada relação jurídica contratual ou extracontratual (*cláusula compromissória*).

2 – As partes podem acordar em considerar abrangidas no conceito de litígio, para além das questões de natureza contenciosa em sentido estrito, quaisquer outras, designadamente as relacionadas com a necessidade de precisar, completar, actualizar ou mesmo rever os contratos ou as relações jurídicas que estão na origem da convenção de arbitragem.

ARTIGO 3.º
(Forma e revogação da convenção de arbitragem)

1 – A convenção de arbitragem deve ser reduzida a escrito.

2 – Considera-se reduzida a escrito a convenção de arbitragem constante, ou de documento assinado pelas partes, ou de troca de cartas, telegramas, telex, telecópia, correio electrónico com a aposição das assinaturas digitais dos signatários ou outros meios de telecomunicação de que fique prova, quer esses instrumentos contenham directamente a convenção, quer deles conste cláusula de remissão para algum documento em que uma convenção esteja contida.

3 – A convenção de arbitragem pode ser revogada até à pronúncia da decisão arbitral, por escrito assinado pelas partes.

CAPÍTULO II
Do Tribunal Arbitral

ARTIGO 4.º
(Número de árbitros)

1 – O tribunal arbitral pode ser composto por um árbitro único ou por três árbitros.

2 – Se o contrário não resultar da convenção de arbitragem ou de acordo posterior reduzido a escrito, o tribunal arbitral será composto por um árbitro único.

3 – Se, porém, a natureza ou complexidade do litígio o aconselharem, o Director do CAUCP poderá determinar, ouvidas as partes, que o tribunal seja composto por três árbitros.

ARTIGO 5.º
(Quem pode ser árbitro)

1 – Os árbitros devem ser pessoas singulares e plenamente capazes.

2 – Existirá no Secretariado do CAUCP uma lista de pessoas que poderão ser investidas nas funções de árbitro, nos termos do presente regu-

lamento, designada Lista de Árbitros e Mediadores. A Lista de Árbitros e Mediadores tem carácter meramente indicativo, podendo as partes ou os árbitros por elas escolhidos designar ou propor a nomeação como árbitro de pessoa que nela não esteja inscrita.

3 – Nos casos em que lhe caiba a escolha de qualquer árbitro, o Director do CAUCP só excepcionalmente e mediante despacho fundamentado poderá fazer recair tal escolha em pessoa não constante da lista.

ARTIGO 6.º
(Aceitação da função; escusa)

1 – Ninguém pode ser obrigado a funcionar como árbitro, mas, se o encargo tiver sido aceite, só será legítima a escusa fundada em causa superveniente que impossibilite o designado de exercer a função.

2 – Considera-se aceite o encargo sempre que a pessoa designada revele inequivocamente a intenção de agir como árbitro ou, tratando-se de pessoa cujo nome conste da lista a que se refere o n.º 2 do artigo anterior, não declare por escrito, dentro dos 10 dias subsequentes à comunicação da respectiva designação ou nomeação como árbitro, que não quer exercer a função.

3 – O árbitro que, tendo aceitado o encargo, se escusar injustificadamente a exercer a sua função responde pelos danos a que der causa.

ARTIGO 7.º
(Impedimentos e suspeições)

1 – Aos árbitros não designados por acordo das partes é aplicável o regime de impedimentos e suspeições estabelecido na lei processual para os juízes.

2 – A parte não pode recusar o árbitro por ela designado, salvo ocorrência de causa superveniente de impedimento ou suspeição, nos termos do número anterior.

3 – A arguição de impedimento ou suspeição será apreciada pelo Director do CAUCP, após sumária produção de prova.

ARTIGO 8.º
(Substituição dos árbitros)

1 – No caso de algum árbitro falecer ou se impossibilitar permanentemente para o exercício das suas funções, proceder-se-á à sua substituição segundo as regras aplicáveis à sua designação, com as necessárias adaptações.

2 – Se algum dos árbitros se escusar ou se, por qualquer outro motivo, a sua designação ficar sem efeito, será substituído por outro árbitro, a designar pelo Director do CAUCP.

3 – Os árbitros só podem propor a nomeação de outros árbitros em sua substituição desde que as partes que os designarem lhes tenham conferido esse poder.

ARTIGO 9.º
(Designação dos árbitros; regra geral)

1 – Os árbitros são designados mediante acordo escrito das partes, constante ou não da convenção de arbitragem, ou pelo modo entre elas acordado.

2 – Na falta de acordo, aplicar-se-á o disposto nos artigos seguintes.

ARTIGO 10.º
(Designação do árbitro único)

1 – Se o tribunal for composto por um árbitro único, não estando este ainda designado na altura da apresentação do requerimento de abertura do processo arbitral na secretaria do CAUCP, nem existindo acordo escrito das partes quanto ao modo de proceder à sua designação, deve tal requerimento incluir uma proposta indicando uma pessoa para desempenhar a respectiva função.

2 – Na contestação, a parte requerida deve pronunciar-se sobre a proposta feita pela requerente.

3 – Não havendo aceitação da proposta, será o árbitro único nomeado pelo Director do CAUCP.

4 – Se, porém, a requerente tiver admitido contraproposta e a requerida a apresentar na contestação, o Director do CAUCP fixará à requerente

um prazo, não superior a 10 dias, para a aceitar ou rejeitar. Não sendo a contraproposta aceite até ao termo do prazo, competirá ao Director do CAUCP nomear o árbitro único.

5 – Sendo várias as partes requerentes deverão as mesmas propor uma única pessoa para assumir as funções de árbitro. Igual regra se aplica, quanto à aceitação dessa proposta, sendo várias as partes requeridas.

ARTIGO 11.º
(Designação dos árbitros no caso de tribunal colegial)

1 – Se o tribunal for composto por três árbitros e os seus membros não estiverem ainda designados à data da apresentação do requerimento de abertura do processo arbitral na secretaria do CAUCP, nem existir acordo escrito das partes quanto ao modo de proceder à respectiva designação, compete a cada uma das partes no litígio designar um árbitro. A requerente fá-lo-á no requerimento de abertura do processo arbitral e a requerida, na contestação, pronunciando-se, ainda, sobre a pessoa designada pela requerente.

2 – Se a requerida tiver indicado o árbitro que lhe compete designar, o Director do CAUCP fixará à requerente um prazo, não superior a 10 dias, para se pronunciar sobre aquela designação.

3 – Se qualquer das partes se abstiver de indicar o árbitro que lhe couber designar, competirá ao Director do CAUCP nomear o árbitro ou árbitros em falta.

4 – Sendo várias as partes requerentes, caber-lhes-á a designação de um único árbitro. Igual regra se aplica no caso de haver várias partes requeridas.

5 – Logo que estejam designados ou nomeados os árbitros que às partes compete indicar, não havendo razão para decidir de outro modo, o Director do CAUCP fixará aos árbitros designados ou nomeados um prazo, não superior a 10 dias, para escolherem um terceiro árbitro, que presidirá ao tribunal. Tratando-se de árbitros cujo nome conste da Lista de Árbitros e Mediadores, em igual prazo poderão recusar a respectiva indigitação.

6 – Na falta de escolha do terceiro árbitro, no prazo fixado, o árbitro presidente será nomeado pelo Director do CAUCP.

ARTIGO 12.º
(Constituição do tribunal arbitral)

1 – Uma vez designados ou nomeados os árbitros nos termos previstos, pelas partes ou referidos nos artigos anteriores, o Director do CAUCP, se o não tiver feito antes, notificá-los-á para, no prazo de 10 dias, declararem se aceitam ou recusam a respectiva indigitação.

2 – Decorrido o prazo referido no número anterior, o Director do CAUCP, não havendo razão para decidir de outro modo, confirmará os árbitros que não tiver nomeado e declarará constituído o tribunal arbitral, notificando os interessados do respectivo despacho.

3 – Se, porém, for patente a falta, nulidade ou não inclusão do litígio no âmbito da convenção de arbitragem invocada pela requerente e a requerida não contestar ou, contestando, negar a competência do tribunal arbitral com um desses fundamentos, o Director do CAUCP não procederá a tal constituição, notificando as partes da sua decisão.

ARTIGO 13.º
(Incompetência do tribunal)

1 – O tribunal arbitral pode pronunciar-se sobre a sua própria competência, mesmo que para esse fim seja necessário apreciar a existência, validade ou eficácia da convenção de arbitragem ou do contrato em que ela se insira, ou a aplicabilidade da referida convenção.

2 – A excepção da incompetência do tribunal arbitral só pode ser arguida até à apresentação da contestação. O facto de uma das partes ter designado um árbitro ou de ter participado na sua designação, não a priva do direito de arguir a excepção da incompetência do tribunal arbitral.

3 – A decisão pela qual o tribunal se declara competente só pode ser apreciada pelo tribunal estadual depois de proferida a sentença arbitral e apenas por via de recurso, se este for admissível, ou em sede de acção de anulação ou de oposição à execução.

CAPÍTULO III
Do Processo Arbitral

SECÇÃO I
Regras Gerais

ARTIGO 14.º
(Princípios fundamentais)

Toda a arbitragem organizada no âmbito do CAUCP respeitará em absoluto o princípio da igualdade de tratamento das partes e observará rigorosamente, em todas as fases do processo, o princípio do contraditório.

ARTIGO 15.º
(Local da arbitragem)

1 – As partes podem acordar em que a arbitragem decorra na sede do CAUCP, nas instalações da Faculdade de Direito da Universidade Católica Portuguesa no Porto ou noutro local em que a Universidade Católica Portuguesa tenha instalações adequadas.

2 – Mediante solicitação fundamentada de ambas as partes e atendendo às características especiais do caso, o Director do CAUCP poderá ainda determinar que a arbitragem tenha lugar noutro local dentro do território nacional.

3 – O tribunal arbitral nunca poderá funcionar nas instalações de qualquer das partes.

4 – Se não houver acordo das partes noutro sentido, o tribunal arbitral funcionará na sede do CAUCP.

ARTIGO 16.º
(Língua a utilizar no processo arbitral)

1 – Nos processos arbitrais organizados no âmbito do CAUCP utilizar-se-á a língua portuguesa.

2 – No caso de a arbitragem ser internacional, as partes podem, por acordo, escolher livremente a língua ou as línguas a utilizar no processo

arbitral. Na falta de acordo, o tribunal arbitral determinará a língua ou as línguas a utilizar no processo. Salvo se o contrário tiver sido convencionado pelas partes ou determinado pelo próprio tribunal, o acordo ou determinação quanto à língua a utilizar aplicam-se a qualquer declaração escrita de uma das partes, a qualquer procedimento oral e a qualquer sentença, decisão ou comunicação do tribunal arbitral.

3 – O tribunal arbitral pode, no caso previsto no número anterior, ordenar que qualquer meio de prova ou documento relevante para o processo seja acompanhado de uma tradução na língua ou línguas convencionadas pelas partes ou escolhidas pelo tribunal arbitral.

ARTIGO 17.º
(Forma das citações e notificações)

1 – A citação será efectuada por meio de carta registada com aviso de recepção ou mediante protocolo.

2 – Os actos de notificação previstos no presente regulamento serão efectuados por meio de carta registada com aviso de recepção, mediante protocolo ou por meio de telecópia ou correio electrónico com a aposição da assinatura digital do Secretário, valendo, neste último caso, como data da prática do acto processual a da sua expedição.

ARTIGO 18.º
(Número de exemplares dos articulados e documentos)

1 – Todos os articulados e os documentos que os acompanhem serão apresentados pelas partes em número igual à soma do número de partes intervenientes no processo arbitral e do número de árbitros que constituem o tribunal arbitral, acrescido de um exemplar para o Secretariado do CAUCP.

2 – Quando, porém, os articulados forem apresentados em suporte digital ou enviados através de correio electrónico, a parte que os apresenta fica dispensada de oferecer os duplicados, devendo o Secretariado extrair tantos exemplares quantos os duplicados previstos no número anterior.

254 *Arbitragem Voluntária*

ARTIGO 19.º
(Contagem dos prazos)

Os prazos fixados no presente regulamento são contínuos, suspendendo-se apenas durante o mês de Agosto, salvo se a sua duração for igual ou superior a seis meses.

SECÇÃO II
Marcha do processo

ARTIGO 20.º
(Iniciativa do processo)

1 – Sem prejuízo de as partes poderem apresentar petição conjunta, a iniciativa do processo pode ser tomada por qualquer das partes.

2 – Qualquer das partes de uma convenção de arbitragem que pretenda submeter um litígio a arbitragem organizada no âmbito do CAUCP deve dirigir um requerimento nesse sentido ao Director deste Centro.

3 – Este requerimento conterá, nomeadamente:

a) A identificação completa das partes e respectivas moradas;

b) A indicação do local onde a requerente deverá ser notificada;

c) A indicação da convenção de arbitragem em que se funda a competência atribuída ao CAUCP, incluindo eventuais escritos que completem ou esclareçam o texto de base;

d) A exposição dos factos e das razões de direito que servem de fundamento ao pedido;

e) A apresentação sintética e precisa das suas pretensões, destacando estas da respectiva fundamentação;

f) A indicação do valor do litígio;

g) A identificação do árbitro ou dos árbitros previamente designados pelas partes na convenção de arbitragem ou em escrito posterior, ou, no caso de essa designação não ter sido feita, a designação do árbitro que à parte requerente caiba designar ou a pessoa proposta para ser designada por acordo das partes como árbitro único.

4 – O requerimento a que se referem os números anteriores deverá ser acompanhado de todos os documentos com que se pretenda provar os factos que servem de base ao pedido nele formulado, bem como da taxa

de inscrição prevista no n.º 2 do artigo 5.º do Regulamento das Custas do CAUCP.

ARTIGO 21.º
(Citação)

1 – Uma vez recebido na secretaria do CAUCP o requerimento a que se refere o artigo anterior, nas condições aí previstas, deverá o Director verificar, sem demora, a respectiva regularidade formal e, não havendo motivo para indeferimento liminar ou despacho de aperfeiçoamento, mandar citar a outra parte para contestar, em prazo que fixará entre 20 e 40 dias, a contar da data da citação.

2 – A citação será acompanhada de um exemplar do requerimento referido no artigo anterior e da documentação com ele apresentada, bem como de um exemplar do presente regulamento.

3 – Se a parte requerida residir ou tiver sede fora do território continental ou do território insular em que tiver lugar a arbitragem, o prazo para a contestação a que se refere o n.º 1 deste artigo será aumentado entre 10 e 20 dias.

4 – Excepcionalmente, a parte requerida poderá solicitar um prazo suplementar para apresentar a contestação e a competente documentação.

ARTIGO 22.º
(Contestação)

1 – Na contestação, deve a parte requerida:

a) Pronunciar-se sobre a competência do tribunal, o árbitro proposto ou designado pela requerente, bem como designar o árbitro que lhe competir indicar;

b) Indicar o local ou o endereço electrónico em que deve ser notificada;

c) Expor as razões de facto e de direito por que se opõe à pretensão da requerente;

d) Deduzir, querendo, reconvenção.

2 – A reconvenção deve ser deduzida discriminadamente e com observância do disposto nas alíneas *d)* a *f)* do n.º 3 e do n.º 4 do artigo 20.º.

ARTIGO 23.º
(Notificação da contestação; resposta à reconvenção)

1 – A apresentação da contestação, nas condições previstas no artigo anterior, será notificada pelo Director do CAUCP à requerente, no prazo de 10 dias, devendo-lhe ser remetido um exemplar da mesma e dos documentos que a instruam.

2 – A requerente poderá, no prazo que lhe for fixado nos termos do n.º 4 do artigo 10.º ou do n.º 2 do artigo 11.º, pronunciar-se sobre o árbitro designado ou proposto pela requerida.

3 – Se tiver sido deduzida reconvenção, a requerente pode responder-lhe em prazo idêntico ao que tiver sido fixado para a contestação, a contar da data da notificação desta, sendo aplicável com as necessárias adaptações o disposto no n.º 4 do artigo 21.º.

4 – Se tiver sido deduzida alguma excepção, a requente pode responder-lhe no prazo de 10 dias a contar da notificação da contestação.

ARTIGO 24.º
(Falta de contestação ou de resposta à reconvenção)

1 – A falta de contestação e a falta de resposta à reconvenção implicam a admissão por acordo de todos os factos constantes, respectivamente, da petição e da reconvenção.

2 – Esta cominação deve ser indicada expressamente na citação ou na notificação da reconvenção, para conhecimento da parte interessada.

ARTIGO 25.º
(Pagamento dos preparos e remessa do processo aos árbitros)

1 – Após a constituição do tribunal arbitral, o Director do CAUCP notificará as partes para procederem ao pagamento dos preparos e à apresentação das garantias devidas.

2 – Mostrando-se pagos os preparos e prestadas as garantias referidas no número anterior, o Director do CAUP remeterá o processo ao tribunal arbitral.

3 – Se o processo não puder prosseguir por falta de pagamento de preparo ou prestação de garantia por qualquer das partes, poderá a outra suprir essa falta nos termos do Regulamento das Custas do CAUCP.

ARTIGO 26.º
(Medidas conservatórias)

Salvo convenção em contrário, o tribunal arbitral pode, a pedido de uma das partes, ordenar a qualquer delas que adopte as medidas conservatórias que o mesmo tribunal considere necessárias ou que preste uma garantia adequada.

ARTIGO 27.º
(Despacho de missão)

1 – No prazo máximo de 30 dias a contar da data do recebimento do processo, deverá o tribunal arbitral proferir um despacho em que, com base em todos os elementos disponíveis, fixará a sua missão.

2 – O despacho a que se refere o número anterior conterá, nomeadamente:

a) A identificação das partes, com indicação do local onde deverão ser notificadas;

b) A identificação dos árbitros;

c) A indicação do local da arbitragem e da língua ou das línguas a utilizar no processo;

d) Uma exposição sumária das pretensões das partes;

e) A determição das questões sobre as quais deverá ser proferida decisão;

f) A indicação do direito escolhido pelas partes ou, se for caso disso, dos poderes que ao tribunal tenham sido conferidos para decidir segundo a equidade.

3 – O prazo estabelecido no n.º 1 poderá ser excepcionalmente prorrogado por idêntico período pelo Director do CAUCP, a requerimento fundamentado dos membros do tribunal.

ARTIGO 28.º
(Instrução e produção da prova)

1 – Pode ser produzida perante um tribunal arbitral organizado no âmbito do CAUCP qualquer prova admitida pela lei processual.

2 – As partes deverão indicar nos respectivos articulados todos os meios de prova que se proponham produzir e juntar logo com aqueles todos os documentos probatórios dos factos neles alegados.

3 – O tribunal arbitral pode, por sua iniciativa ou a requerimento de uma ou de ambas as partes, odenar, com observância do princípio do contraditório, a realização das diligências probatórias que entenda necessárias ou convenientes e, nomeadamente:

a) Solicitar a entrega de documentos em poder das partes ou de terceiros;

b) Recolher o depoimento das partes;

c) Nomear um ou mais peritos encarregados de elaborar um relatório sobre pontos específicos que o tribunal arbitral determinará;

d) Proceder a exames ou verificações directas;

e) Inquirir testemunhas.

ARTIGO 29.º
(Discussão da causa)

1 – Terminada a produção da prova, serão as partes notificadas para comparecerem no local onde funciona a arbitragem, em dia e hora determinados, com o fim de se proceder à discussão oral da causa.

2 – Se as partes acordarem em que a discussão se processe por escrito, não haverá lugar à realização da audiência, devendo o tribunal fixar prazo, não inferior a 10 nem superior a 30 dias, para cada uma das partes apresentar as suas alegações.

ARTIGO 30.º
(Transacção)

Se as partes, em qualquer estado do processo, transigirem sobre o objecto do litígio, o tribunal arbitral homologará por sentença o acordo a que estas tenham chegado.

SECÇÃO III
Sentença arbitral

ARTIGO 31.º
(Prazo)

1 – A sentença do tribunal arbitral será proferida no prazo máximo de 6 meses a contar da data do encerramento da instrução, salvo se as partes, na convenção de arbitragem ou em documento subscrito até à aceitação do primeiro árbitro, tiverem convencionado um prazo superior.

2 – Por decisão do Director do CAUCP, mediante solicitação do tribunal arbitral e obtido o acordo das partes, poderá o prazo da sentença ser prorrogado até ao dobro da sua duração inicial.

3 – Os árbitros que injustificadamente obstarem a que a decisão seja proferida dentro do prazo fixado respondem pelos danos causados.

ARTIGO 32.º
(Votação)

1 – Se o tribunal abitral for composto por três árbitros, a decisão arbitral será tomada por maioria dos votos. Não é admissível a abstenção.

2 – Não sendo possível formar uma maioria, o presidente do tribunal decide sozinho.

ARTIGO 33.º
(Direito aplicável)

1 – Os árbitros julgam segundo o direito constituído, a menos que as partes, na convenção de arbitragem ou em documento subscrito até à aceitação do primeiro árbitro, os autorizarem a julgar segundo a equidade.

2 – Se se tratar de arbitragem internacional, por pôr em jogo interesses do comércio internacional, as partes podem escolher o direito a aplicar pelos árbitros, se os não tiverem autorizado a julgar segundo a equidade. Na falta de escolha, o tribunal aplica o direito mais apropriado ao litígio.

ARTIGO 34.º
(Forma e requisitos)

A sentença do tribunal arbitral é reduzida a escrito e dela constará:
a) A identificação das partes;
b) A referência à convenção de arbitragem;
c) A identificação dos árbitros;
d) O objecto do litígio e a posição assumida por cada uma das partes perante ele;
e) A decisão sobre o objecto do litígio, devidamente fundamentada;
f) O lugar da arbitragem e o local e data em que a decisão foi proferida;
g) A assinatura de, pelo menos, a maioria dos árbitros;
h) A indicação dos árbitros que não puderam ou não quiseram assinar;
i) A repartição pelas partes das custas do processo arbitral.

ARTIGO 35.º
(Notificações e depósito)

1 – Proferida a sentença, o árbitro ou o presidente do tribunal arbitral mandará notificar o facto às partes, comunicando-lhes o valor das custas que cada uma delas terá que pagar.

2 – O original da sentença arbitral é depositado na Secretaria do CAUCP.

3 – Logo que cada uma das partes tenha pago integralmente as custas por ela devidas, relativas à arbitragem realizada, ser-lhe-á remetida uma cópia da sentença, devidamente autenticada.

ARTIGO 36.º
(Carácter definitivo)

1 – A menos que na convenção de arbitragem se haja previsto o contrário, a sentença proferida por tribunal arbitral constituído no âmbito do CAUCP é definitiva, dela não cabendo qualquer recurso.

2 – A irrecorribilidade da sentença arbitral não prejudica o direito das partes de requererem a sua anulação junto da jurisdição estadual competente, nos termos legais.

CLÁUSULA COMPROMISSÓRIA TIPO

RECOMENDADA PELO
CENTRO DE ARBITRAGEM DA UNIVERSIDADE CATÓLICA PORTUGUESA

«1 – Todos os litígios emergentes do presente contrato serão definitivamente resolvidos de acordo com o Regulamento de Arbitragem do Centro de Arbitragem da Universidade Católica Portuguesa (CAUCP), por um ou três árbitros[1], nomeados nos termos desse Regulamento[2].

2 – No conceito de litígio abrangem-se todas as questões compreendidas no n.º 2 do artigo 2.º do Regulamento de Arbitragem do CAUCP[3].

3 – A arbitragem decorrerá na sede do CAUCP, em Lisboa [*alternativa*: nas instalações da Faculdade de Direito da Universidade Católica Portuguesa no Porto][4], e a decisão que vier a ser proferida tem carácter definitivo, nos termos do artigo 36.º do respectivo Regulamento.

4 – O tribunal arbitral que se vier a constituir em cumprimento do disposto nesta cláusula, julgará segundo a equidade[5].»

---

[1] Os interessados, se o pretenderem, poderão desde logo indicar o número de árbitros, modificando em conformidade a presente cláusula-tipo. Caso não o façam, nos termos do Regulamento de Arbitragem em vigor, o tribunal será, em princípio, composto por um único árbitro (cfr. artigo 4.º).

[2] Os interessados, se o pretenderem, poderão modificar a presente cláusula-tipo indicando desde logo o nome do árbitro ou árbitros que integrarão o tribunal ou o modo de proceder à respectiva designação.

[3] Os interessados, se o pretenderem, poderão restringir o âmbito das questões sujeitas a arbitragem, modificando em conformidade a presente cláusula-tipo.

[4] Os interessados poderão indicar outra localidade, conforme se dispõe no artigo 15.º do Regulamento de Arbitragem.

[5] Facultativo. Os interessados, se o pretenderem, poderão dispor de modo diferente, eliminando este número. Aplicar-se-á nesse caso o artigo 33.º do Regulamento de Arbitragem, que manda julgar, na falta de determinação em sentido diferente, segundo o direito constituído. Tratando-se de arbitragem internacional, os interessados, se o pretenderem, poderão indicar neste número o direito a aplicar pelos árbitros.

REGULAMENTO DO TRIBUNAL ARBITRAL DO CENTRO DE ARBITRAGEM COMERCIAL[1][2][3]

ARTIGO 1.°

1 – Qualquer litígio em matéria comercial, que por lei especial não esteja submetido exclusivamente a tribunal judicial ou a arbitragem necessária e não respeite a direitos indisponíveis, pode ser submetido pelas partes, mediante convenção de arbitragem, ao Centro de Arbitragem Comercial da Associação Comercial de Lisboa / Câmara de Comércio e Indústria Portuguesa e Associação Comercial do Porto / Câmara de Comércio e Indústria do Porto (adiante designado por Centro de Arbitragem Comercial), para resolução por tribunal arbitral funcionando sob a égide do referido Centro, nos termos do presente Regulamento e dos que o modificarem ou completarem.

2 – A submissão do litígio ao Centro de Arbitragem Comercial envolve a aceitação pelas partes do disposto nos regulamentos referidos no número anterior, que serão tidos como parte integrante da convenção de arbitragem.

---

[1] Regulamento aprovado em 1 de Outubro de 1987, com alterações aprovadas em 31 de Janeiro e 28 de Abril de 1992.

[2] Mediante autorização concedida pelo Despacho Ministerial n.° 26/87, de 9 de Março, a Associação Comercial de Lisboa – Câmara de Comércio e Indústria Portuguesa, em conjunto com a Associação Comercial do Porto – Câmara de Comércio e Indústria do Porto, criaram o Centro de Arbitragem Comercial, com âmbito nacional e competência para dirimir quaisquer conflitos em matéria comercial.

[3] Cláusula de arbitragem recomendada pelo Centro de Arbitragem Comercial:
"Todos os diferendos decorrentes do presente contrato serão resolvidos definitivamente de acordo com o Regulamento do Tribunal Arbitral do Centro de Arbitragem Comercial da Câmara de Comércio e Indústria Portuguesa / Associação Comercial de Lisboa e da Associação Comercial do Porto / Câmara de Comércio e Indústria do Porto, por um ou mais árbitros nomeados de acordo com esse Regulamento."

ARTIGO 2.º

1 – A convenção de arbitragem pode ter por objecto um litígio actual, ainda que se encontre afecto a tribunal judicial (compromisso arbitral), ou litígios eventuais emergentes de uma determinada relação jurídica contratual ou extra-contratual (cláusula compromissória).

2 – As partes podem acordar em considerar abrangidas no conceito do litígio, para além das questões de natureza contenciosa em sentido estrito, quaisquer outras, designadamente as relacionadas com a necessidade de precisar, completar, actualizar ou mesmo rever os contratos ou as relações jurídicas que estão na origem da convenção de arbitragem.

3 – O compromisso arbitral deve determinar com precisão o objecto do litígio; a cláusula compromissória deve especificar a relação jurídica a que os litígios respeitem.

ARTIGO 3.º

1 – A convenção de arbitragem deve ser reduzida a escrito.

2 – Considera-se reduzida a escrito a convenção de arbitragem constante de documento assinado pelas partes, ou de troca de cartas, telex, telegramas ou outros meios de telecomunicação de que fique prova escrita, quer esses instrumentos contenham directamente a convenção quer deles conste cláusula de remissão para algum documento em que uma convenção esteja contida.

3 – Da convenção deve resultar inequivocamente a intenção das partes de submeter a resolução do litígio ao Centro de Arbitragem Comercial da Associação Comercial de Lisboa – Câmara de Comércio e Indústria Portuguesa e Associação Comercial do Porto – Câmara de Comércio e Indústria do Porto, nos termos do Artigo 1.º.

4 – A convenção de arbitragem pode ser revogada até à pronúncia da decisão arbitral, por escrito assinado pelas partes.

ARTIGO 4.º

1 – O tribunal arbitral pode ser constituído por um único ou por três árbitros.

2 – Se o número de membros não for fixado na convenção de arbitragem ou em escrito posterior assinado pelas partes, o tribunal será composto por três árbitros.

ARTIGO 5.º

Os árbitros devem ser pessoas singulares e plenamente capazes.

ARTIGO 6.º

1 – Na convenção de arbitragem ou em escrito posterior por elas assinado, podem as partes designar o árbitro ou árbitros que constituirão o Tribunal.

2 – Se o Tribunal for constituído por mais que um árbitro, podem as partes acordar na designação do presidente, desde que o façam por escrito, até à aceitação do primeiro árbitro.

3 – Na falta de designação pelas partes do árbitro único que deve constituir o Tribunal, caberá tal designação ao Presidente do Conselho de Arbitragem.

4 – Se o Tribunal for constituído por três árbitros e as partes não os tiverem designado, cada uma delas escolherá um árbitro, pertencendo a designação do terceiro, que presidirá ao Tribunal, ao Presidente do Conselho de Arbitragem.

5 – Sendo o Tribunal constituído por três árbitros e faltando a designação, por uma das partes, do árbitro que lhe cabia indicar, competirá tal designação ao Presidente do Conselho de Arbitragem.

6 – Se o Tribunal for constituído por três árbitros e as partes não os tiverem designado nem seja possível constituir o Tribunal nos termos do n.º 4, o Presidente do Conselho de Arbitragem designará todos os árbitros. Se estes, na primeira reunião, não escolherem entre si o presidente, caberá tal indicação ao Presidente do Conselho de Arbitragem.

ARTIGO 7.º

1 – Ninguém pode ser obrigado a funcionar como árbitro; mas, se o encargo tiver sido aceite, só será legítima a escusa fundada em causa superveniente que impossibilite o designado de exercer a função.

2 – Considera-se aceite o encargo sempre que a pessoa designada revele a intenção de agir como árbitro ou não declare por escrito, dentro dos dez dias subsequentes à comunicação da designação, que não quer exercer a função.

266 *Arbitragem Voluntária*

3 – O árbitro que tendo aceitado o encargo se escusar injustificadamente ao exercício da sua função responde pelos danos a que der causa.

ARTIGO 8.º

1 – Aos árbitros não designados por acordo das partes é aplicável
o regime de impedimentos e suspeições estabelecidas na lei de processo
civil para os juizes.

2 – A parte não pode recusar o árbitro por ela designado salvo ocorrência de causa superveniente de impedimento ou suspeição, nos termos
do número anterior.

3 – A arguição de impedimento ou suspeição será apreciada pelo Presidente do Conselho de Arbitragem, após sumária produção de prova.

ARTIGO 9.º

1 – No caso de algum dos árbitros falecer ou se impossibilitar permanentemente para o exercício das suas funções, proceder-se-à à sua substituição segundo as regras aplicáveis à sua designação, com as necessárias
adaptações.

2 – Se algum dos árbitros se escusar ou se, por qualquer motivo, a sua
designação ficar sem efeito, será substituído por outro árbitro, a designar
pelo Presidente do Conselho de Arbitragem.

ARTIGO 10.º

1 – Sempre que por força do disposto na convenção arbitral ou no
presente regulamento couber ao Presidente do Conselho de Arbitragem
a designação de árbitro ou árbitros, deverão estes ser escolhidos de entre
os constantes da lista aprovada pelo Conselho de Arbitragem, salvo
quando dessa lista não constem pessoas com as qualificações exigidas
pelas condições específicas do litígio em causa.

2 – As pessoas designadas a coberto da excepção prevista na parte
final do número anterior só poderão voltar a ser nomeadas pelo Presidente
do Conselho de Arbitragem como árbitros, se vierem a ser incluídas na
lista de árbitros aprovada pelo Conselho de Arbitragem.

ARTIGO 11.º

1 – A arbitragem decorrerá na sede de uma das Câmaras de Comércio, à escolha das partes e, na falta de acordo, na sede da que for designada pelo Presidente do Conselho de Arbitragem.

2 – Tendo em conta as características especiais do litígio, pode excepcionalmente o Presidente do Conselho de Arbitragem determinar que o Tribunal funcione noutro local, mas nunca nas instalações de qualquer das partes.

ARTIGO 12.º

1 – Qualquer das partes na convenção de arbitragem que pretenda instaurar um litígio em tribunal arbitral sob a égide do Centro de Arbitragem Comercial, deverá dirigir requerimento nesse sentido ao Presidente do Conselho de Arbitragem.

2 – O requerimento será acompanhado da convenção de arbitragem e conterá a designação do árbitro ou árbitros que ao requerente caiba escolher, bem assim como a indicação do árbitro ou árbitros propostos para serem designados por acordo das partes.

3 – Com o requerimento será junta a petição, da qual constará a identificação da parte contra a qual se pretende instaurar o processo e a indicação do objecto e dos fundamentos de pretensão do requerente.

ARTIGO 13.º

1 – Dentro de cinco dias, o Presidente do Conselho de Arbitragem mandará citar a parte requerida para contestar, bem como designar o árbitro ou árbitros que lhe caiba escolher e para se pronunciar sobre a indicação do árbitro ou árbitros a serem designados por acordo das partes.

2 – No caso de a parte requerida recusar a indicação do árbitro ou árbitros propostos pelo requerente para serem designados por acordo, poderá indicar outro ou outros para esse efeito. A indicação será comunicada à parte requerente para aceitar ou recusar o árbitro ou árbitros propostos dentro de cinco dias.

3 – Se não houver acordo das partes sobre a designação do árbitro ou árbitros que devam ser escolhidos por ambas, caberá tal designação ao Presidente do Conselho de Arbitragem.

268   *Arbitragem Voluntária*

4 – A citação será acompanhada da remessa de um exemplar do requerimento, da petição e dos documentos que a acompanham.

ARTIGO 14.º

1 – O prazo para a contestação será fixado pelo Presidente do Conselho de Arbitragem entre dez e vinte dias, a contar da citação.

2 – Se a parte requerida residir no estrangeiro, o prazo para a contestação será aumentado, segundo o critério do Presidente do Conselho de Arbitragem, de mais cinco a vinte dias.

ARTIGO 15.º

1 – Recebida a contestação, o Presidente do Conselho de Arbitragem remeterá dentro de cinco dias um exemplar dela e dos documentos que a instruem à parte requerente.

2 – Se for deduzida reconvenção, o Presidente do Conselho de Arbitragem fixará prazo para a resposta do requerente, entre oito a quinze dias.

ARTIGO 16.º

1 – Os articulados deverão ser acompanhados de todos os documentos probatórios dos factos alegados e da indicação dos restantes meios de prova que as partes se proponham produzir.

2 – A requerimento de qualquer das partes ou por sua iniciativa, poderá o Presidente do Conselho de Arbitragem fixar um prazo até dez dias, para que as partes completem a indicação dos seus meios de prova.

ARTIGO 17.º

1 – A falta de contestação implica a admissão por acordo de todos os factos constantes da petição, devendo esta cominação ser levada na citação ao conhecimento da parte requerida.

2 – A mesma cominação se aplica à falta de resposta à reconvenção e deve ser levada ao conhecimento da parte requerente quando a contestação lhe for remetida.

ARTIGO 18.º

1 – Findos os articulados, o Presidente do Conselho de Arbitragem definirá a composição do tribunal arbitral, designando o árbitro ou árbitros que lhe caiba nomear, nos termos da convenção de arbitragem e do presente regulamento, salvo se entender que não há lugar à instituição do tribunal por ausência ou manifesta nulidade da convenção de arbitragem.

2 – No caso previsto na parte final do número anterior, deve o Presidente do Conselho de Arbitragem notificar as partes da sua decisão.

ARTIGO 19.º

1 – Constituído o tribunal arbitral, serão as partes convocadas para uma tentativa de conciliação, em audiência a realizar na sede da arbitragem.

2 – Nessa audiência o tribunal procurará obter a composição das partes, na base do equilíbrio dos interesses em jogo.

3 – Se na audiência referida no n.º 1 ou em estádio posterior do processo as partes acordarem na solução do litígio, o tribunal proferirá sentença arbitral que homologue esse acordo.

ARTIGO 20.º

1 – A questão da incompetência do tribunal arbitral só pode ser arguida até à apresentação da contestação.

2 – Se não tiver havido conciliação entre as partes, estas produzirão alegações orais sobre a questão na audiência prevista no n.º 1 do artigo anterior e o tribunal decidirá dentro de cinco dias.

3 – A decisão pela qual o tribunal arbitral se declare competente só pode ser apreciada pelo tribunal judicial nos termos do n.º 4 do artigo 21.º da Lei n.º 31/86, de 29 de Agosto.

ARTIGO 21.º

O tribunal arbitral procederá à instrução da causa no mais curto prazo possível, tendo em conta o disposto no artigo 24.º.

ARTIGO 22.º

1 – Pode ser produzida perante o tribunal arbitral qualquer prova admitida pela lei de processo civil.

2 – Cabe designadamente ao tribunal arbitral, por sua iniciativa ou a requerimento de uma ou de ambas as partes:

a) Recolher depoimento pessoal das partes;

b) Ouvir terceiros;

c) Promover a entrega de documentos em poder das partes ou de terceiros;

d) Designar um ou mais peritos, definindo a sua missão e recolhendo o seu depoimento ou os seus relatórios;

e) Proceder a exames ou verificações directas.

3 – Em todas as diligências de produção de prova, devem as partes ser tratadas em pé de igualdade e ser dada a cada uma delas a possibilidade de fazer valer os seus direitos.

ARTIGO 23.º

1 – Finda a produção da prova, o tribunal fixará, com razoável antecedência, dia para as partes comparecerem na sede da arbitragem, para a discussão oral da causa.

2 – Se as partes acordarem em que a discussão se processe por escrito, não haverá lugar a realização da audiência, devendo o tribunal fixar prazo para as alegações, não inferior a oito nem superior a quinze dias, para cada uma das partes.

ARTIGO 24.º

1 – A decisão arbitral será proferida no prazo de seis meses a contar da constituição do tribunal, salvo se na convenção de arbitragem as partes tiverem fixado um prazo superior.

2 – Excepcionalmente, quando a especial complexidade do litígio o exigir, pode o Presidente do Conselho de Arbitragem, a pedido do tribunal, prorrogar o prazo referido no número anterior até ao dobro da sua duração inicial.

3 – Os árbitros que injustificadamente obstarem a que a decisão seja proferida dentro do prazo fixado respondem pelos danos causados.

ARTIGO 25.º

1 – Sendo o tribunal composto por mais do que um membro, a decisão é tomada por maioria de votos, em deliberação em que todos os árbitros devem participar.

2 – Se não for possível formar maioria, a decisão caberá ao presidente do tribunal.

ARTIGO 26.º

Os árbitros julgam segundo o direito constituído, a menos que as partes, na convenção de arbitragem ou em documento subscrito até à aceitação do primeiro árbitro, os autorizem a julgar segundo a equidade.

ARTIGO 27.º

1 – Se o litígio puser em jogo interesses do comércio internacional, podem as partes escolher o direito a aplicar pelos árbitros, no caso de os não terem autorizado a julgar segundo a equidade.

2 – Na falta de escolha, os árbitros aplicarão o direito mais apropriado ao litígio, tendo em conta designadamente a localização dos interesses em jogo e a natureza específica das questões jurídicas a resolver.

ARTIGO 28.º

Na sua decisão, o tribunal terá sempre em conta os usos do comércio.

ARTIGO 29.º

1 – A decisão final do tribunal arbitral é reduzida a escrito e dela constará:

a) A identificação das partes;

b) A referência à convenção de arbitragem;

c) A identificação dos árbitros e a identificação da forma por que foram designados;

d) A menção do objecto do litígio e da posição assumida por cada uma das partes perante ele;

e) Os fundamentos da decisão, tanto de facto como de direito, salvo se os árbitros tiverem sido autorizados a decidir segundo a equidade, caso em que apenas os fundamentos de facto serão registados;

f) A fixação dos encargos resultantes do processo, com a indicação da parte a quem incumbe o respectivo pagamento ou a indicação da repartição entre as partes dessa obrigação;

g) O lugar da arbitragem e o local e a data em que a decisão for proferida;

h) A assinatura de pelo menos a maioria dos árbitros, com a indicação dos votos de vencido, devidamente identificados, se os houver;

i) A indicação dos árbitros que não puderam ou não quiseram assinar.

2 – Os encargos resultantes do processo incluem os honorários dos árbitros e o montante das custas fixadas de acordo com o regulamento em vigor.

ARTIGO 30.º

1 – O Presidente do tribunal mandará notificar as partes da pronúncia da decisão e do depósito do original na secretaria da Câmara de Comércio e Indústria em que decorreu a arbitragem.

2 – Logo que se acharem integralmente satisfeitos por ambas as partes ou por qualquer delas os encargos resultantes do processo, será um exemplar da decisão remetido a cada uma das partes.

3 – Uma vez comunicada a decisão às partes, poderá qualquer delas, a todo o tempo, solicitar certidão do original depositado na secretaria da Câmara de Comércio em que decorreu a arbitragem.

ARTIGO 31.º

A decisão do tribunal arbitral é final; a submissão do litígio ao Centro de Arbitragem Comercial envolve a renúncia aos recursos, sem prejuízo do direito das partes de requerer a anulação da decisão arbitral, nos termos dos artigos 27.º e 28.º da Lei n.º 31/86, de 29 de Agosto.

ARTIGO 32.º

No processo arbitral não é obrigatória a constituição de advogado, mas as partes podem designar quem as represente ou assista junto do tribunal.

ARTIGO 33.º

Todos os articulados e requerimentos, bem como os documentos que os acompanhem, serão apresentados em tantos exemplares quantas as partes intervenientes no processo arbitral, acrescidos de um exemplar para cada um dos árbitros e de um exemplar para os serviços do Centro de Arbitragem.

ARTIGO 34.º

No processo arbitral, a citação e as notificações serão sempre feitas por via postal, mediante carta registada com aviso de recepção, considerando-se efectuadas na data constante do aviso.

ARTIGO 35.º

Todos os prazos fixados neste Regulamento, à excepção do referido no artigo 24.º, suspendem-se nos Sábados, Domingos e feriados.

ARTIGO 36.º

No processo arbitral haverá lugar ao pagamento de custas, nos termos da tabela aprovada pelo Conselho de Arbitragem.

ARTIGO 37.º

1 – O Presidente do Conselho de Arbitragem fixa o montante do preparo inicial a satisfazer por cada uma das partes até 35% do montante total das custas do processo.

2 – O não pagamento do preparo devido pela parte requerente impedirá o prosseguimento do processo.

3 – O não pagamento pela parte requerida do preparo de sua responsabilidade determinará o desentranhamento da contestação.

4 – O Tribunal arbitral não se constituirá enquanto não estiverem satisfeitos os preparos referidos no n.° 1.

ARTIGO 38.°

1 – No decurso do processo, o Presidente do Conselho de Arbitragem, por sua iniciativa ou a solicitação do tribunal, poderá chamar as partes a reforçar os preparos efectuados nos montantes que indicar, até perfazer o montante total mínimo das custas do processo e a fazer preparos para despesas dos árbitros.

2 – Se o Tribunal ordenar diligências de prova, ou outras, para cuja realização haja de proceder-se a despesas não previstas antes, o Presidente do Conselho de Arbitragem ordenará também a realização de preparos para esse fim, no valor que o Tribunal fixar.

3 – Os preparos serão de igual valor para ambas as partes. Exceptuam-se os preparos para a realização de diligências probatórias, que serão suportadas pela parte que as requer, e os preparos para despesas dos árbitros, que cada parte suportará no que respeita ao árbitro por si designado, repartindo-se igualmente entre elas o correspondente ao árbitro designado por acordo ou nomeado pelo Presidente do Conselho de Arbitragem.

4 – O não pagamento dos preparos destinados a custear qualquer diligência determinará a sua não realização.

5 – O não pagamento de qualquer outro preparo adicional fixado pelo tribunal, ou pelo Presidente do Conselho de Arbitragem, determinará, no caso de a falta ser imputável à parte requerente, a suspensão da instância e, no caso de ser imputável à parte requerida, a impossibilidade de esta intervir na audiência de discussão ou apresentar alegações escritas finais.

REGULAMENTO DE ARBITRAGEM
DA CÂMARA DE COMÉRCIO INTERNACIONAL

I – Na falta de uma versão oficial em português, reproduz-se, nas páginas seguintes, o texto integral, em francês, do Regulamento de Arbitragem da Câmara de Comércio Internacional (CCI), que entrou em vigor em 1.º de Janeiro de 1998.

Com membros em mais de 80 países, a Corte Internacional de Arbitragem é um organismo independente que tem por função organizar e administrar as arbitragens que se realizam em conformidade com o Regulamento de Arbitragem da CCI. Desde a sua criação, em 1923, a arbitragem no âmbito da CCI tem sido constantemente enriquecida pela experiência adquirida na administração de mais de treze mil processos de arbitragem internacional, que envolvem actualmente, a cada ano, partes e árbitros oriundos de mais de 100 países e decorrem nos mais diversos contextos jurídicos, económicos, culturais e linguísticos.

Embora o Regulamento de Arbitragem da CCI tenha sido especialmente concebido para as arbitragens realizadas num contexto internacional, também pode ser utilizado em processos não internacionais.

A CCI tem a sua sede em Paris e dispõe de delegações (Comités Nacionais ou Grupos) em 91 países dos cinco continentes. A delegação portuguesa foi criada em 1934.

II – Cláusula-padrão de arbitragem recomendada pela CCI:
"Todos os litígios emergentes do presente contrato ou com ele relacionados serão definitivamente resolvidos de acordo com o Regulamento de Arbitragem da Câmara de Comércio Internacional, por um ou mais árbitros nomeados nos termos desse Regulamento."

Recorda-se que pode ser do interesse das partes estipular, na própria convenção de arbitragem, o direito aplicável ao contrato, o número de árbitros, o lugar e o idioma da arbitragem. O Regulamento de Arbitragem da CCI não limita a livre escolha pelas partes do direito aplicável, do lugar e do idioma da arbitragem.

III – Nos termos da autorização expressamente concedida ao autor, pela CCI, para a reprodução do texto do presente Regulamento, bem como da Cláusula-padrão de arbitragem da CCI, cumpre mencionar os dados da respectiva edição original:

Règlement d'arbitrage de la CCI – Règlement de conciliation de la CCI

Publication CCI N.° 581 – ISBN 98.842.2239.4

Publié par la Chambre de commerce internationale.

Copyright 1997 – Chambre de commerce internationale

Disponible auprès de: *La Cour internationale d'arbitrage de la CCI*, 38 Cours Albert 1er, 75008 Paris, France

RÈGLEMENT D'ARBITRAGE DE LA CHAMBRE DE COMMERCE INTERNATIONALE

DISPOSITIONS PRELIMINAIRES

ARTICLE 1
La Cour internationale d'arbitrage

1 – La Cour internationale d'arbitrage (ci-après la «Cour») de la Chambre de commerce internationale (la «CCI») est l'organisme d'arbitrage attaché à la CCI. Les statuts de la Cour figurent à l'Appendice I. Les membres de la Cour sont nommés par le Conseil mondial de la Chambre de commerce internationale. La Cour a pour mission de permettre la solution par voie d'arbitrage des différends ayant un caractère international, intervenant dans le domaine des affaires, conformément au Règlement d'arbitrage de la Chambre de commerce internationale (ci-après le «Règlement»). Toutefois, la Cour pourvoit également à la solution, conformément au présent Règlement, de différends intervenant dans le domaine des affaires n'ayant pas un caractère international s'il existe une convention d'arbitrage lui attribuant compétence.

2 – La Cour ne tranche pas elle-même les différends. Elle a pour mission d'assurer l'application du Règlement. Elle établit son règlement intérieur (Appendice II).

3 – Il appartient au Président de la Cour ou à l'un de ses Vice-présidents, en l'absence du Président ou à sa demande, de prendre au nom de celle-ci les décisions urgentes, sous réserve d'en informer la Cour à sa prochaine session.

4 – La Cour peut, selon les modalités prévues à son Règlement intérieur, déléguer à une ou plusieurs formations de ses membres le pou-

voir de prendre certaines décisions, sous réserve d'être informée des décisions prises à la session qui suivra.

5 – Sous la direction de son Secrétaire général (le «Secrétaire général»), le secrétariat de la Cour (le «Secrétariat») a son siège dans les bureaux de la Chambre de commerce internationale.

ARTICLE 2
Définitions

Dans les articles suivants:
  (i) l'expression «tribunal arbitral» vise le ou les arbitres.
 (ii) l'expression «demandeur» et «défendeur» s'entend d'un ou plusieurs demandeurs ou défendeurs.
(iii) l'expression «sentence» s'applique notamment à une sentence intérimaire, partielle ou finale.

ARTICLE 3
Notifications ou communications écrites; délais

1 – Tous mémoires et autres communications écrites présentés par toute partie, ainsi que toutes pièces annexes, doivent être fournis en autant d'exemplaires qu'il y a de parties, plus un pour chaque arbitre et un pour le Secrétariat. Un exemplaire de toutes les communications du tribunal arbitral aux parties est transmis au Secrétariat.

2 – Toutes les notifications ou communications du Secrétariat et du tribunal arbitral sont faites à la dernière adresse de la partie qui en est le destinataire ou de son représentant, telle que communiquée par celle-ci ou par l'autre partie le cas échéant. La notification ou la communication peut être effectuée par remise contre reçu, lettre recommandée, courrier, télécopie, télex, télégramme ou par tout autre moyen de télécommunication permettant de fournir une preuve de l'envoi.

3 – La notification ou la communication est considérée comme faite quand elle est reçue, ou si elle a été valablement effectuée conformément aux dispositions ci-dessus, aurait dû être reçue soit par la partie elle-même soit par son représentant.

4 – Les délais spécifiés ou dont la fixation est prévue dans le présent Règlement commencent à courir le jour suivant celui où la notification ou

la communication est considérée comme faite selon le paragraphe précédent. Lorsque, dans le pays où la notification ou la communication a été considérée comme faite à une certaine date, le jour suivant celle-ci est un jour férié ou non ouvrable, le délai commence à courir le premier jour ouvrable suivant. Les jours fériés et non ouvrables sont compris dans le calcul des délais. Si le dernier jour du délai imparti est férié ou non ouvrable dans le pays où la notification ou la communication a été considérée comme faite, le délai expire à la fin du premier jour ouvrable suivant.

INTRODUCTION DE LA PROCEDURE

ARTICLE 4
Demande d'arbitrage

1 – Toute partie désirant avoir recours à l'arbitrage selon le présent Règlement adresse sa demande d'arbitrage (la «demande») au Secrétariat, qui notifie au demandeur et au défendeur la réception de la demande et la date de celle-ci.

2 – La date de réception de la demande par le Secrétariat est considérée, à toutes fins, être celle d'introduction de la procédure d'arbitrage.

3 – La demande contient notamment:

a) les nom et dénominations complètes, qualités et adresse de chacune des parties;

b) un exposé de la nature et des circonstances du litige à l'origine de la demande;

c) une indication de l'objet de la demande et, si possible, du ou des montants réclamés;

d) les conventions intervenues et notamment la convention d'arbitrage;

e) toutes indications utiles concernant le nombre des arbitres et leur choix conformément aux dispositions des articles 8, 9 et 10 ainsi que toute désignation d'arbitre exigée de ce fait;

f) toutes observations utiles concernant le lieu de l'arbitrage, les règles de droit applicables et la langue de l'arbitrage.

4 – Le demandeur adresse sa demande en autant d'exemplaires que prévu à l'article 3, paragraphe 1, et verse l'avance sur les frais administratifs, fixée par l'Appendice III («Frais et honoraires de l'arbitrage») en vigueur à la date d'introduction de la procédure d'arbitrage. Si le deman-

deur ne satisfait pas à l'une de ces conditions, le Secrétariat peut lui impartir un délai pour y satisfaire; à son expiration, la demande sera classée sans préjudice du droit du demandeur de la présenter à nouveau.

5 – Lorsqu'il dispose du nombre suffisant de copies de la demande et que l'avance requise a été payée, le Secrétariat envoie à la partie défenderesse, pour réponse, une copie de la demande et des pièces annexes.

6 – Lorsqu'une partie introduit une demande d'arbitrage relative à une relation juridique faisant déjà l'objet d'une procédure d'arbitrage entre les mêmes parties soumise au présent Règlement, la Cour peut, sur requête de l'une des parties, décider de joindre le ou les chefs de demande sur lesquels elle porte à la procédure déjà pendante, à condition que l'acte de mission n'ait pas été signé ou approuvé par la Cour. Une fois l'acte de mission signé ou approuvé par la Cour, la jonction ne peut être décidée que dans les conditions prévues à l'article 19.

ARTICLE 5
Réponse à la demande; demande reconventionnelle

1 – Le défendeur adresse, dans un délai de trente jours à compter de la réception de la demande d'arbitrage envoyée par le Secrétariat, une réponse (la «réponse») contenant notamment les éléments suivants:

a) ses nom et dénominations complètes, qualités et adresse;

b) ses commentaires sur la nature et les circonstances du litige à l'origine de la demande;

c) sa position sur les décisions sollicitées;

d) toutes indications utiles concernant le nombre des arbitres et leur choix au vu des propositions formulées par le demandeur et conformément aux dispositions des articles 8, 9 et 10 ainsi que toute désignation d'arbitre exigée de ce fait;

e) toutes observations utiles concernant le lieu de l'arbitrage, les règles de droit applicables et la langue de l'arbitrage.

2 – Le Secrétariat peut accorder au défendeur une prorogation de délai pour soumettre la réponse, à condition que la demande de prorogation contienne la réponse aux propositions qui auront été formulées concernant le nombre des arbitres et leur choix, et si nécessaire en vertu des articles 8, 9 et 10 une désignation d'arbitre. A défaut, la Cour procédera conformément au présent Règlement.

3 – La réponse est communiquée au Secrétariat en autant d'exemplaires que prévu à l'article 3, paragraphe 1.

4 – Copie de la réponse et des pièces annexes est communiquée par le Secrétariat au demandeur.

5 – Toute demande reconventionnelle formée par un défendeur doit l'être avec sa réponse et contenir notamment:

a) un exposé de la nature et des circonstances du litige à l'origine de la demande reconventionnelle;

b) une indication de l'objet de la demande et, dans la mesure du possible, du ou des montants réclamés.

6 – Le demandeur peut présenter une note en réponse, dans un délai de trente jours à partir de la réception de la ou des demandes reconventionnelles, communiquées par le Secrétariat. Le Secrétariat peut proroger ce délai.

ARTICLE 6
Effet de la convention d'arbitrage

1 – Lorsque les parties conviennent d'avoir recours à l'arbitrage d'après le Règlement, elles se soumettent au Règlement en vigueur à la date d'introduction de la procédure d'arbitrage, à moins qu'elles ne soient convenues de se soumettre au Règlement en vigueur à la date de leur convention d'arbitrage.

2 – Si le défendeur ne répond pas à la demande comme il est prévu à l'article 5, ou lorsqu'une des parties soulève un ou plusieurs moyens relatifs à l'existence, à la validité ou à la portée de la convention d'arbitrage, la Cour peut décider, sans préjuger la recevabilité ou le bien fondé de ce ou ces moyens, que l'arbitrage aura lieu si, *prima facie*, elle estime possible l'existence d'une convention d'arbitrage visant le Règlement. Dans ce cas, il appartiendra au tribunal arbitral de prendre toute décision sur sa propre compétence. Si la Cour ne parvient pas à cette conclusion, les parties sont informées que l'arbitrage ne peut avoir lieu. Dans ce cas, les parties conservent le droit de demander à la juridiction compétente si elles sont ou non liées par une convention d'arbitrage.

3 – Si l'une des parties refuse ou s'abstient de participer à l'arbitrage ou à tout stade de celui-ci, l'arbitrage a lieu nonobstant ce refus ou cette abstention.

4 – A moins qu'il en ait été convenu autrement, la nullité prétendue ou inexistence alléguée du contrat n'entraîne pas l'incompétence de l'arbitre s'il retient la validité de la convention d'arbitrage. Il reste compétent,

même en cas d'inexistence ou de nullité du contrat, pour déterminer les droits respectifs des parties et statuer sur leurs chefs de demandes et conclusions.

LE TRIBUNAL ARBITRAL

ARTICLE 7
Dispositions générales

1 – Tout arbitre doit être et demeurer indépendant des parties en cause.

2 – Avant sa nomination ou sa confirmation, l'arbitre pressenti signe une déclaration d'indépendance et fait connaître par écrit au Secrétariat les faits ou circonstances qui pourraient être de nature à mettre en cause son indépendance dans l'esprit des parties. Le Secrétariat communique ces informations par écrit aux parties et leur fixe un délai pour faire connaître leurs observations éventuelles.

3 – L'arbitre fait connaître immédiatement par écrit au Secrétariat et aux parties les faits ou circonstances de même nature qui surviendraient pendant l'arbitrage.

4 – La Cour statue sans recours sur la nomination, la confirmation, la récusation ou le remplacement d'un arbitre. Les motifs de ces décisions ne sont pas communiqués.

5 – En acceptant sa mission, l'arbitre s'engage à l'accomplir jusqu'à son terme au sens du présent Règlement.

6 – A moins que les parties n'y aient dérogé, le tribunal arbitral est constitué conformément aux dispositions des articles 8, 9 et 10.

ARTICLE 8
Nombre d'arbitres

1 – Les différends sont tranchés par un arbitre unique ou par trois arbitres.

2 – Si les parties n'ont pas fixé d'un commun accord le nombre des arbitres, la Cour nomme un arbitre unique, à moins que le différend ne lui paraisse justifier la nomination de trois arbitres. Dans ce cas, le demandeur désigne un arbitre dans un délai de quinze jours à compter de la réception

de la notification de la décision de la Cour, et le défendeur désigne un arbitre dans un délai de quinze jours à compter de la réception de la notification de la désignation faite par le demandeur.

3 – Lorsque les parties sont convenues que le différend sera tranché par un arbitre unique, elles peuvent le désigner d'un commun accord pour confirmation. Faute d'entente entre les parties dans un délai de trente jours à partir de la réception de la notification de la demande d'arbitrage à l'autre partie, ou dans tout nouveau délai accordé par le Secrétariat, l'arbitre unique est nommé par la Cour.

4 – Lorsque le litige est soumis à trois arbitres, chacune des parties, dans la demande d'arbitrage et dans la réponse à celle-ci, désigne un arbitre pour confirmation. Si l'une des parties s'abstient, la nomination est faite par la Cour. Le troisième arbitre, qui assume la présidence du tribunal arbitral, est nommé par la Cour, à moins que les parties ne soient convenues d'une autre procédure, auquel cas la désignation est soumise à confirmation selon les dispositions de l'article 9. Si, à l'expiration du délai fixé par les parties ou imparti par la Cour, aucune désignation n'est intervenue, le troisième arbitre est nommé par la Cour.

ARTICLE 9
Nomination et confirmation des arbitres

1 – Lors de la nomination ou confirmation d'un arbitre, la Cour tient compte de sa nationalité, de son lieu de résidence et de tout lien avec les pays auxquels ressortissent les parties et les autres arbitres ainsi que de la disponibilité et de l'aptitude de l'arbitre à conduire l'arbitrage conformément au présent Règlement. Il en va de même lorsque le Secrétaire général est appelé à confirmer un arbitre selon l'article 9, paragraphe 2.

2 – Le Secrétaire général peut confirmer en qualité de coarbitres, arbitres uniques et de présidents de tribunaux arbitraux les personnes désignées par les parties ou en application de leurs accords particuliers si elles ont soumis une déclaration d'indépendance sans réserves ou si une déclaration d'indépendance avec réserves ne donne lieu à aucune contestation. La Cour est informée de cette confirmation lors de sa prochaine session. Si le Secrétaire général estime qu'un coarbitre, un arbitre unique ou un président de tribunal arbitral ne doit pas être confirmé, cette question est soumise à la décision de la Cour.

3 – Lorsqu'il incombe à la Cour de nommer un arbitre unique ou un président de tribunal arbitral, elle procède à la nomination sur la base d'une proposition d'un Comité national de la CCI qu'elle estime approprié. Si la Cour n'accepte pas cette proposition, ou si ce Comité national ne fait pas la proposition demandée dans le délai imparti par la Cour, la Cour peut réitérer sa demande ou demander une proposition à un autre Comité national qu'elle estime approprié.

4 – Lorsque la Cour considère que les circonstances l'exigent, elle peut choisir l'arbitre unique ou le président du tribunal arbitral dans un pays où il n'y a pas de Comité national, à moins qu'une des parties ne s'y oppose dans le délai imparti par la Cour.

5 – L'arbitre unique ou le président du tribunal arbitral sera de nationalité différente de celle des parties. Toutefois, si les circonstances le justifient et à moins qu'une des parties ne s'y oppose dans le délai imparti par la Cour, l'arbitre unique ou le président du tribunal arbitral pourra être choisi dans un pays dont une des parties est ressortissante.

6 – Lorsqu'il incombe à la Cour de nommer un arbitre au lieu et place d'une partie défaillante à en désigner un, elle procède à la nomination sur la base d'une proposition du Comité national du pays auquel ressortit cette partie. Si la Cour n'accepte pas cette proposition ou si ce Comité national ne fait pas la proposition demandée dans le délai imparti par la Cour, ou si la partie en question est ressortissante d'un pays où il n'a pas été constitué de Comité national, la Cour est libre de choisir toute personne qu'elle estime compétente. Le Secrétariat informe le Comité national du pays auquel ressortit cette personne, s'il en existe un.

ARTICLE 10
Pluralité de parties

1 – En cas de pluralité de demandeurs ou de défendeurs, et si le litige est soumis à trois arbitres, les demandeurs conjointement, les défendeurs conjointement, désignent un arbitre pour confirmation selon les dispositions de l'article 9.

2 – A défaut d'une désignation conjointe et de tout autre accord entre les parties sur les modalités de constitution du tribunal arbitral, la Cour peut nommer chacun des membres du tribunal arbitral et désigner l'un d'entre eux en qualité de président. Dans ce cas, la Cour est libre de choi-

sir toute personne qu'elle juge apte à agir en qualité d'arbitre, en appliquant les règles de l'article 9 lorsqu'elle l'estime approprié.

ARTICLE 11
Récusation des arbitres

1 – La demande de récusation, fondée sur une allégation de défaut d'indépendance ou sur tout autre motif, est introduite par l'envoi au Secrétariat d'une déclaration écrite précisant les faits et circonstances sur lesquels est fondée cette demande.

2 – Cette demande doit être envoyée par une partie, à peine de forclusion, soit dans les trente jours suivant la réception par celle-ci de la notification de la nomination ou de la confirmation de l'arbitre, soit dans les trente jours suivant la date à laquelle la partie introduisant la récusation a été informée des faits et circonstances qu'elle invoque à l'appui de sa demande de récusation, si cette date est postérieure à la réception de la notification susvisée.

3 – La Cour se prononce sur la recevabilité, en même temps que, s'il y a lieu, sur le bien-fondé de la demande de récusation, après que le Secrétariat a mis l'arbitre concerné, les autres parties et tout autre membre du tribunal s'il y en a, en mesure de présenter leurs observations par écrit dans un délai convenable. Ces observations sont communiquées aux parties et aux arbitres.

ARTICLE 12
Remplacement des arbitres

1 – Il y a lieu à remplacement d'un arbitre en cas de décès, de récusation acceptée par la Cour, de démission acceptée par la Cour ou à la demande de toutes les parties.

2 – Il y a également lieu à remplacement à l'initiative de la Cour, lorsqu'elle constate qu'il est empêché *de jure* ou *de facto* d'accomplir sa mission, ou qu'il ne remplit pas ses fonctions conformément au Règlement ou dans les délais impartis.

3 – Lorsque, sur la base d'informations venues à sa connaissance, la Cour envisage l'application de l'article 12, paragraphe 2, elle se prononce après que l'arbitre concerné, les parties et les autres membres du tribunal

arbitral s'il y en a, ont été mis en mesure de présenter leurs observations par écrit dans un délai convenable. Ces observations sont communiquées aux parties et aux arbitres.

4 – En cas de remplacement d'un arbitre, la Cour décide, à sa discrétion, de suivre ou non la procédure initiale de nomination. Sitôt reconstitué, le tribunal décidera, après avoir invité les parties à soumettre leurs observations, si et dans quelle mesure la procédure antérieure sera reprise.

5 – Après la clôture des débats, plutôt que de remplacer un arbitre décédé ou destitué par la Cour en application de l'article 12, paragraphes 1 et 2, la Cour peut décider, quand elle l'estime approprié, que les arbitres restants continueront l'arbitrage. Pour se décider, la Cour tient compte des observations des arbitres restants et des parties et de tout autre élément qu'elle considère pertinent dans les circonstances.

LA PROCEDURE ARBITRALE

ARTICLE 13
Remise du dossier au tribunal arbitral

Le Secrétariat transmet le dossier au tribunal arbitral dès que celui-ci est constitué et sous réserve que la provision réclamée, à ce stade de la procédure, par le Secrétariat a été versée.

ARTICLE 14
Lieu de l'arbitrage

1 – La Cour fixe le lieu de l'arbitrage à moins que les parties ne soient convenues de celui-ci.

2 – A moins qu'il n'en ait été convenu autrement par les parties et après les avoir consultées, le tribunal arbitral peut tenir des audiences et réunions en tout autre endroit qu'il estime opportun.

3 – Le tribunal arbitral peut délibérer en tout endroit qu'il considère opportun.

ARTICLE 15
Règles applicables à la procédure

1 – La procédure devant le tribunal arbitral est régie par le présent Règlement et, dans le silence de ce dernier, par les règles que les parties, ou à défaut le tribunal arbitral, déterminent, en se référant ou non à une loi nationale de procédure applicable à l'arbitrage.

2 – Dans tous les cas, le tribunal arbitral conduit la procédure de manière équitable et impartiale et veille à ce que chaque partie ait eu la possibilité d'être suffisamment entendue.

ARTICLE 16
Langue de l'arbitrage

A défaut d'accord entre les parties, le tribunal arbitral fixe la langue ou les langues de la procédure arbitrale, en tenant compte de toutes circonstances pertinentes, y compris la langue du contrat.

ARTICLE 17
Règles de droit applicables au fond

1 – Les parties sont libres de choisir les règles de droit que le tribunal arbitral devra appliquer au fond du litige. A défaut de choix par les parties des règles de droit applicables, l'arbitre appliquera les règles de droit qu'il juge appropriées.

2 – Dans tous les cas, le tribunal arbitral tient compte des dispositions du contrat et des usages du commerce pertinents.

3 – Le tribunal arbitral statue en amiable compositeur, ou décide *ex aequo et bono*, seulement si les parties sont convenues de l'investir de tels pouvoirs.

ARTICLE 18
Acte de mission; calendrier du déroulement de la procédure

1 – Dês remise du dossier par le Secrétariat, le tribunal arbitral établit, sur pièces ou en présence des parties, en l'état des derniers dires de

celles-ci, un acte précisant sa mission. Il contiendra notamment les mentions suivantes:

    a) les noms, dénominations complètes et qualités des parties;

    b) les adresses des parties où pourront valablement être faites toutes notifications ou communications au cours de l'arbitrage;

    c) un exposé sommaire des prétentions des parties et des décisions sollicitées et, dans la mesure du possible, une indication de tout montant réclamé à titre principal ou reconventionnel;

    d) à moins que le tribunal arbitral ne l'estime inopportun, une liste de points litigieux à résoudre;

    e) les noms, prénoms, qualités et adresses des arbitres;

    f) le lieu de l'arbitrage;

    g) des précisions relatives aux règles applicables à la procédure et, le cas échéant, la mention des pouvoirs de statuer en amiable compositeur ou de décider *ex aequo et bono* du tribunal arbitral.

2 – L'acte de mission doit être signé par les parties et par le tribunal arbitral. Dans les deux mois de la remise qui lui aura été faite du dossier, le tribunal arbitral communique à la Cour l'acte de mission signé par les parties et par lui-même. La Cour peut, sur demande motivée du tribunal arbitral, et au besoin d'office, si elle l'estime nécessaire, prolonger ce délai.

3 – Si l'une des parties refuse de participer à l'établissement dudit acte ou de le signer, il est soumis à la Cour pour approbation. Une fois l'acte de mission signé conformément au paragraphe 2 ci-dessus ou approuvé par la Cour, la procédure arbitrale suit son cours.

4 – Lors de l'établissement de l'acte de mission, ou aussi rapidement qu'il est possible après celui-ci, le tribunal arbitral, après consultation des parties, fixe dans un document séparé le calendrier prévisionnel qu'il entend suivre pour la conduite de la procédure et le communique à la Cour et aux parties. Toute modification ultérieure de ce calendrier sera communiquée à la Cour et aux parties.

ARTICLE 19
Demandes nouvelles

Après la signature de l'acte de mission, ou son approbation par la Cour, les parties ne peuvent formuler de nouvelles demandes, reconventionnelles ou non, hors des limites de l'acte de mission, sauf autorisation du tribunal arbitral qui tiendra compte de la nature de ces nouvelles

ARTICLE 20
Instruction de la cause

1 – Le tribunal arbitral instruit la cause dans les plus brefs délais par tous moyens appropriés.

2 – Après examen des écrits des parties et de toutes pièces versées par elles aux débats, le tribunal arbitral entend contradictoirement les parties si l'une d'elles en fait la demande; à défaut, il peut décider d'office de leur audition.

3 – Le tribunal arbitral peut décider d'entendre des témoins, des experts commis par les parties, ou toute autre personne, en présence des parties, ou en leur absence si celles-ci ont été dûment convoquées.

4 – Le tribunal arbitral peut, après avoir consulté les parties, nommer un ou plusieurs experts, définir leur mission et recevoir leurs rapports. Si l'une des parties le demande, celles-ci doivent avoir la possibilité d'interroger lors d'une audience l'expert ou les experts nommés par l'arbitre.

5 – A tout moment de la procédure, le tribunal arbitral peut demander aux parties de produire des éléments de preuve supplémentaires.

6 – Le tribunal arbitral peut décider de statuer sur le litige seulement sur pièces soumises par les parties, à moins que l'une des parties ne demande une audience.

7 – Le tribunal arbitral peut prendre toute mesure pour protéger les secrets d'affaires et les informations confidentielles.

ARTICLE 21
Audiences

1 – Lorsqu'une audience est tenue, le tribunal arbitral cite les parties à comparaître devant lui, en observant un délai convenable, au jour et lieu qu'il a fixes.

2 – Si l'une des parties, bien que régulièrement convoquée, ne se présente pas, sans excuse valable, le tribunal arbitral a le pouvoir de tenir néanmoins l'audience.

3 – Le tribunal arbitral règle le déroulement des audiences auxquelles toutes les parties sont en droit d'être présentes. Sauf accord du tribunal

arbitral et des parties, elles ne sont pas ouvertes aux personnes étrangères
à la procédure.

4 – Les parties comparaissent en personne ou par représentants
dûment mandatés. Elles peuvent également être assistées de conseils.

ARTICLE 22
Clôture des débats

1 – Le tribunal arbitral prononce la clôture des débats lorsqu'il estime
que les parties ont eu une possibilité suffisante d'être entendues. Après
cette date, aucune écriture, aucun argument ni aucune preuve ne peuvent
être présentés, sauf à la demande ou avec l'autorisation du tribunal arbitral.

2 – Quand le tribunal arbitral fixe la date de clôture des débats, il indique au Secrétariat la date approximative à laquelle le projet de sentence sera
soumis à la Cour pour approbation comme il est indiqué à l'article 27. Le tribunal arbitral communique au Secrétariat tout report de cette date.

ARTICLE 23
Mesures conservatoires et provisoires

1 – A moins qu'il n'en ait été convenu autrement par les parties, le
tribunal arbitral peut, dès remise du dossier, à la demande de l'une d'elles,
ordonner toute mesure conservatoire ou provisoire qu'il considère appro-
priée. Il peut la subordonner à la constitution de garanties adéquates par le
requérant. Les mesures envisagées dans le présent article sont prises sous
forme d'ordonnance motivée ou, si nécessaire, sous forme d'une sentence,
si le tribunal arbitral l'estime adéquat.

2 – Les parties peuvent, avant la remise du dossier au tribunal arbitral et dans des circonstances appropriées après, demander à toute autorité
judiciaire des mesures provisoires ou conservatoires. La saisine d'une
autorité judiciaire pour obtenir de telles mesures ou pour faire exécuter des
mesures semblables prises par un tribunal arbitral ne contrevient pas à la
convention d'arbitrage, ne constitue pas une renonciation à celle-ci, et
ne préjudicie pas à la compétence du tribunal arbitral à ce titre. Pareille
demande, ainsi que toutes mesures prises par l'autorité judiciaire, devront
être portées sans délai à la connaissance du Secrétariat. Ce dernier en
informera le tribunal arbitral.

LA SENTENCE

ARTICLE 24
Délai dans lequel la sentence arbitrale doit être rendue

1 – Le tribunal arbitral rend sa sentence finale dans un délai de six mois. Ce délai court soit du jour où la dernière signature du tribunal arbitral ou des parties a été apposée sur l'acte de mission, soit dans le cas visé à l'article 18, paragraphe 3, à compter de la date de notification au tribunal arbitral par le Secrétariat de l'approbation de l'acte de mission par la Cour.

2 – La Cour peut, sur demande motivée du tribunal arbitral ou au besoin d'office, prolonger ce délai, si elle l'estime nécessaire.

ARTICLE 25
Etablissement de la sentence

1 – En cas de pluralité d'arbitres, la sentence est rendue à la majorité. A défaut de majorité, le président du tribunal arbitral statuera seul.

2 – La sentence doit être motivée.

3 – La sentence est réputée rendue au siège de l'arbitrage et à la date qu'elle mentionne.

ARTICLE 26
Sentence d'accord parties

Si les parties se mettent d'accord alors que le tribunal arbitral est saisi du dossier dans les termes de l'article 13, le fait peut, à la demande des parties et avec l'accord du tribunal arbitral, être constaté par une sentence rendue d'accord parties.

ARTICLE 27
Examen préalable de la sentence par la Cour

Avant de signer toute sentence, le tribunal arbitral doit en soumettre le projet à la Cour. Celle-ci peut prescrire des modifications de forme. Elle peut, en respectant la liberté de décision du tribunal arbitral, appeler son

292 *Arbitragem Voluntária*

attention sur les points intéressant le fond du litige. Aucune sentence ne peut être rendue par le tribunal arbitral sans avoir été approuvée en la forme par la Cour.

ARTICLE 28
Notification, dépôt et caractère exécutoire de la sentence

1 – La sentence rendue, le Secrétariat en notifie aux parties le texte signé du tribunal arbitral, après que les frais d'arbitrage ont été intégralement réglés à la Chambre de commerce internationale par les parties ou l'une d'entre elles.

2 – Des copies supplémentaires dûment certifiées conformes par le Secrétaire général de la Cour sont à tout moment délivrées exclusivement aux parties qui en font la demande.

3 – Dês lors que la notification a été faite conformément au paragraphe 1, les parties renoncent à toute autre notification ou dépôt à la charge du tribunal arbitral.

4 – Toute sentence rendue conformément au présent Règlement est déposée en original au Secrétariat de la Cour.

5 – Le tribunal arbitral et le Secrétariat de la Cour prêtent leur concours aux parties pour l'accomplissement de toutes autres formalités pouvant être nécessaires.

6 – Toute sentence arbitrale revêt un caractère obligatoire pour les parties. Par la soumission de leur différend au présent Règlement, les parties s'engagent à exécuter sans délai la sentence à intervenir, et sont réputées avoir renoncé à toutes voies de recours auxquelles elles peuvent valablement renoncer.

ARTICLE 29
Correction et interprétation de la sentence

1 – Le tribunal arbitral peut d'office corriger toute erreur matérielle, de calcul ou typographique ou toute erreur de même nature contenue dans la sentence, pourvu que cette correction soit soumise pour approbation à la Cour dans les trente jours de la date de ladite sentence.

2 – Toute demande en rectification d'une erreur visée à l'article 29, paragraphe 1, ou en interprétation de la sentence, doit être adressée au

Secrétariat dans les trente jours suivant la notification de la sentence aux parties avec le nombre de copies prévu à l'article 3, paragraphe 1. Après remise de la demande au tribunal arbitral, celui-ci accordera à l'autre partie un court délai, n'excédant pas normalement trente jours à compter de la réception de la demande par cette partie, pour lui soumettre tous commentaires. Si le tribunal arbitral décide de corriger ou d'interpréter la sentence, il soumettra son projet de décision à la Cour au plus tard trente jours après l'expiration du délai pour recevoir tous commentaires de l'autre partie ou dans tout autre délai fixé par la Cour.

3 – La décision de corriger ou d'interpréter la sentence est rendue sous forme d'un *addendum*, qui fera partie intégrante de la sentence. Les dispositions des articles 25, 27 et 28 s'appliquent *mutatis mutandis*.

LES FRAIS

ARTICLE 30
Provision pour frais de l'arbitrage

1 – Dês réception de la demande d'arbitrage, le Secrétaire général peut inviter le demandeur à payer une avance sur la provision pour frais de l'arbitrage dont le montant est fixé de manière à couvrir les frais de l'arbitrage jusqu'à l'établissement de l'acte de mission.

2 – Dês que possible, la Cour fixe la provision de manière à couvrir les honoraires et frais du tribunal arbitral ainsi que les frais administratifs de la CCI correspondant aux demandes d'arbitrage et aux demandes reconventionnelles dont elle est saisie par les parties. Ce montant peut être réévalué à tout moment durant l'arbitrage. Au cas où, indépendamment de la demande principale, une ou plusieurs demandes reconventionnelles seraient formulées, la Cour peut fixer des provisions distinctes pour la demande principale et pour la ou les demandes reconventionnelles.

3 – La provision fixée par la Cour est due en parts égales par le demandeur et le défendeur. Tout paiement effectué au titre de l'article 30, paragraphe 1, est considéré comme un paiement partiel du montant de la provision. Toutefois, toute partie peut payer l'intégralité de la provision correspondant à une demande principale ou reconventionnelle si l'autre partie ne verse pas la part qui lui incombe. Lorsque la Cour fixe des provisions distinctes en application de l'article 30, paragraphe 2,

294   *Arbitragem Voluntária*

chaque partie doit verser les provisions correspondant à ses demandes respectives.

4 – Lorsqu'une demande de provision n'est pas satisfaite, le Secrétaire général peut, après consultation du tribunal arbitral, l'inviter à suspendre ses activités et fixer un délai qui ne saurait être inférieur à quinze jours, à l'expiration duquel la demande principale ou reconventionnelle à laquelle correspond cette provision sera considérée comme retirée. Au cas où la partie concernée entend s'opposer à cette mesure, il lui appartient de demander, dans le délai ci-dessus, que la question soit tranchée par la Cour. Un tel retrait ne privera pas la partie concernée du droit de réintroduire ultérieurement la même demande ou demande reconventionnelle dans une autre procédure.

5 – Au cas où une partie oppose une exception de compensation à une demande, principale ou reconventionnelle, cette exception de compensation est prise en compte dans le calcul de la provision d'arbitrage, au même titre qu'une demande distincte, lorsqu'elle est susceptible d'entraîner, de la part du tribunal arbitral, l'examen de questions supplémentaires.

ARTICLE 31
Décision sur les frais de l'arbitrage

1 – Les frais de l'arbitrage comprennent les honoraires et frais des arbitres et les frais administratifs de la CCI fixés par la Cour, conformément au tableau de calcul en vigueur au moment de l'introduction de la procédure d'arbitrage, les honoraires et frais des experts nommés par le tribunal arbitral ainsi que les frais raisonnables exposés par les parties pour leur défense à l'occasion de l'arbitrage.

2 – La Cour peut fixer les honoraires du ou des arbitres à un montant supérieur ou inférieur à ce qui résulterait du tableau de calcul en vigueur si ceci apparaît nécessaire en raison des circonstances exceptionnelles de l'espèce. A tout moment de la procédure, le tribunal arbitral peut prendre des décisions sur des frais autres que ceux fixés par la Cour.

3 – La sentence finale du tribunal arbitral liquide les frais de l'arbitrage et décide à laquelle des parties le paiement en incombe ou dans quelle proportion ils sont partagés entre elles.

DIVERS

ARTICLE 32
Modification des délais

1 – Les parties peuvent convenir de réduire les différents délais prévus par le présent Règlement. Un tel accord conclu après la constitution du tribunal arbitral ne produira d'effet qu'avec son agrément.

2 – La Cour peut décider d'office de prolonger tout délai modifié au titre de l'article 32, paragraphe 1, si elle estime que cela est nécessaire pour lui permettre ou permettre au tribunal arbitral de remplir ses fonctions d'après le présent Règlement.

ARTICLE 33
Renonciation au droit de faire objection

Toute partie qui poursuit l'arbitrage sans soulever des objections sur le non respect de toute disposition du Règlement, de toute autre règle applicable à la procédure, de toute instruction du tribunal arbitral, ou de toute stipulation contenue dans la convention d'arbitrage relative à la constitution du tribunal arbitral ou à la conduite de la procédure est réputée avoir renoncé à ces objections.

ARTICLE 34
Exclusion de responsabilité

Ni les arbitres, ni la Cour ou ses membres, ni la Chambre de commerce internationale ou son personnel, ni les Comités nationaux de la Chambre de commerce internationale, ne sont responsables envers quiconque de tout fait, acte ou omission en relation avec un arbitrage.

ARTICLE 35
Règle générale

Dans tous les cas non visés expressément ci-dessus, la Cour et le tribunal arbitral procèdent en s'inspirant de ce Règlement et en faisant tous leurs efforts pour que la sentence soit susceptible de sanction légale.

VI
SUMÁRIOS DE JURISPRUDÊNCIA

NOTA

A presente selecção de jurisprudência contempla alguns sumários de Acórdãos proferidos antes da entrada em vigor da Lei n.° 31/86, de 29 de Agosto (Lei da Arbitragem Voluntária) e da actual redacção do Código de Processo Civil.

ABREVIATURAS UTILIZADAS

Ac.	– Acórdão
BMJ	– *Boletim do Ministério da Justiça*
CJ	– *Colectânea de Jurisprudência*
CPC	– Código de Processo Civil
RE	– Relação de Évora
RL	– Relação de Lisboa
ROA	– *Revista da Ordem dos Advogados*
RP	– Relação do Porto
STA	– Supremo Tribunal Administratrivo
STJ	– Supremo Tribunal de Justiça

Acórdão de Tribunal Arbitral

– *Incompetência funcional – efeitos*
– *Formalismo processual*
– *Preparação do processo*

I – É ao tribunal arbitral, com todos os membros, que cabe decidir se um despacho do seu presidente ultrapassou as funções que lhe estão cometidas no n.° 3 do artigo 14.° da Lei n.° 31/86, de 29-8;

II – A intervenção indevida do presidente do tribunal colectivo, em vez do próprio tribunal, não constitui um caso de genuína incompetência *stricto sensu*, embora a doutrina lhe dê a designação de *incompetência funcional*, por se tratar de uma repartição de funções, dentro de cada processo, entre duas entidades judicantes que intervêm na causa;

III – Antes das reformas de 1995/96, a incompetência funcional podia ser conhecida até ao trânsito da sentença e implicava a anulação do julgamento (anterior n.° 2 do art. 646.° do CPC), ao passo que, mercê do disposto no vigente n.° 3 do mesmo art. 646.°, o julgamento indevido pelo juiz singular determina a repetição, perante o colectivo, dos actos de julgamento praticados no caso de o vício ser conhecido antes do encerramento da audiência final (arts. 654.° e 110.°, n.° 4 do CPC), uma vez que, finda a audiência, já não pode tomar-se conhecimento da incompetência funcional, mantendo-se válida a decisão do juiz singular sobre a matéria de facto;

IV – Se o presidente do tribunal arbitral usurpar as funções de julgamento que pertencem em exclusivo ao orgão colegial, a respectiva decisão, ainda que transitada, pode ser objecto de acção de anulação (arts. 23.°, n.° 2 e 27.°, n.° 1. al. *d)*, da Lei n.° 31/86);

V – A arbitragem voluntária surgiu com a finalidade de se obter uma justiça mais célere e, para se atingir este objectivo, o meio escolhido foi o de libertar o processo arbitral do pesado formalismo do processo civil comum;

302   *Arbitragem Voluntária*

VI – A redução do formalismo ressalta, entre outras, das circunstâncias de a tramitação arbitral apenas estar sujeita à observância dos quatro princípios fundamentais inscritos no artigo 16.° da Lei n.° 31/86, de a própria violação desses princípios só importar a anulação da sentença arbitral quando ela tenha uma influência *decisiva* na resolução do litígio (art. 27.°, n.° 1, al. *c)* da Lei n.° 31/86) e de não serem susceptíveis de recurso os despachos interlocutórios;

VII – Na arbitragem voluntária não vigora o princípio da legalidade das formas processuais e, no caso de as partes não a fixarem, a tramitação processual a observar é fixada discricionariamente pelos árbitros;

VIII – Na ausência de regras específicas de processo, incumbe ao tribunal arbitral, no uso do poder discricionário, preencher tais lacunas e, para o efeito, o tribunal, embora possa mandar observar o disposto no Código de Processo Civil, não o deve fazer, na medida em que a arbitragem voluntária assenta precisamente na ideia de que a redução do formalismo legal é uma condição *sine qua non* de uma justiça mais célere;

IX – Como norma de orientação deve entender-se que a abolição de actos e incidentes previstos no CPC e a singela redução dos correspondentes trâmites legais, apenas podem ser decretadas pelo tribunal arbitral no uso de poderes discricionários, desde que essas medidas, a par do objectivo central de um julgamento expedito, não comprometam sérias expectativas das partes;

X – A preparação do processo, da exclusiva competência do presidente do tribunal arbitral (art. 14.°, n.° 3 da Lei n.° 31/86), é a fase que começa nos articulados e termina com o início da audiência de julgamento e, nesta conformidade, se o tribunal arbitral não tiver fixado o quadro completo da tramitação processual aplicável, é ao seu presidente que, no uso de poderes discricionários, compete fixar as regras a observar durante o ciclo da preparação;

XI – Só ao presidente do tribunal arbitral incumbe decidir quaisquer questões que surjam durante a preparação do processo, apenas se justificando a intervenção do próprio tribunal, quando se trate de uma decisão final, de mérito ou de forma.

Acórdão de 14 de Abril de 1998, *CJ-Acórdãos do STJ,* **1998-II, p. 17-18**

Arbitragem

– Liquidação prévia

I – A intervenção dos árbitros na liquidação, ao abrigo do artigo 809.° do Código de Processo Civil, corresponde a uma função de julgamento, regendo-se pelas regras do julgamento em tribunal arbitral.

II – Na falta de estipulação contrária, serão os próprios árbitros que determinarão os trâmites a seguir na instrução do processo, "devendo, porém, ser sempre ouvidas as partes depois da preparação e antes da decisão da causa". Os árbitros estão também sujeitos à fundamentação da decisão e ao princípio da colegialidade, este logo denunciado pelo artigo 809.°, n.° 2, ao prescrever que o terceiro árbitro só intervenha na falta de acordo entre os outros dois.

III – Embora o tribunal não tenha o poder de apreciar o resultado da arbitragem, faz com a homologação mais do que uma chancela, verificando se a decisão arbitral é formalmente correcta.

Ac. STJ, de 19-12-75, *BMJ* n.° 252, 1976, p. 109-115

– Determinação do objecto do litígio

I – Se, não obstante a existência de cláusula compromissória, as partes não chegarem a acordo quanto à nomeação dos árbitros, é no acto de nomeação destes que se deve fixar com precisão o objecto do litígio.

II – A fixação deste cabe a ambas as partes e, se não chegarem a acordo, resolve o Juiz.

Ac. RP, de 20-03-86, *CJ*, 1986-II, p. 180

Cabe a ambas as partes discutir e fixar, por acordo, o objecto do litígio, no acto de nomeação de árbitros, resolvendo o juiz, na falta desse acordo.

Ac. STJ., de 16-12-86, *BMJ* n.° 362, p. 509

I – Não se pode inferir que tenha sido fixado o objecto do litígio pelo Presidente do Tribunal da Relação se não se reconheceu que os recorrentes tinham requerido a este Presidente a fixação de tal objecto, com a indicação do mesmo.

II – A competência para aquela fixação é adstricta às Instâncias.

304   *Arbitragem Voluntária*

III – Não é ao Tribunal Arbitral que compete fixar o objecto do litígio.

IV – Tal Tribunal não pode começar a funcionar sem que prévia-mente tenha ocorrido tal fixação.

Ac. STJ, de 9-11-95, *CJ-Acórdãos do STJ*, 1995-III, p. 107

Não tendo havido acordo entre as partes sobre a determinação do objecto do litígio, deveria o demandante, logo que decorrido o prazo a que alude o n.° 2 do artigo 12.° da Lei n.° 31/86, seja um mês sobre a notifi-cação da pretensão de instaurar o litígio, requerer ao tribunal judicial essa determinação e só depois dar início à instância arbitral prevista na cláusula compromissória; tal não tendo acontecido, está vedado aos Árbitros acor-dar sobre a determinação do objecto do litígio; se o fizerem, praticam os mesmos Árbitros um acto proibido por lei (art. 12.°, n.° 4 da Lei n.° 31/86) e tal irregularidade, porque definidora do objecto da causa, não pode dei-xar de influir na decisão desta e, logo, produzir a nulidade do artigo 201.° do Código de Processo Civil.

Ac. RL, de 13-03-97, sumário de J. L. Lopes dos Reis, *ROA*, 1999-I, p. 225-246

Havendo desacordo das partes quer quanto ao teor da convenção de arbitragem, quer em relação à determinação do objecto do litígio a sub-meter ao tribunal arbitral, impunha-se que se instaurasse acção declarativa ao abrigo do artigo 1508.° do Código de Processo Civil, com vista ao suprimento de tal desacordo.

Ac. RP, de 18-09-2000, *CJ*, 2000-IV, p. 185

Os Juízos Cíveis são os competentes para conhecer e tramitar o pro-cesso especial de jurisdição voluntária previsto nos artigos 1508.° e se-guintes do Código de Processo Civil.

Ac. RP, de 31-10-2002, *CJ*, 2002-IV, p. 194

Arbitragem Internacional

I – A circunstância de um transporte ser feito em navio português e contratado entre portugueses não exclui a natureza internacional da arbi-tragem convencionada.

II – Sendo a mercadoria embarcada em porto francês, a sua conexão com a economia francesa implica aquela natureza internacional.

III – Nada impede que em Portugal funcione uma arbitragem segundo regras processuais estrangeiras.

IV – Pode convencionar-se a aplicação de um direito estrangeiro pelos árbitros.

Ac. RL, de 24-1-95, *CJ*, 1995-I, p. 98

I – Não são recorríveis os Acórdãos de arbitragem internacional, quando as partes não tenham acordado na possibilidade de recurso e regulado os seus termos.

II – Deve entender-se que o concertado "comércio internacional", passível de constituir objecto de julgamento por arbitragem internacional, abrange todas as operações económicas que envolvam circulação de bens, de serviços ou de capitais através de fronteiras.

Ac. RL, de 11-05-95, *CJ*, 1995-III, p. 104

Árbitros

– Acções contra os árbitros – Competência

É aos tribunais comuns e de acordo com as regras de processo comum que compete conhecer das acções que os compromitentes proponham contra os árbitros por causa do exercício das suas funções.

Ac. STJ, de 23-10-70, *BMJ* n.° 200, p. 202

Compete ao Tribunal comum, segundo as regras do processo comum, conhecer das acções propostas contra árbitros por causa do exercício das suas funções.

Assento do STJ, de 15-2-78, *BMJ* n.° 274, p. 91

– Nomeação do terceiro árbitro – imparcialidade da jurisdição

I – A independência e imparcialidade da jurisdição exigem garantias orgânicas, estatutárias e processuais.

II – A imparcialidade da jurisdição não é só a imparcialidade subjectiva. É também a imparcialidade objectiva que deve ser assegurada antes e durante o julgamento.

III – A imparcialidade do julgamento requer que não haja confusão de interesses entre a entidade que nomeia o terceiro árbitro e qualquer das partes intervenientes no processo. A composição global do tribunal deve assegurar que a decisão sobre o litígio se realizará do estrito ponto de vista da juricidade quer dizer, não pode a sentença ser determinada por considerações de oportunidade política ou de eficiência ou racionalidade económica. A possibilidade de intervenção destes critérios anularia a própria essência da jurisdição.

IV – Tratando-se de assegurar a nomeação por fonte isenta de um juiz-árbitro, qualquer "sombra" de interesse da entidade nomeante [o Estado] no desfecho da lide [sobre empresa pública] afectará o princípio constitucional da imparcialidade dos tribunais.

V – Por isso o argumento formalista de que a empresa tem personalidade jurídica distinta do Estado não colherá aqui. A personificação da empresa converte-a tão-somente em centro autónomo de imputação de direitos e deveres, não põe um ponto final no interesse do Estado nos resultados da condução da actividade económica da empresa.

Acórdão do Tribunal Constitucional n.° 52/92, de 5-2-1992, (*in Acórdãos do Tribunal Constitucional*, vol. 21.°, 1992, Janeiro-Abril, p. 51-68), no qual se declara a inconstitucionalidade, com força obrigatória geral, da norma do artigo 49.° das Condições Gerais de Venda de Energia Eléctrica em Alta Tensão, anexas ao Decreto-Lei n.° 43 335, de 19 de Novembro de 1960, na parte em que atribui ao Secretário de Estado da Indústria competência para designar o terceiro árbitro da comissão de três peritos-árbitros aí prevista.

I – Arbitragem *ad-hoc*: constituição do tribunal arbitral. Designação do terceiro árbitro pelo presidente do tribunal da Relação. Legitimidade para o requerimento. Poderes do presidente do tribunal da Relação. Designação do árbitro presidente.

II – Colegiabilidade dos árbitros.

III – Forma de processo. Vontade das partes.

Ac. RL, de 10-02-94, sumário de J. L. Lopes dos Reis, *ROA*, 1998-I, p. 469-478

A falta de acordo na nomeação do terceiro árbitro, que motiva o pedido de escusa de um outro, não desvincula, só por si, as partes do respectivo compromisso arbitral.

Ac. STJ, de 27-09-2001, *CJ-Acórdãos do STJ*, 2001-III, p. 50

Cláusula Compromissória

I – Ao falar em "acto jurídico", o artigo 1513.º, n.º 1, do Código de Processo Civil quer referir-se, de um modo geral, ao sentido lato do termo, abrangendo não só os negócios jurídicos mas também os actos jurídicos em sentido estrito, cuja eficácia jurídica deriva directamente da lei.

II – Quando a cláusula inserta no pacto social não especificar, isto é, não determinar por forma precisa, qualquer acto de que as questões litigiosas possam resultar ou surgir, o citado n.º 1 do artigo 1513.º não lhe reconhece validade.

III – Deste modo, não é válida a cláusula que alargue a decisão pelo tribunal arbitral a todas as "dúvidas, conflitos ou litígios entre a sociedade e os sócios por razões relacionadas com a sociedade ou com o seu objecto ou com a sua actividade", porquanto tal fórmula representa uma generalização indiscriminada de motivos sem referência a qualquer acto jurídico concreto.

IV – Em matéria tão delicada como é a de atribuir a particulares o exercício de uma função fundamental – julgar, administrar justiça, definir direitos e obrigações – deve entender-se que a lei protege os contraentes, limitando o domínio da sua vontade, quanto ao âmbito daquilo a que antecipadamente podem comprometer-se.

V – Assim, uma fórmula como a mencionada em III não pode, na falta de qualquer declaração expressa em contrário, interpretar-se senão como referindo-se unicamente às "questões resultantes da letra do pacto social que surjam entre os sócios em consequência da interpretação ou aplicação das cláusulas contratuais" ou "aos litígios que a interpretação e aplicação das cláusulas contratuais venham a suscitar".

Ac. STJ, de 20-10-83, *BMJ* n.º 330, p. 477

I – A cláusula compromissória tem uma eficácia idêntica à do compromisso arbitral, com a diferença de este versar sobre litígio pendente e aquela sobre litígio futuro.

II – O compromisso arbitral, tal como a cláusula compromissória, vincula as partes à sujeição da decisão do litígio por árbitros.

Ac. STJ, de 16-12-86, *BMJ* n.º 362, p. 509

I – O compromisso arbitral versa sobre litígio presente ao passo que a cláusula compromissória versa sobre litígio futuro; mas tanto aquele como esta vinculam as partes à sujeição da decisão do litígio a árbitros

308   *Arbitragem Voluntária*

que, no primeiro caso, são logo nomeados pelas partes e, no segundo, só terão de o ser quando surgir um litígio abrangido pela cláusula ou, na falta de escolha pelas partes, pelo tribunal.

II – Constitui cláusula compromissória e é inteiramente válida, aquela em que as partes estipulam que "em caso de sinistro, a avaliação dos bens seguros e dos prejuízos será feita entre o segurado – mesmo que o seguro produza efeitos a favor de terceiros ou tenha sido celebrado por conta de outrem – e a seguradora.

III – A violação de uma tal cláusula constitui a excepção dilatória de preterição do tribunal arbitral, prevista na alínea *h)*, do n.° 1, do artigo 494.° do Código de Processo Civil.

Ac. RL, de 05-04-90, *CJ*, 1990-II, p. 149

I – O prazo de seis meses referido no n.° 2 do artigo 19.° da Lei n.° 31/86, de 29-08, conta-se a partir da data de nomeação do último árbitro.

II – Não tendo sido fixado pelas partes outro prazo para a decisão, a cláusula compromissória caduca uma vez decorrido aquele prazo.

Ac. RL, de 02-02-95, *CJ*, 1995-I, p. 113

Tem a concretização necessária a cláusula compromissória segundo a qual "...Todos os litígios emergentes do presente contrato serão resolvidos por arbitragem..."

Estando esta cláusula em anexo ao contrato impresso, com letra perfeitamente legível, com tamanho e espaçamento razoáveis, não pode dizer-se que dela não foi dado conhecimento adequado ao outro contraente.

Ac. RL, de 14-11-96, *CJ*, 1996-V, p. 93

A nulidade, substancial ou formal, do contrato não afecta a cláusula compromissória nela inserta, que subsiste, desde que se não mostre que o contrato não seria concluído sem a referida cláusula.

Ac. RL, de 27-11-2003, *CJ*, 2003-V, p. 100

A cláusula compromissória é considerada um negócio jurídico bilateral, livremente convencionado entre as partes, em ordem à fixação de um tribunal arbitral constituído por árbitros escolhidos pelos outorgantes para dirimir futuros e eventuais litígios emergentes de uma determinada relação jurídica contratual ou extracontratual (ver artigo 1.°, n.° 2 da Lei da Arbitragem Voluntária). Diversamente, o compromisso arbitral tem por objecto um litígio já existente e actual.

É admissível a coligação na lei de arbitragem voluntária, não havendo convenção em contrário e permitindo a cláusula compromissória a pluralidade de partes (quer do lado activo quer do passivo).

Ac. RL, de 18-05-2004, *CJ*, 2004-III, p. 76

Comissões Arbitrais

São inconstitucionais, por violação dos artigos 114.°, n.° 1, 205.°, n.° 1 e 208.° n.° 2, da Constituição da República, as normas do artigo 16.°, n.° 6, da Lei 80/77, de 26 de Outubro, na redacção emergente do Decreto-Lei n.° 343/80, de 2 de Setembro, ratificado pela Lei n.° 36/81, de 31 de Agosto, e do artigo 24.° do Decreto-Lei n.° 51/86, de 14 de Março, que exigem a homologação por despacho ministerial, para efeito da sua validade, das decisões das comissões arbitrais instituídas, como tribunais arbitrais, para a resolução dos litígios referentes à titularidade dos direitos à indemnização por nacionalização ou expropriação de empresas e à sua fixação, liquidação e efectivação, estando consequentemente esse acto homologatório viciado por usurpação de poder.

Ac. STA, de 14-02-91, *BMJ* n.° 404, p. 267

É o Tribunal Cível que é competente, e não o de Trabalho, para conhecer a acção de declaração de nulidade, por vícios processuais, do acórdão proferido pela Comissão Arbitral Paritária no âmbito de um litígio decorrente de contrato de trabalho desportivo.

Ac. RL, de 03-04-2001, *CJ*, 2001-II, p. 98

Tendo sido proferida por uma Comissão Arbitral Paritária decisão emergente de um contrato de trabalho, é da competência material do Tribunal de Trabalho a tramitação e decisão da acção em que se pede não só a anulação daquela decisão como também a apreciação de pedidos emergentes da relação de trabalho subordinado.

Ac. RP, de 04-04-2002, *CJ*, 2002-II, p. 211

O tribunal do trabalho é incompetente, em razão da matéria, para conhecer da acção de anulação da decisão da Comissão Arbitral Paritária,

310   *Arbitragem Voluntária*

com fundamento em excesso de pronúncia, constituída no âmbito do CCT celebrado entre a Liga Portuguesa de Futebol e o Sindicato dos Jogadores Profissionais de Futebol.

Ac. STJ, de 31-03-2004, *CJ – Acórdãos do STJ*, **2004-I, p. 290**

Compromisso Arbitral

– Caducidade

I – Celebrado, e tido por válido, compromisso arbitral, no decurso de uma acção de reivindicação, com a consequente extinção da instância, e decorrido o prazo legal – outro não foi estabelecido – mas em vão, para a prolação da respectiva decisão, mostra-se aquele (compromisso) caduco, "ope legis", cabendo ao tribunal judicial declarar tanto, a pedido de qualquer das partes.

II – Caducado o compromisso, renasce o direito dos interessados à jurisdição comum, mas sem prejuízo da operada extinção da instância.

Ac. RL, de 12-12-85, *BMJ* **n.º 359, p. 767**

I – O compromisso arbitral caduca quanto ao litígio em questão, se a decisão do tribunal arbitral não for proferida no prazo fixado ou no supletivo.

II – Tem-se entendido tal caducidade abrangida pelo disposto no artigo 27.º, n.º 1, alínea *b)*, da Lei n.º 31/86.

III – Mas essa caducidade não tem efeito automático.

IV – E não pode ser invocada pela parte que, durante a arbitragem, dela teve conhecimento, a fim de ser anulada a sentença arbitral

V – Se as partes não prescindiram do depósito do original da decisão arbitral, e não se tendo a ele procedido, essa decisão não transitou em julgado.

Ac. RP, de 08-05-95, *CJ*, **1995-III, p. 206**

– Incumprimento

Se uma das partes não cumprir compromisso arbitral anteriormente assumido, não há lugar à fixação pelo Tribunal de qualquer prazo para o seu cumprimento pela parte remissa, antes devendo a outra parte pedir ao Tribunal a nomeação de árbitros.

Ac. RL, de 15-04-86, *CJ*, **1986-II, p. 113**

Sumários de Jurisprudência   311

I – A cláusula compromissória difere do compromisso arbitral em que naquela a questão é apenas tida como possível, prometendo as partes celebrar no futuro compromisso arbitral com vista à sua resolução, enquanto neste, no compromisso arbitral, a questão já existe, atribuindo as partes a sua resolução a determinados árbitros (artigos 1508.º e 1511.º do Código de Processo Civil).

II – Alegando a autora que a ré não cumpriu a obrigação de lavrar o compromisso arbitral apesar de avisada para tal, a mesma autora devia, de acordo com o n.º 2 do artigo 1513.º do Código de Processo Civil, requerer a designação do dia para a nomeação de árbitros, e não, como fez, requerer a fixação de prazo para a celebração do compromisso arbitral.

Ac. STJ, de 12-3-87, *BMJ* n.º 365, p. 574

Convenção de Arbitragem

– Cláusula de arbitragem ambígua

I – O compromisso arbitral visa um litígio actual e a cláusula compromissória tem por objecto litígios eventuais.

II – A cláusula compromissória não é um meio de composição amigável mas um meio não contencioso de solução de litígios.

III – A excepção dilatória de preterição do tribunal arbitral abarca o compromisso arbitral e a cláusula compromissória.

IV – Tratando-se de contrato de adesão, sendo a cláusula de arbitragem ambígua depois de esgotadas as hipóteses de interpretação, deve prevalecer o sentido mais favorável ao aderente.

Ac. RP, de 06-03-90, *CJ*, 1990-II, p. 203

– Nulidade – falta da assinatura das partes

I – No domínio da C.M.R. a guia de transporte deve ser assinada pelo expedidor e pelo transportador e acompanhar a mercadoria.

II – Constando dessa guia que todo e qualquer litígio emergente da prestação dos serviços do transitário seria previamente decidido por arbitragem, mas não se encontrando assinada, não pode considerar-se que as partes estão vinculadas a tal cláusula.

Ac. RP, de 5-3-91, *CJ*, 1991-II, p. 233

312 *Arbitragem Voluntária*

– Compatibilidade com os procedimentos cautelares

I – A composição provisória dos litígios através dos procedimentos cautelares levanta problemas de segurança jurídica não só devido à natureza sumária da prova produzida como também por causa da influência que poderá ter na real e definitiva composição dos conflitos, o que tudo nos leva a considerar ser do interesse público o modo como se decidem tais procedimentos.

II – Dado o interesse assinalado, a existência de uma convenção de arbitragem não é impeditiva das partes requererem no tribunal os procedimentos cautelares respeitantes às matérias abrangidas por essa convenção.

Ac. RL, de 3-2-98, *BMJ* n.º 474, p. 542

A cláusula compromissória inserta em contrato, nos termos da qual as partes acordam submeter à apreciação do tribunal arbitral as questões emergentes da interpretação ou execução do mesmo contrato, não retira ao tribunal judicial a competência para o procedimento cautelar de arresto para garantia do pagamento de uma contraprestação decorrente do mesmo negócio.

Ac. RC, de 09-04-2002, *CJ*, 2002-II, p. 14

– Objecto admissível

I – A acção para execução específica de contrato-promessa de dação em pagamento de um prédio não está submetida exclusivamente, por lei, a tribunal judicial ou a arbitragem necessária, nem respeita a direitos indisponíveis.

II – E, assim, pode ser objecto de convenção de arbitragem, não havendo lugar, a esse título, a anulação, nos termos previstos no artigo 27.º da Lei n.º 31/86, de 29-08, da sentença proferida pelo tribunal arbitral.

Ac. RL, de 16-01-2001, *CJ*, 2001-I, p. 79

– Excepção dilatória de violação da convenção de arbitragem / preterição do tribunal arbitral voluntário

A cláusula contratual que estabelece que "todos os diferendos resultantes dos nossos contratos com firmas estrangeiras serão resolvidos definitivamente segundo o Regulamento de Conciliação e Arbitragem da Câmara de Comércio Internacional, por um ou vários árbitros conformemente a este Regulamento" abrange todos os litígios cuja causa de pedir seja esse contrato, inclusive a acção em que se pede o seu cumprimento. Daí que, proposta esta acção no tribunal comum, seja este incompetente por preterição do tribunal arbitral.

Ac. RL, de 25-02-76, *CJ***, 1976-I, p. 107-108**

Estipulando o pacto social que qualquer questão entre o sócio e a sociedade será resolvida por tribunal arbitral, cuja composição prevê, a sua preterição constitui excepção a ser declarada pelo tribunal.

Ac. RL, de 18-05-77, *CJ***, 1977-III, p. 619**

I – A expressão "preterição de tribunal arbitral" abrange tanto a hipótese de compromisso arbitral, como a de cláusula compromissória.

II – A dedução do incidente de chamamento à autoria não significa renúncia ao cumprimento da cláusula compromissória.

III – A excepção de preterição de tribunal arbitral voluntário deve ser invocada na contestação.

Ac. RL, de 10-06-81, *CJ***, 1981-IV, p. 73-76**

A violação da cláusula compromissória, só por si, não conduz à excepção da preterição do Tribunal Arbitral.

Ac. RL, de 19-04-83, *CJ***, 1983-II, p. 136**

A violação de cláusula compromissória enquadra excepção dilatória.

Ac. RE, de 07-03-85, *CJ***, 1985-II, p. 276**

I – A cláusula do pacto social que prevê arbitragem para as questões emergentes do contrato constitutivo da sociedade, abrange as que se relacionam com a assembleia geral, com deliberações e com contabilidade.

II – Abrange, pois, a acção em que se pede a anulação de uma deliberação social, existindo excepção dilatória conducente à absolvição da instância.

Ac. RL, de 15-04-86, *CJ***, 1986-II, p. 110**

I – A excepção de preterição de tribunal arbitral não é de conhecimento oficioso, tendo que ser invocada pelas partes.

II – Só a prestação de fiança por parte de um banco, de harmonia com o clausulado, poderia fundamentar aquela excepção. Não já assim se a garantia prestada pela instituição bancária fosse autónoma, revestindo a natureza de "on first demand".

Ac. RL, de 18-10-88, *CJ*, 1988-IV, p. 129

Apesar de a Associação Portuguesa dos Agentes Transitários ter aprovado uma cláusula inserta nas "Condições Gerais de Prestação de Serviços pelos Transitários", que impõe que qualquer litígio emergente da prestação dos serviços de transitário seja previamente decidido por Tribunal Arbitral, não há preterição deste na propositura de acção em tribunal judicial, se no contrato de transporte em causa não foi dado conhecimento a um dos contraentes do teor da mencionada cláusula.

Ac. RL, de 6-11-90, *CJ*, 1990-V, p. 103

Não há preterição do tribunal arbitral quando se não verificam os pressupostos de convenção de arbitragem, ou seja, a existência de um litígio actual ou eventual e a pretensão das partes de subtraírem a tribunal comum a composição da lide.

Ac. STJ, de 16-6-92, *BMJ* n.º 418, p. 751

Há preterição de tribunal arbitral, conduzindo à absolvição da instância, se da interpretação de cláusula contratual resultar que as partes quiseram cometer à decisão de um árbitro as questões submetidas à apreciação do tribunal comum.

Ac. STJ, de 02-12-93, *CJ-Acórdãos do STJ*, 1993-III, p. 152

A excepção dilatória de preterição do tribunal arbitral (artigo 494.º, n.º 1, alínea *h)*, do Código de Processo Civil) abarca, quer o compromisso arbitral, quer a cláusula compromissória.

Ac. RP, de 09-05-95, *CJ*, 1995-III, p. 208

A excepção dilatória nominada de preterição do tribunal arbitral abrange o compromisso arbitral.

Ac. RL, de 14-11-96, *CJ*, 1996-V, p. 93

I – É válida a cláusula constante de um contrato de trabalho celebrado entre um futebolista e um clube de futebol, pela qual as partes acordam em submeter os conflitos emergentes desse contrato à Comissão Arbitral constituída nos termos do artigo 48.º do CCT para os Profissionais de Futebol.

II – Assim, se vier a ser proposta pelo futebolista, num Tribunal de Trabalho, acção emergente de tal contrato contra o clube de futebol, este deve ser absolvido da instância, nos termos dos artigos 288.º, n.º 1, alínea *e)* e 494.º, alínea *j)* do Código de Processo Civil.

Ac. RE, de 27-10-98, *CJ*, 1998-IV, p. 292

I – Recorrendo uma das partes ao tribunal judicial para a resolução de um litígio objecto de convenção arbitral, a outra parte deve arguir a excepção dilatória constante da última parte da alínea *j)* do n.º 1 do artigo 494.º do Código de Processo Civil, cuja norma não é inconstitucional.

II – Os tribunais arbitrais voluntários são instituições de natureza privada, não se lhes aplicando o Decreto-Lei n.º 387-B/87, de 29 de Dezembro.

III – Não obstante a existência de uma convenção arbitral, é permitido o recurso aos tribunais estaduais à parte que, supervenientemente e sempre que por culpa que lhe não seja imputável, se veja colocada na impossibilidade de custear as despesas da arbitragem.

Ac. STJ, de 18-01-2000, *BMJ* n.º 493, p. 327 e *CJ-Acórdãos do STJ.*, 2000-I, p. 28

Previsto no contrato de associação o recurso ao processo de conciliação e arbitragem para a resolução dos diferendos entre as Partes Contratantes, ao Autor, que não foi parte no contrato, não lhe pode ser oposta a excepção dilatória de violação da convenção de arbitragem.

Ac. STJ, de 11-02-2003, *CJ-Acórdãos do STJ*, 2003-I, p. 89

I – Sendo o que motiva o pedido de inviabilidade da deliberação da Assembleia Geral da Liga Portuguesa de Futebol Profissional, a fixação do aumento das comparticipações financeiras mensais, esta matéria versa sobre direitos disponíveis e inscreve-se no leque de situações de natureza financeira previstas nos seus Estatutos.

II – Convencionando-se no artigo 55.º desses mesmos Estatutos, para os litígios compreendidos no âmbito da Associação e emergentes, directa ou indirectamente, deles (Estatutos) e do Regulamento Geral, a competência exclusiva do tribunal arbitral, ocorre, por o litígio não estar por lei submetido ao tribunal judicial ou à arbitragem necessária, a excepção dilatória de preterição do tribunal arbitral.

316 *Arbitragem Voluntária*

III – Assim, abrangendo a convenção arbitral a acção anulatória da deliberação social da Assembleia Geral da Liga, está o seu conhecimento cometido à Comissão Arbitral.

Ac. RP, de 23-03-2004, *CJ*, 2004- II, p. 175

Expropriação Litigiosa

I – No processo de expropriação litigiosa a arbitragem funciona como tribunal arbitral necessário, tal como está previsto nos artigos 1525.º e segs. do Código de Processo Civil.

II – Os árbitros não intervêm como peritos, não tendo o resultado da sua actividade carácter de meio de prova de livre apreciação do juiz, como sucede com os exames, vistorias e avaliações, simples meios de prova regulados na lei processual.

III – Delimitado o objecto do recurso por determinação do previsto no artigo 73.º, n.º 1, do Código das Expropriações (as conclusões previstas no n.º 3 do artigo 684.º do Código de Processo Civil), onde se indicam as razões de discordância com a decisão arbitral, não podia o tribunal da comarca incumbir os peritos como mera diligência instrutória (artigo 77.º, n.º 1, do Código das Expropriações) de proceder à avalição da parte habitacional integrada no prédio rústico expropriado, cujo valor atribuído na decisão arbitral não foi impugnado e, por isso, havia transitado.

IV – Os efeitos do caso julgado, na parte não recorrida, não podem ser prejudicados pela decisão do recurso nem pela anulação do processo (artigo 684.º, n.º 4, do Código de Processo Civil).

Ac. STJ, de 9-5-90, *BMJ* n.º 397, p. 423

I – Os árbitros proferem uma decisão em rigoroso sentido técnico-jurídico, pelo que o tribunal de comarca intervém em 2.ª instância, delimitando-se o seu poder de cognição pelas alegações dos recorrentes.

II – Em compensação, o juiz não pode conhecer da nulidade da arbitragem, por desrespeito à norma imperativa do artigo 35.º do Código das Expropriações, se não for arguida pelos recorrentes, havendo, no caso contrário, excesso de pronúncia.

Ac. RP, de 26-5-92, *BMJ* n.º 417, p. 822

I – Em processo de expropriação por utilidade pública pode ter lugar a aplicação subsidiária das normas do Código de Processo Civil, sempre que se mostre indispensável e compatível com o regime específico daquele processo.

II – No requerimento de interposição de recurso da decisão arbitral não é obrigatória a formulação de "conclusões", nos termos previstos pelo artigo 690.°, n.° 1, do Código de Processo Civil (artigo 56.° do Código das Expropriações).

III – A simples deficiência de "conclusões" não pode equiparar-se à sua falta.

Ac. STJ, de 23-1-96, *BMJ* **n.° 453, p. 396**

O recurso subordinado para o tribunal de 1.ª instância do acórdão dos árbitros no processo especial de expropriação litigiosa é autorizado por lei.

Ac. RP, de 26-01-99, *BMJ* **n.° 483, p. 274**

Perícia Arbitral

I – Funciona como perito quem, pelos conhecimentos especiais que os julgadores não possuem, é designado para proceder à percepção ou captação de factos ou à valoração ou apreciação de factos.

II – O perito refere as suas percepções ou apreciações, mas não julga, nisto se distinguindo do árbitro.

III – No caso do tribunal arbitral, aos árbitros, seus componentes, é conferido o poder de julgar, quer a matéria de facto, quer a matéria de direito.

IV – A avaliação, por uma empresa de auditoria, de quotas em sociedades, operada na sequência da respectiva convenção, constitui, mais do que uma perícia, uma perícia arbitral, se as partes, para resolverem o conflito de formação do prometido contrato, conflito restrito à determinação do valor das quotas a transmitir, se vincularem antecipadamente aos resultados da avaliação.

V – A decisão decorrente da perícia arbitral só poderia ter eficácia vinculativa de caso julgado, se, além da sua notificação, se tivesse procedido ao seu depósito no respectivo tribunal judicial, uma vez que tal depósito não foi dispensado.

Ac. RP, de 12-07-94, *CJ,* **1994-IV, p. 181**

Revisão de Sentença Arbitral Estrangeira

Nos termos conjugados da segunda parte do artigo III da Convenção sobre o Reconhecimento e a Execução de Sentenças Arbitrais Estrangeiras, celebrada em Nova Iorque, em 10-06-1958, e dos artigos 24.°, n.° 2 e 30.° da Lei n.° 31/86, de 20-08, cabe ao tribunal de 1.ª instância o reconhecimento e a execução da sentença estrangeira a que se aplique a dita Convenção.

Ac. RL, de 20-02-97, *CJ*, 1997-I, p. 135

I – A expressão taxativa do n.° 1 do artigo 1100.° do Código de Processo Civil, a propósito dos fundamentos de impugnação do pedido de revisão de sentença estrangeira, constitui natural decorrência do princípio mitigado de revisão formal, consagrado no sistema português.

II – Invocar a excepção de violação de convenção de arbitragem e a decorrente incompetência do tribunal que proferiu a decisão revidenda, é discutir não a forma mas o fundo desse acórdão, na parte em que apreciou e decidiu a questão da sua competência.

Ac. STJ, de 28-06-2001, *CJ-Acórdãos do STJ*, 2001-II, p. 140

O que releva para decidir sobre qual o tribunal absolutamente competente para rever e reconhecer uma sentença estrangeira é a qualidade da entidade donde ela emana:

a) se de um *tribunal estadual*, isto é, se se trata de uma *sentença judicial*, cabe tal competência ao tribunal da Relação, conforme prescrevem a alínea *f)* do n.° 1 do artigo 58.° da LOFTJ e o artigo 1095.° do Código de Processo Civil;

b) se de *árbitros* ou de *órgãos de arbitragem permanente*, isto é, se se trata de uma sentença arbitral, será competente o tribunal da 1.ª Instância, nos termos das disposições conjugadas da 2.ª parte do artigo III da Convenção sobre o Reconhecimento e a Execução de Sentenças Arbitrais Estrangeiras, celebrada em Nova Iorque em 10/06/1958 e dos artigos 24.°, n.° 2 e 30.°, n.° 2 da Lei n.° 31/86, de 20 de Agosto (Lei de Bases da Arbitragem Voluntária).

Ac. STJ, de 22-04-2004, *CJ-Acórdãos do STJ*, 2004-II, p. 50

Sentença Arbitral

I – Se, em processo arbitral, os árbitros procederem à rectificação, por erro (material) de escrita, da decisão em que decretaram "a absolvição da ré do pedido", eliminando a expressão "do pedido", mas sem referirem se a absolvição era agora a da instância, o sentido final da decisão – absolvição da instância ou do pedido – rectificada nos sobreditos termos, passa necessáriamente pela interpretação dos respectivos fundamentos.

II – Submetidas que foram, além do mais, à apreciação do tribunal arbitral, distinta e separadamente, duas "questões preliminares" diferentes, de natureza diversa, tais como: em primeiro lugar, a questão da caducidade da cláusula compromissória – excepção dilatória – e, em segundo lugar, a questão da caducidade do próprio direito subjectivo da autora – excepção peremptória.

III – A circunstância do tribunal arbitral se ter limitado a apreciar e a decidir a "questão preliminar" da caducidade da cláusula compromissória – matéria da excepção dilatória – julgando-a caduca e, como tal, inaplicável e insusceptível de produzir efeitos, sem que, por outro lado e logicamente, tenha conhecido, sobretudo, da invocada caducidade do direito da autora, forçoso é concluir pela consequente absolvição da instância.

IV – Revestindo, assim, a decisão arbitral mera força de caso julgado formal, desprovida de valor algum fora do processo em que foi proferida, não existe obstáculo legal a que se proponha nos tribunais estaduais uma nova acção destinada à apreciação da mesma pretensão antes deduzida perante o tribunal arbitral.

Ac. STJ, de 29-05-91, *BMJ* n.° 407, p. 458

I – A arbitragem é um processo para dirimir um litígio actual respeitante a direitos disponíveis, mediante convenção, pela intervenção de árbitros.

Não corre em tribunal e a decisão é tirada por árbitros.

II – A sentença arbitral admite anulação por via judicial por algum dos fundamentos inventariados nas diversas alíneas do n.° 1 do artigo 27.° da Lei n.° 31/86.

III – Estabelecendo o artigo 28.° a disciplina e o direito de requerer a anulação, fixando para tal um prazo: "a acção tem de ser intentada no prazo de um mês a contar da notificação da decisão arbitral".

IV – Entendeu-se que estávamos a regular um prazo de caducidade processual, pois perante a abordagem efectuada, tendo o pedido de anula-

320   *Arbitragem Voluntária*

ção como uma fase processual do processo de arbitragem, é de aplicar o citado no artigo 144.º, n.º 3, do Código de Processo Civil.

Ac. STJ, de 18-5-95, *BMJ* n.º 447, p. 455

I – A sentença arbitral pode ser anulada com fundamento em omissão de pronúncia (art. 27.º, n.º 1, alínea *e)* da Lei n.º 31/86, de 29 de Agosto, correspondente à que consta do artigo 668.º, n.º 1, alínea *d)* do CPC/1961), a apreciar à luz dos critérios que a jurisprudência e a doutrina vêm firmando.

II – Sucedendo que, no âmbito da acção de anulação proposta nos termos do artigo 28.º da Lei n.º 31/86 citada, o Tribunal Judicial é chamado a pronunciar-se sobre a ocorrência da nulidade da sentença arbitral, aquele, caso exista a nulidade arguida, deve limitar-se a declarar a sua verificação, deixando para o Tribunal Arbitral a pronúncia sobre as consequências da mesma, já que não irá pronunciar-se sobre questão não tratada por esse Tribunal.

Ac. RL, de 30-09-99, *CJ*, 1999-IV, p. 113

I – O Tribunal do Trabalho é o competente para conhecer da acção de anulação de uma decisão arbitral, que conheceu de questões emergentes do contrato individual de trabalho.

II – A sentença arbitral pode ser anulada quando o tribunal tiver conhecido de questões de que não podia tomar conhecimento ou tiver deixado de se pronunciar sobre questões que devia apreciar – artigo 27.º, n.º 1, alínea *e)* da Lei n.º 31/86, de 29-8.

III – Haverá um *erro de julgamento*, ao considerar-se admitido por acordo que era devida a quantia peticionada, quanto tal questão era controvertida. Nesse caso, porém, a acção de anulação da decisão arbitral já não é o meio adequado para a sua impugnação, atentos os fundamentos taxativamente previstos no n.º 1 do artigo 27.º da Lei n.º 31/86, de 29-8.

Ac. RL, de 14-06-2000, *CJ*, 2000-III, p. 167

I – Sendo inadmissível o recurso da decisão arbitral – ou porque a causa o não comporta ou porque houve renúncia – terão as partes que suportar o ónus de uma fundamentação eventualmente deficiente.

II – Só a falta absoluta de motivação implicará a nulidade da sentença arbitral, invocável através da acção de anulação.

Ac. RL, de 09-11-2000, *CJ*, 2000-V, p. 87

Sumários de Jurisprudência 321

I – À fundamentação das decisões arbitrais aplicam-se os princípios gerais do processo civil.

II – A falta de fundamentação capaz de conduzir à anulação da decisão é a absoluta falta de fundamentação e não a fundamentação insuficiente.

Ac. STJ, de 17-05-2001, *CJ-Acórdãos do STJ*, 2001-II, p. 89

I – O artigo 27.°, n.° 1, alínea *e)* da Lei n.° 31/86, de 29/08, deve ser interpretado, no que à omissão de pronúncia se refere, em consonância com os artigos 660.°, n.° 2 e 668.°, n.° 1, alínea *d)*, ambos do Código de Processo Civil.

II – Assim, é fundamento de anulação da decisão do Plenário da Comissão Arbitral a omissão de pronúncia, por parte desta, sobre as questões da fraude à lei e da simulação suscitadas como contra-excepções, na réplica, por uma parte (Autor), ao responder às excepções deduzidas pela outra parte (Réu), na instância arbitral, já que o conhecimento dessas contra-excepções não é prejudicado pelo conhecimento de outras questões.

Ac. STJ, de 19-12-2001, *CJ-Acórdãos do STJ.*, 2001-III, p. 152

A circunstância de um dos árbitros não comparecer à reunião designada para assinatura do acórdão arbitral não justifica o seu adiamento, impondo-se observar, em tal caso, o disposto no artigo 23.°, n.° 1, alínea *g)* e n.° 2 da Lei da Arbitragem Voluntária; não constituindo tal situação fundamento de anulação da decisão arbitral, nos termos do artigo 27.°, n.° 1, alínea *c)* da Lei da Arbitragem Voluntária.

Ac. RL, de 7-11-2002, *CJ*, 2002-V, p. 69

O foro laboral é o competente para conhecer de acção de anulação de uma decisão arbitral que conheceu de questões emergentes de contrato individual de trabalho.

Ac. RL, de 9-7-2003, *CJ*, 2003-IV, p. 148

As questões referentes à competência e regularidade da constituição do tribunal arbitral constituem fundamentos da acção de anulação da decisão arbitral, a propor nos tribunais judiciais, mas só depois de proferida aquela decisão. Caso seja proposta antes de proferida essa decisão, há preterição do tribunal arbitral, o que conduz à absolvição da instância.

Ac. RL, de 18-05-2004, *CJ*, 2004-III, p. 76

Tribunal Arbitral

Atribuída ao tribunal arbitral voluntário a faculdade de julgar segundo a equidade, a irrecorribilidade das suas decisões, decorrente do artigo 1523.° do Código de Processo Civil, abrange a decisão desse mesmo tribunal sobre a manutenção da sua própria jurisdição que fora impugnada com base na caducidade do compromisso arbitral.

Ac. STJ, de 15-1-87, *BMJ* n.° 363, p. 442

I – Uma providência cautelar não especificada não é o meio processual adequado para impugnar a regular constituição do tribunal arbitral ou as suas decisões.

II – Essa impugnação deve ser feita através do processo comum ou dos recursos previstos no artigo 29.° da Lei n.° 31/86, de 29-8.

Ac. RC, de 26-09-2000, *CJ*, 2000-IV, p. 12

I – Segundo a Lei n.° 31/86, de 29-08, a autonomia dos tribunais arbitrais, que abrange o poder de apreciação da sua própria competência, cessa com o cumprimento da missão conferida aos árbitros, dizendo-se que o poder jurisdicional destes finda com a notificação do depósito da decisão que pôs termo ao litígio ou, quando tal depósito seja dispensado, com a notificação desta às partes.

II – Consequentemente, não cabe já aos árbitros superar as nulidades de natureza processual de que a decisão eventualmente padeça, sendo o meio para ultrapassar essas nulidades o pedido de anulação pelo tribunal judicial.

III – A determinação do tribunal competente, em face do silêncio daquela Lei a tal respeito, há-de ser feita mediante recurso à Lei n.° 3/99, de 13-11 (LOFTJ).

Ac. STJ, de 05-12-2002, *CJ-Acórdãos do STJ.*, 2002-III, p. 152

– Apoio judiciário

Não é admissível apoio judiciário nas causas pendentes em tribunais arbitrais.

Ac. RL, de 05-06-2001, *CJ*, 2001-III, p. 110

Sumários de Jurisprudência 323

– *Reforma do processo*

Compete ao tribunal arbitral instalado junto de um Juízo Cível a reforma de um processo desaparecido, cuja preparação e julgamento lhe competia.

Ac. RL, de 19-01-88, *CJ*, 1988-I, p. 121

– *Tribunal arbitral necessário – Reserva relativa de competência legislativa da A. R.*

I – A comissão prevista no artigo 49.º das "Condições Gerais de Venda de Energia Eléctrica em Alta Tensão", anexas ao Decreto-Lei n.º 43 335, de 19 de Novembro de 1960, configura-se como um verdadeiro tribunal arbitral necessário.

II – Independentemente da posição que se adopte quanto à inclusão directa da matéria relativa à organização e competência dos tribunais arbitrais na reserva de competência legislativa da Assembleia da República referida na alínea *j)* do artigo 167.º da Constituição (versão originária, a que corresponde a alínea *q)* do n.º 1 do artigo 168.º após a primeira revisão), não pode deixar de considerar-se que tal reserva opera sempre que a definição da competência dos tribunais arbitrais afecta ou contende com a definição da competência dos tribunais estaduais.

III – É o que se verifica com a nova redacção dada ao citado artigo 49.º pelo artigo 1.º do Decreto-Lei n.º 296/82, de 28 de Julho, pelo que esta última norma, emitida pelo Governo sem autorização parlamentar, é organicamente inconstitucional.

IV – Em contrário, não se pode invocar que o Governo, ao alterar a redacção do citado preceito, se limitou a interpretá-lo autenticamente, pois só pode ter legitimidade constitucional para interpretar autenticamente uma certa norma quem detiver competência constitucional para a emitir, dado que a interpretação autêntica é algo que integra o próprio exercício da função normativa.

Acórdão do Tribunal Constitucional, de 2-2-88, *BMJ* n.º 374, p. 91

– *Competência / Incompetência do tribunal arbitral voluntário*

Ao tribunal arbitral só é permitido apreciar as questões suscitadas pelas partes.

Quando o tribunal arbitral conhecer de questão que extravase o objecto da demanda tal como ele ficou configurado na convenção arbitral, estamos, não perante um problema de limites de apreciação – nulidade da sentença – mas perante um problema de competência do tribunal arbitral, limitado que este se encontra por aquela convenção.

Ac. RL, de 9-11-2000, *CJ*, 2000-V, p. 87

I – Se o tribunal arbitral tomou conhecimento de questões que foram colocadas pelas partes, mas que extravasam o objecto da demanda tal como ficou configurado na convenção arbitral, o vício da decisão não é o de pronúncia indevida mas de incompetência.

II – O vício da incompetência do tribunal arbitral carece necessariamente de ser invocado até à apresentação da defesa sobre o fundo da causa (artigo 21.º, n.º 3 da Lei n.º 31/86, de 29-08).

III – Só caberá acção de anulação fundada em incompetência do tribunal arbitral (artigo 27.º, n.º 2, desse diploma), quando a incompetência tiver sido arguida perante aquele tribunal e ele se tenha declarado competente.

Ac. STJ, de 17-05-2001, *CJ-Acórdãos do STJ*, 2001-II, p. 89

I – De acordo com o princípio da Kompetenz-Kompetenz, se o tribunal arbitral tem competência para se pronunciar sobre a aplicabilidade da convenção de arbitragem (artigo 21.º, n.º 1 da Lei de Arbitragem Voluntária – Lei n.º 31/86, de 29 de Agosto), há-de naturalmente dispor de competência para o apuramento dos factos que lhe possibilitarão declarar-se competente ou incompetente.

II – Impondo a lei que a anulação da sentença arbitral em que o fundamento da incompetência ou irregular constituição do tribunal arbitral apenas pode ser invocado pela parte que o haja alegado oportunamente (artigo 27.º, n.º 3 da Lei da Arbitragem Voluntária), a alegação tem de ser expressa e, por isso, não observa esse ónus processual a parte que invoca uma outra excepção, ainda que os factos alegados, uma vez provados, pudessem permitir ao tribunal arbitral declarar a sua incompetência.

Ac. RL, de 7-11-2002, *CJ*, 2002-V, p. 69

A invalidade da convenção de arbitragem determina a incompetência do tribunal arbitral.

Ac. RL, de 27-11-2003, *CJ*, 2003-V, p. 100

Qualquer questão suscitada sobre a competência do tribunal arbitral deve por este ser decidida mesmo que para tal seja necessário apreciar a existência, validade, eficácia ou aplicabilidade da convenção de arbitragem.

Ac. RL, de 18-05-2004, *CJ*, 2004-III, p. 76

– *Extinção*

I – O Tribunal Arbitral extingue-se com a decisão, de sorte que a execução da mesma terá de ser feita nos tribunais comuns.

II – O incidente de prestação de caução que o apelado deduzir, para o recurso da decisão arbitral ter efeito meramente devolutivo, tem de correr pelo Tribunal Comum, que teria sido territorialmente competente para a acção do litígio atribuída por convenção de arbitragem (compromisso arbitral) ao Tribunal Arbitral.

Ac. STJ, de 15-10-96, *CJ-Acórdãos do STJ*, 1996-III, p. 54

WEBSITES SOBRE ARBITRAGEM VOLUNTÁRIA

I – Nacionais

- **Direcção-Geral da Administração Extrajudicial**
  www.dgae.mj.pt
- **Ordem dos Advogados**
  www.oa.pt/genericos/default.asp?idc=9&scid=30174
- **Observatório Permanente da Justiça** (Relatório sobre "Arbitragem Institucional")
  http://opj.ces.uc.pt/portugueses/relatorios/relatorio_0,9.html
- **Centro de Arbitragem Comercial**
  www.port-chambers.com/html/arbit_arbit.htm
- **Centro de Arbitragem da Universidade Católica Portuguesa**
  www.fd.lisboa.ucp.pt/site/custom/template/ucptplfac.asp?SSPAGEID=589&lang=1&artigoID=2854
- **Centro de Arbitragem da Associação Portuguesa de Direito Intelectual**
  www.apdi.pt/c.arbitragem
- **Centro de Arbitragem do Instituto dos Valores Mobiliários**
  www.fd.ul.pt/institutos/ivm/arbitragem.asp
- **Centro de Arbitragem de Conflitos de Consumo da Cidade de Lisboa**
  www.centroarbitragemlisboa.pt
- **Centro de Informação, Mediação e Arbitragem de Consumo do Algarve**
  www.cimaal.pt
- **Centro de Informação, Mediação e Arbitragem de Consumo do Vale do Cávado**
  www.ciab.pt
- **Centro de Informação, Mediação e Arbitragem de Seguros Automóveis**
  www.cimasa.pt

II – Internacionais

- **Tribunal Permanente de Arbitragem**
  www.pca-cpa.org

- **Tribunal Europeu de Arbitragem**
  www.cour-europe-arbitrage.org

- **International Centre for Settlement of Investment Disputes**
  www.worldbank.org/icsid/index.html

- **Comissão das Nações Unidas para o Direito do Comércio Internacional**
  www.uncitral.org

- **International Council for Commercial Arbitration**
  www.arbitration-icca.org

- **Câmara de Comércio Internacional**
  www.iccwbo.org/home/menu_international_arbitration.asp

- **Tribunal Arbitral da Câmara de Comércio do Mercosul**
  www.ccmercosul.org.br/index_02.php

- **London Court of International Arbitration**
  www.lcia-arbitration.com

- **Centro de Arbitragem da Organização Mundial da Propriedade Intelectual**
  www.arbiter.wipo.int/center/index.html

- **American Arbitration Association**
  www.adr.org

- **National Arbitration Forum**
  www.arb-forum.com

- **Asociación Comunitária de Arbitraje y Mediación**
  www.arbitraje-acam.org

- **American Society for International Law**
  www.asil.org
  www.asil.org/resource/arb1.htm

- **Institute for Transnational Arbitration**
  www.cailaw.org/ita

- **Asser Instituut – International Commercial Arbitration**
  www.asser.nl/ica/index.htm

- **Lex Mercatoria: International Commercial Arbitration**
  www.lexmercatoria.org/arbitration

- **Editora Kluwer Law International**
  www.kluwerarbitration.com

- ***Website* do Juiz Conselheiro Serge Braudo**
  http://sbraudo.club.fr/index.html
  http://sbraudo.club.fr/arbitrage/index.html

ÍNDICE GERAL

Prefácio à 2.ª edição 5
Prefácio à 1.ª edição 7

I
LEGISLAÇÃO NACIONAL

Constituição da República Portuguesa 11
Proposta de Lei n.º 34/IV, de 2-7-1986 (Exposição de Motivos que esteve na origem da aprovação da Lei da Arbitragem Voluntária) 13
Lei n.º 31/86, de 29-08 (Lei da Arbitragem Voluntária) 25
Código de Processo Civil.. 41
Decreto-Lei n.º 425/86, de 27-12 (Sobre o requerimento de autorização para a criação de centros de arbitragem com carácter institucionalizado) 51
Portaria n.º 81/2001, de 8-2 (Actualiza a lista das entidades autorizadas a realizar arbitragens voluntárias institucionalizadas)..... 55
Portaria n.º 350/2001, de 9-4 (Altera a Portaria n.º 81/2001, de 8-2) 63
Portaria n.º 1516/2002, de 19-12 (Altera a Portaria n.º 81/2001, de 8-2) 65
Decreto-Lei n.º 103/91, de 8-3 (Isenção de preparos e custas na execução das sentenças proferidas pelos tribunais arbitrais dos centros de arbitragem de conflitos de consumo) 67
Resolução do Conselho de Ministros n.º 175/2001, de 5-12 (Promove, determina e recomenda a resolução de litígios por meios alternativos, como a mediação ou a arbitragem)...................... 69

II
ARBITRAGEM VOLUNTÁRIA EM MACAU

Decreto-Lei n.º 29/96/M, de 11-6 (Lei da Arbitragem do Território de Macau) 75
Decreto-Lei n.º 55/98/M, de 23-11 (Regime específico para a Arbitragem Comercial Externa) 97

III
LEI DA ARBITRAGEM BRASILEIRA

Lei n.º 9.307, de 23 de Setembro de 1996 123

IV
CONVENÇÕES INTERNACIONAIS

Constituição da República Portuguesa 143
Tratado que Institui a Comunidade Europeia (Roma, 1957)............ 145
Protocolo relativo às Cláusulas de Arbitragem (Genebra, 1923)...... 147
Convenção para a Execução das Sentenças Arbitrais Estrangeiras (Genebra, 1927) 151
Convenção sobre o Reconhecimento e a Execução de Sentenças Arbitrais Estrangeiras (Nova Iorque, 1958)................................ 157
Aviso n.º 142/95, de 21-6 (Adesão de Portugal à Convenção de Nova Iorque) 165
Convenção Europeia sobre Arbitragem Comercial Internacional (Genebra, 1961) (texto em inglês) 167
Convenção para a Resolução de Diferendos Relativos a Investimentos entre Estados e Nacionais de Outros Estados (Washington, 1965) 177
Convenção Interamericana sobre Arbitragem Comercial Internacional (Panamá, 1975) 205
Convenção sobre Conciliação e Arbitragem no quadro da CSCE (Estocolmo, 1992).. 211
Acerca da Lei Modelo da CNUDCI sobre a Arbitragem Comercial Internacional 231

V
REGULAMENTOS DE ARBITRAGEM

Regulamento do Tribunal Arbitral do Centro de Arbitragem de Conflitos de Consumo de Lisboa 237

Regulamento de Arbitragem do Centro de Arbitragem da Universidade Católica Portuguesa.. 245

Regulamento do Tribunal Arbitral do Centro de Arbitragem Comercial 263

Regulamento de Arbitragem da Câmara de Comércio Internacional (texto em francês) 275

VI
SUMÁRIOS DE JURISPRUDÊNCIA

Acórdão de tribunal arbitral.. 301
Arbitragem 303
Arbitragem internacional 304
Árbitros 305
Cláusula compromissória.. 307
Comissões arbitrais 309
Compromisso arbitral.. 310
Convenção de arbitragem 311
Expropriação litigiosa 316
Perícia arbitral... 317
Revisão de sentença arbitral estrangeira... 318
Sentença arbitral.. 319
Tribunal arbitral 322

WEBSITES SOBRE ARBITRAGEM VOLUNTÁRIA.................... 327